U0121211

顾　颖　著

汉代谶纬与
汉画像祥瑞图式研究

人民出版社

本书由国家重大项目"《汉学大系》编撰及海外传播研究"（14ZDB029）及国家社科基金项目"汉代谶纬与汉画像祥瑞图式研究"（12CA069）资助出版

古代的谶纬与符瑞
（代序）

一、何谓"谶纬"？

"谶纬"虽然也是一种文化，但在中国历史上是很特殊的，因为它曾被用在政治上，视为决定社会安危的征兆，甚至能对改朝换代产生重大作用，所以也曾显赫一时。"谶"与"纬"本是两个不同的概念。前者是上天神灵启示人们的语言，后者是用这类预言解释儒家的经典。两者结合，利用迷信制造舆论，以达到某些人的政治目的。预言以谶的名义出现，起于秦穆公的一个梦，他在梦中会见了天帝，天帝告诉他："晋国将大乱，五世不安，其后将霸，未老而死。"秦始皇时也出现了不少谶语，如"亡秦者胡也""今年祖龙死""始皇帝死而地分"等。谶纬迷信至东汉到南北朝，发展得很盛，到了隋朝，虽然被隋炀帝所禁止，但其影响一直未断。同时，又有"符瑞""祥瑞""瑞应"之类的图谶制造出来，大都是以上天的征兆为帝王歌功颂德。这些祥瑞图到后来又演变成了吉祥图。包括人们最熟悉的龙、凤、麒麟和连理树、比翼鸟等。

《说文解字》："谶，验也。"谶是预言、预兆、隐语。在古代，本是一种带宗教性的迷信，由巫师或方士制作，预测吉凶祸福。后来被政治所利用，将一些偶然的自然现象附会为"天命"，变成了上天的意旨和启示。古代的皇帝，都自称是奉天之命的"天子"，他的一举一动，都是按上天的意旨行事，并且都要编出一套体面的家世。譬如汉代的开国皇帝刘邦，本是平民出身，但历史家不能那样写，要写的辉煌一些。说他是帝尧的后裔，是人龙混种，是"感龙而生"与"居上常有云气"，还有"赤帝之子"的神话。这类谶语，现代人看来已是荒唐可笑，无稽之谈；可是在两千多年之前，一般人大都信以为真，因而，在社会上的影响很大。西汉末年，王莽谋划改制，用了这种办法；东汉初年，刘秀起兵，也是以此笼络人心。

秦始皇统一中国后，为了巩固其统治，制造了"焚书坑儒"的事件。到了汉代，汉武帝采取"罢黜百家，独尊儒术"的政策，只好向全国民间征求书籍。西汉时，官方设立诗、书、易、礼、春秋五经博士。西汉末，哀平之际，在儒家内部发生了经今、古文之争。稍后又出现了谶纬之学。从经今、古文派之争到谶纬之出现，是儒家哲学从分派到玄学化的发展过程。

四库提要说："纬者，经之支流。"就像织布一样，经纬交织，因此，有的学者注意到经古文和谶纬的同时出现，值得研究，甚至怀疑到经古文的真实性。

在古文经出现之前，谶语虽多，并非都是与儒家思想有关，也没有编成系统的书籍；直至古文经出现之后，才有了各经的纬书。在纬书中，除了谶语之外，也编进了许多神话传说，使之贯穿在儒家的经典之中。

《易经·系辞》说："河出图，洛出书，圣人则之。""河"为黄河，"图"即"龙马负图"，龙马身上的图像。"洛"为洛水，"书"即"神龟负书"，龟背上的纹像。圣人从这图像、纹像中得到启发，作了"八卦""九畴"。"河图""洛书"的图式与阴阳五行有关，是用来解释古代哲学思想的。从最早的意义上讲，假托于"龙马""神龟"，可能表示对"图""书"的崇敬，因而带有神话色彩。但神话与迷信的距离并不远，以致成为儒家最早的谶纬。

本来，儒家提倡"仁"，诸如"仁者爱人""天下归仁""仁者不忧"等，讲起来难于表述，听起来过于抽象，因而塑造了一个"仁兽"——麒麟，把仁厚的所有美德全集中在它身上，形成一个符号，只要熟悉了麒麟，也就了解了"仁"。这是一种很高明的手法，就像把"玉"来象征人的所有美德一样，这也是艺术隐喻之长。但是一些迷恋于谶纬的人却热衷于造假，说生前就有"麟吐玉书于阙里"。等于说是上天宣示孔子的降临。而孔子本人，也确信麒麟的存在，并视麒麟为太平盛世的象征。

二、画像石中的祥瑞图

汉代画像石出现于西汉而盛于东汉，主要用于墓葬，是为石制棺椁、墓室和地面上石阙、祠堂的构件，所刻题材内容非常丰富，范围很广。而在东汉时代，也是谶纬活动最为频繁的时期，必然也在画像石上表现出来，而多是"祥瑞图"。审视汉代的画像石，可以了解谶纬的"图谶"在当时流行的实际情况。

实际上，汉代人的趋吉避凶观念很强，不论在生老病死的仪式中，还是在日常生活中，都喜欢图个"吉利"。因此，不仅在画像石上，也包括其他方面，讨吉利的图像很多，并不限于谶纬的祥瑞图。当然，祥瑞图也是很多的。综观其具体用途，可分为以下三个方面：

（一）祥瑞内容的碑碣

为了颂扬吉祥的预兆，汉代人将某些"祥瑞"刻在碑碣上，为官者也借此表扬其政绩。清代冯云鹏、冯云鹓合编《金石索》收集了很多碑碣，其中有几方石碑是专为祥瑞而刻的。如《麒麟碑》。宋代洪适《隶续》说："《汉麒麟碑》，本名《麒麟凤皇碑》，洪氏失去凤皇一纸，止存麒麟碑。"洪适《隶续》认为："汉人所图二瑞，独此最为奇伟。"举凡古代的赞文，即所谓歌功颂德者，都是赞美帝王的德行和政绩，诸如国富民康、国泰民安、安居乐业之类。尤其是对于祥禽瑞兽，按照谶纬的说法，它的出现就是带着吉兆而来，更应颂扬。

在《金石索》中，收录了著名的摩崖石刻《五瑞图》（图 3-12）。《五瑞图》的五种祥瑞，都是在汉代所谓常见者。即黄龙、白鹿、甘露、嘉禾、木连理。这种现象在画像石中是很多的。

（二）神仙境界的点缀

画像石表现仙境的很多，因为那是人的灵魂的去处，与嚣杂繁闹的人间大不相同。仙人即"羽人"，长着翅膀，可在空中飘来飘去，无忧无虑。人间所知的祥瑞，都是上天感召人世所降的征兆，但在天国，却是司空见惯。凤皇和麒麟在林间走来走去，羽人们采摘仙果为它们喂食；蛟龙在池塘里戏游。遍地是嘉禾与灵芝。仙人们无病无灾，快乐地生活。因此，有些祥瑞散散点点，成为画面的点缀。如《仙人喂凤凰》图是江苏睢宁县九女墩汉墓画像。画像石比较复杂。羽人正在为凤凰喂食；盘中盛着仙果。另外还有嘉禾、灵芝、祥云和异兽、飞鸟衔绶带等。《仙界祥瑞》是山东嘉祥县武氏祠前石室画像的一部分。原祠堂已毁，只剩下一些不全的大石板，石板上刻着画像。此图画了三种祥瑞，都有仙人照顾。这三种祥瑞是计时的"蓂荚"，结仙果的"仙树"，不凿自出的"浪井"。在井边的两个羽人，其中一人手中拿着勺子，正在舀井中的澧浆。

（三）独立的祥瑞图

我们所指的专门独立的祥瑞图，大部分是在一个大画面中单独出现一格。似乎暗示与其他内容有关。在汉代的画像石中，表现谶纬祥瑞的内容虽然很多，但多是分散在不同题材的画面之中，较少集中表现。就目前所知，集中表现祥瑞图的，只有二处，一处是浙江海宁东汉画像石墓，另一处是山东嘉祥武氏墓群的武梁祠。

1973 年春，浙江海宁县发现了一座东汉晚期的画像石墓，共出土画像石大小 63 块。刻画像 55 幅，规模较大，内容也比较丰富。浙江海宁汉墓的画像石，除一幅嵌在墓门楣外侧上方之外，其他都分布于墓室的前室四壁；在四壁的上方，包括墓门楣外侧，几乎是有一圈祥瑞图围绕，仿佛墓主人是在祥瑞的氛围之中。据该墓的发掘报告介绍，这些祥瑞图是：

（1）墓门楣外侧（南壁）上方为："凤凰、杜衡、麒麟、桃拔。"（图 3-16 下）

（2）前室东壁上方："刻十人，并间刻飞鹿、麒麟、嘉禾、羊、水井、嘉莲等。"

（3）前室北壁上方："刻有一执幢举剑骑士、嘉禾、奔马、朱雀、瑞木、朱雀、天鹿、蛙、青龙、嘉莲、白虎等祥瑞图形。"

（4）前室西壁上方："刻有比肩兽、奔马、兔、玄武飞燕、玄女（凫侯）、奔鹿、朱雀、平露、山产玉璧、石函、比目鱼、双瓶。蚌生明珠、灵芝草。比肩兽与奔马、奔鹿与朱雀之间浸滤不清，似缺图像。此画亦应是一幅祥瑞图像。"（图3-17·1）

山东嘉祥武氏祠，包括几个祠堂，武梁祠是其中的一个。房脊两边的两块大石板，则刻的是"祥瑞图"。好像是说，无数的祥瑞都是来自于天上，是上天作为征兆降于人间，以示人的品德。遗憾的是，屋顶的两块大石板仍在，但画面已剥蚀殆尽。好在《金石索》于 1821 年将一部分拓片进行了摹刻，保留了二十三个图像。这些图像都有榜题，标以名称和作用，颇有标本的意味，可惜不全。这些图像是：浪井、神鼎、麒麟、黄龙、蓂荚、六足兽、白虎、玉马、玉英、赤罴、木连理、璧流离、比翼鸟、比肩兽、白鱼、比目鱼、玄圭、渠搜献裘、玉胜、银甕、泽马、白马、朱雀等。以上之祥瑞图其中有不少谶纬祥瑞，在后来的

岁月中，转化成了吉祥图。

三、补记

　　此书是在顾颖的博士论文基础上修改而成，又是她主持的国家社科基金项目的结题报告。今天大作出版了，作为她的导师，我是很高兴的，她的努力与追求没有白费，终于结出了硕果，这是值得道贺的。

　　实际上，这个题目很不好做，一是材料不容易找到，谶纬一度被历代作为禁忌，禁止出版发行；二是过去认为是封建迷信，多给予否定性评价。但是，在现代学术背景下，谶纬恰恰是中国传统文化精神的一部分，分析其深刻的文化内涵、包含的中国古代的思想与观念，还是很重要的。她一考上博士就下决心研究"汉画像中谶纬与祥瑞图式"，并认为自己有研究优势：一是她从小就对美术有兴趣，对图像有自己独特的理解；二是她生活在徐州市，徐州有悠久的汉文化传统，特别是汉画像石艺术博物馆，有大量的第一手资料；三是读硕士研究生期间，就以汉画像石为研究对象，对其中的谶纬图像印象深刻；四是有研究的兴趣，想进行深入的探讨。后来，她的这个选题，被列入了国家社科基金项目给予了经费资助，说明此选题的重要性。

　　现在书籍出版之时，顾颖博士想请我写个序言，我原来是答应过的。但是，现在年事已高，力不从心了。只好从旧作中找出论述谶纬与符瑞的旧作，加上补记，是为序。

李道一

2023 年 2 月 22 日

# 目　录

绪　论

第一节　研究动机

本书是对汉代谶纬与汉画像祥瑞图式进行的研究，意在深入理解汉代的典型艺术——汉画像中所表现的祥瑞模式，以便更好地理解中华民族艺术中独特的设计理念。

汉画是汉代祥瑞思想的重要载体，在一般意义上汉画像是一种祭祀性丧葬艺术。"汉画像无疑是汉代艺术的精华，汉画像是研究汉代历史和中国古代美术史的第一手资料。"①

中国人的吉凶、善恶、祸福意识很强，其实这种观念在原始文化中就有了，到了汉代形成了普遍的文化观念。汉代经历了400余年的复杂历史思想发展，先是崇拜黄老之学，然后是尊崇经学，在社会中还流行谶纬观念。汉代社会，儒家所理想的太平盛世是以大自然的和顺为标志，无论做什么，都笃信"天施地化，阴阳和合"的天命观，认为"天"是宇宙间最高的神。"君权神授"是一种普遍的观念，帝王由于受命于天所以能够主宰天下，他的一举一动都是按上天的意旨行事。当帝王施政顺应天意，就会有一些偶然现象被神秘化，被说成是社会安危的决定因素，成为巩固政权的说教。王莽谋建新朝，刘秀起兵都是借助这些符命来制造舆论，以实现自己的政治目的。而这些祥瑞征兆的出现，人们就会认为这是天对皇帝的行为和所发布的政策的赞成和表彰。为了彰显他的政绩，上上下下制造出了许多祥瑞，在秦代到两汉期间已经成为普遍的举动，并且一度成为高潮，成为一个国家的主导思想，这就是盛行于两汉的谶纬。

汉画像的产生与发展正处于谶纬思想旺盛时期，在墓葬艺术中表现得特别多。但是中国艺术学研究、美术学研究很少探讨中国设计艺术的文化根源。更鲜有探讨汉画像的艺术设计图式，本文就是基于这样一个认识，从艺术设计方面来探讨汉画像的祥瑞图式问题。

① 信立祥:《汉代画像石综合研究》，文物出版社 2000 年版，第 4 页。

汉画像的设计理念，是在秦汉时的宇宙论下形成的。在汉代，天人关系一直是学术探讨的对象和政治信念的支撑。汉画像石的设计图式，往往包含天地人神等构成的不同世界。地下的墓室，往往设计成死后存在的世界；地上的祠堂，则设计成与祖先神沟通的场所。甚至于棺椁，也是设计成一个独立的死后幻想的生存世界。在这些世界中，有大地、日月星辰等天象图，也有包含文化上的英雄世界，与历史故事等构成的人文世界。[①] 一般来讲，墓葬建筑的顶部，往往是天的象征，如武梁祠画像，上方首先刻画日月星辰、飞鸟走兽，其下是汉代民俗信仰中的神仙世界。汉代盛行神仙信仰，人们幻想羽化成仙。在汉画像石中，表现这种升天成仙的题材比比皆是，而且一般以组画的形式出现。其基本组合形式一般有：门阙、建筑、车骑、迎谒、庖厨、宴飨，舞乐、百戏，四灵、仙人、珍禽、异兽、西王母，等等。这些内容的组合出现，表达了两个方面的含义：一是送迎墓主人进入天国仙界；二是以西王母为主神的天国仙界的生活景象以及墓主人在此过着的美好生活。

　　在汉画像石的设计理念上，图像配置是有一定模式的，这个模式一旦固定下来，便以民间工匠的传承形式得以延续。例如，在20世纪80年代，山东省兰陵县发现了一座汉画像石墓，上刻一篇三百多字的题记，详细记录了该墓设计时的图像搭配理念，这对于我们理解汉画像的设计图式有重要意义。在《中国汉画石全集》第三卷中也收录了这些画像石的图像，结合题记，我们可以看到刻画者的设计观念：首先汉画像石设计是分区分层次的，其次在不同的层次有不同的主题。一方面有表示天象的汉代人思想中的上天世界，如天上的星星与神物；其下便是由历史人物与英雄故事组成的文化世界，如寄托道德寓意的历史故事；再往下便是想象中的死后的日常生活的世界，是刻画者根据自身的日常生活，想象死后的生活的模仿之作；最后还有死后世界的幻想刻画，如墓主死后所进入的世界、死后

① 顾颖：《论汉画像石的设计理念》，《美术观察》2013年第5期。

世界中的怪物、死后的人接受自己亲人的拜谒等。

我们从设计学的观点来看待汉画像的图式设计，可以看到汉代工匠的一些设计理念，有些工匠可能是以此为业，或者有帮会的性质，他们有设计好的模板供汉代使用者选择。因为，我们从大量的汉画像的图式上，可以研究不同图像的配置关系。我们看到，根据不同的需要与财力大小，汉画像石的图像搭配有的极其简约，有的却相对复杂，但其设计图式却是大体统一的。

汉代人在设计汉画像石时，十分重视意象的创造。中国自从《易经》开始，就十分重视意象；从《诗经》以来，更加重视"兴象"，中国美学的传统就是意象创造的传统。不仅诗是意象的创造，绘画也处处表现为意象的创造。汉画像石的意象创造就是这种思维特征的表现。汉画像石通过空间与时间的视觉图像设计，把人们带到对死后神秘世界的感受中。通过图像的刻画，不仅构造了一个现实世界的意象，而且还构筑了一个升仙的意象世界。这些都巩固了汉代人的宗教信仰。

汉画像石内容极其丰富，不仅仅表现了现实世界，作为一种艺术的刻画，更是一种意象的创造，设计者根据汉代人普遍的信仰刻画了想象世界的神异景观，这种观念依附于墓室、祠堂、棺椁图像搭配的需要，表现了汉代人的审美幻想，它以图式与符号的形式存在于汉代艺术视觉的意象中。汉画像的意象符号，有些来源于原始社会的岩画、陶器上的彩绘、青铜礼器上的符号，还有一部分来源于神话与巫术时代的信仰，作为表现了死亡世界的汉画像石，其设计理论都离不开本民族深层次的民俗信仰。

汉画像石是刻画在石材上的，石材通常作为建筑构造的一部分，因此汉画像石的艺术设计，是集建筑、绘画与雕刻于一体的综合艺术。所以汉画像石的研究不能仅仅从单幅图像入手，还要考虑其在建筑中的位置，要从汉画像石存在时的原位性考虑汉画像石的图像意义。有些图像石材很大，图像却很小；有些画像在石材上的空间很小，周围的装饰图案占的空间却很大；有的图像在设计时是为了表现特定的文化观念，就必须从建筑的空间与方位的图像呈现来考虑设计的内容与形式。有些汉画像石是平面线刻的，有些是浮雕的，有些是根据建筑的需要采用透雕的。

第二节　研究现状

一、谶纬研究现状

对谶纬学的研究可以分为古代与现代两部分。

古代的如桓谭、张衡、刘勰、郑玄、孔颖达、郑樵、马端临、赵在翰、顾炎武、朱彝尊、孙毂等，他们或者对谶纬进行评论，或者对谶纬进行资料收集，为谶纬研究提供了历史坐标。进入近现代以后，谶纬在现代学术思想指导下进行了研究与反思。如刘师培、周予同、顾颉刚、陈槃、蒋忠奎、钟肇鹏、吕宗力、王步贵、冷德熙、徐兴无等。他们或考据谶纬的产生与发展，或研究谶纬的思想与政治，或阐释其神秘思想，或揭示其内在荒谬。特别是日本学者安居香山对谶纬资料的收集和研究，对谶纬研究的复兴起到重要的作用。

东汉郑玄首先以纬注经，足见其承认并重视谶纬的价值，但是他认为纬书是圣人为辅翼经典所作，且对谶纬并没有完整成篇的论述，因此不属于研究性作品。后来的学者对谶纬观念或有继承或有批判，但也只是随文征引，提供一些不同见解罢了。

谶纬的研究可以分为谶纬基础研究、谶纬发展史研究与谶纬专题研究三类。

（一）谶纬学的基础研究

基础研究是指对谶纬文献所进行的基本辑佚、校勘、释名等工作。

　　对谶纬的基础研究可以追溯到很早，主要以辑佚为开端。汉代张衡、荀悦等人皆有论述。自汉以后，由于各种原因，谶纬遭到统治者的屡次禁毁。如隋炀帝曾下令"凡与谶纬相涉者皆焚之，为吏所纠者至死。自是无复其学，秘府之内，亦多散亡。"① 这次严重焚禁以至唐代只存谶纬十三部九二卷，汉以后纬书中除了《易纬》还算比较完整，其余诸纬皆非全帙。宋末元初马端临《文献通考》时只存易纬八种以及《礼·含文嘉》；其后易纬八种亦复散佚，直到有清四库馆臣方从《永乐大典》辑出易纬八种。元代陶宗仪编辑《说郛》一书，今所存《说郛》有两个版本，一是宛委山堂刊本，百二十卷，为清初陶珽所增订；二是商务印书馆排印的百卷本，是民国十六年（1927 年）张宗祥据京师图书馆所藏明抄本校订而成，而后者较前者为详瞻。②《说郛》共收纬书四十种，但是该书并非刻意进行辑佚工作，也并不是以纬书为主，因此辑录不多；真正谶纬辑佚工作从明代才展开。明代孙瑴的《古微书》（依据张海鹏纂刊墨海金壶本）三十六卷计收纬书目：

　　尚书纬八种，春秋纬十五种，易纬十一种，礼纬、乐纬、诗纬各三种，论语纬五种，孝经纬七种，河图纬十八种，洛书纬七种。在该书中孙氏将《大传》视为谶纬，但是没有注明文献出典，检索不便，但是为后来的辑佚者提供了铺垫，有一定的价值。此书之疏漏、错列多有，然"其采摭编缀，使学者生于千百年后，尤见东京以上之遗文，以资考证，其功亦不可没"③。

　　清代对谶纬的辑佚研究开始重视起来。由于政治原因，博学多才之士大都避开对思想性作品的研究，倾向于对古籍字句的章法校勘，因此谶纬的辑佚之风大盛，康熙时朱彝尊《经义考》一书，其中卷二九八《通说·说纬》及卷二六二至二六七的《毖纬》共收谶纬书目一百七十七种，今天所能见到的纬书

①　（唐）魏徵等撰：《隋书》，中华书局 1973 年版，第 941 页。

②　林庆彰：《谶纬思想研究》，台湾花木兰文化出版社 2008 年版，第 2 页。

③　（清）纪昀、永瑢等编撰：《文渊阁四库全书》第 194 册，台湾商务印书馆 1982 年版，第 808 页。

几乎都罗列在内，包括一些并未见于其他辑佚书中的已佚纬书。该书为考证经义之作，并没有收录纬书原文，内容仅为书名、存佚及作者考释。道光年间，李元春辑有《诸经纬遗》一卷，资料并没有超出前述诸书，没体现出新的特色。嘉庆年间，林春溥编有《古书拾遗》一书，其中《纬候逸文》类收有部分谶纬资料；乾隆时期编辑四库时辑出《易纬》八种，赵在翰的《七纬》三十八卷，所收纬书较为完备，并注明出典，只是所列资料仅局限于纬，关于谶的资料却一条未收。马国翰的《玉函山房辑佚书》收有尚书中候三卷、尚书纬五篇、诗纬三篇、礼纬三篇、乐纬三篇、春秋纬十五篇、孝经纬九篇、论语谶八篇，并对《古微书》舛误处加以订正。乔松年的《纬捃》十四卷，其中卷一至卷十二为谶纬辑佚资料，收有易纬十四篇、尚书纬七篇、尚书中候十四篇、诗纬三篇、春秋纬二十三篇、礼纬三篇、乐纬三篇、孝经纬九篇、河图纬三十一篇、洛书纬七篇。卷十三《古微书订误》，卷十四《古微书存考》。黄奭的《汉学堂丛书》收有《黄氏逸书考》五十六种，即河图类七种、洛书类四种、易类六种、书类四种、诗类三种、礼类三种、乐类二种、春秋类十五种、论语类二种、孝经类五种，另有《附谶》一类，收有《河图·圣洽符》《论语·撰考谶》《孝经·雌雄图》《遁甲开山图》四种。以及王仁俊的《玉函山房辑佚书续编》，这些辑佚作品的出现，可以将已经佚失的历代纬书资料恢复大半。

近年来，日本学者对谶纬的研究也颇为可观，安居香山与中村璋八两位先生致力于谶纬研究，目前对谶纬的辑佚工作做得最好，在资料的收集上，二位先生倾注30年心力编著《纬书集成》，后来在此基础上进行增补，推出了《重编纬书集成》，这套集成以乔松年的《纬捃》为底本，汇集了《说郛》《古微书》《纬书》《古书拾遗》《七纬》《玉函山房辑佚书》《汉学堂丛书》《黄氏逸书考》《集纬》及中国、日本所藏未刊刻及新出土文献（包括敦煌文献），且还原至原引典籍如十三经注疏、《大戴礼记》《五行大义》《天文要录》《天地瑞祥志》《开元占经》《困学纪闻》《北堂书钞》《初学记》等图书进行校勘，几乎将纬书资料搜集完备。与前人相比，二位学者替纬书的内容加上了断句标点，最重要的一点是卷末附有条目索引，便于取览。安居、中村二位先生为谶纬的研究提供了翔实丰富的资料，可谓是近代对于纬书辑佚的重要力作。但该集成虽多方校勘，仍有缺失。陈槃先生在《古谶纬研讨及其书录解题》中指出一些删削注文不当的例子。[①]钟肇鹏在《谶纬论略》中也提出了存在一些句读、校理、文字之误和重复、误引等现象。[②]但是一些误引及重复的问题是在所难免的，因为各种纬书版本众多，在选择上难免会有差别和出入。所以该集成仍为目前研究谶纬学最全面的资料。

上海古籍出版社 1994 年 6 月辑的《纬书集成》（上、下册），将安居、中村二氏集成本所用的资料加以还原，这对读者检索原始资料时更为方便。该集成收录了纬书辑本十三种，将之前所列的清代诸家成果皆列入其中，并补充加入殷元正的《纬书》、刘学宠的《诸经纬遗》，其共收录纬书四十种，还有顾观光补充赵在翰《七纬》所辑的《七纬拾遗》，陈乔枞的《诗纬集证》对《诗纬》中诸家辑佚时的疏漏进行了复原。另收相关资料五种：张惠言的《易纬略义》、孙诒让的《札迻》、姚振宗的《隋唐经籍志考证》卷九、朱彝尊的《经义考》卷二六三至二六七以及陈槃的陈槃书录解题。这套集成最为完整，但是与安居、中村之集成本相比较也有一些疏漏，比如明代杨乔嶽的《纬书》十卷因藏日本内阁文库，故未见收录，还有清代的《古书拾遗》也未收入。不过，整体而言，此书收录了某些辑佚书孤本，则是对纬书辑佚上有意义的贡献。

蒋清翊的《纬学源流兴废考》写于 1897 年，是第一部谶纬学史。全书分为三卷，对谶纬的名义、流别、题目、师承、

① 陈槃：《古谶纬研讨及其书录解题》，上海古籍出版社 2010 年版。

② 钟肇鹏：《谶纬论略》，辽宁教育出版社 1991 年版，第 268—276 页。

论说等都做了论述，但略显简单。20 世纪 30 年代，对谶纬有系统研究的是姜忠奎，他有《纬史论微》共二十二卷出版。该书对谶纬的起源、形成、流变、兴衰等做了详细的论述，是后学者了解和研究谶纬学说的基础著作。该书罗列了丰富详尽的史料，对历代的相关研究做了梳理。姜氏完全沿袭了传统的成说，他的写作目的是为"整理"即将流失的经学，所以并没有表现出个人独到的看法。① 但是大量谶纬的重要资料和前贤的研究成果，对谶纬研究还是有很大的贡献。

谶纬基础研究的论述以安居、中村两先生在《谶纬の基础的研究》最为重要。此书分为思想篇（安居）和资料篇（中村）两部分。中村先生整理的资料篇第一章"纬书资料的问题所在"将中国历朝各书志中所记载的谶纬篇目资料、日本历代引进的谶纬资料和中国的谶纬辑佚研究做了详细的考索，并附有《现存纬书篇目一览表》，便于取览。第二章"各纬书中的问题"则是谶纬文献的解题。② 安居香山和中村璋八两位学者的研究，代表了国际谶纬研究的领先水平。

（二）有关谶纬发展的研究

谶纬的源起、谶纬通论以及谶纬与汉代思想史的研究等都属于谶纬发展的研究。

1. 谶纬的源流研究

关于谶纬起源的讨论，广为人知的是张衡论谶。《后汉书·张衡列传》认为"图谶成于哀平之际也"。"夏侯胜、眭孟之徒，以道术立名，其所述著，无谶一言。刘向父子领校秘书，阅定九流，亦无谶录。成哀之后，乃始闻之……则知图谶成于哀、平之际也。"③ 刘解、孔颖达、陈振孙、晁公武、吴廷翰、顾实等人与张衡观点一致，都认为谶纬兴起于哀平。谶纬的流传和定性肯定不是一日之功，董仲舒与刘向对后来谶纬的兴起起到了推动作用。董仲舒以神学目的论来解说儒家经典、以阴阳五行推演灾异，预知吉凶，他的《灾异记》为后世

① 姜忠奎：《纬史论微》，上海书店出版社 2005 年版。

② 殷善培：《谶纬思想研究》，台湾花木兰文化出版社 2008 年版，第 5 页。

③ （南朝）范晔撰，（唐）李贤等注：《后汉书》，中华书局 1999 年版，第 1291—1292 页。

儒生制造谶纬迷信写下了第一笔，也为他的神学目的蒙上了一层浓厚的宗教神秘主义的色彩。"视前世已行之事……又出怪异以警惧之，尚不知变，而伤败乃至。以此见天心之仁爱人君而欲止其乱也"①。《汉书·五行志》中所记述的大量灾异内容，就是汉代人对谶纬之说笃信不疑的真实写照。从董仲舒的"灾异"理论到谶纬学说的兴起，是汉代学术发展的主要阶段，纬书中很多文字甚至都来源于董仲舒的《春秋繁露》。

《古微书洛书纬序》说："纬书若出汉世者，便应演《洪范》之文，而再不及范，故知出于春秋季世矣。"任道镕《纬捃》序说同："纬学之立，实始周世。"与之相似的还有《四库全书总目提要》提出纬书出于先秦，胡渭在《易图明辨》中认为"图谶之术，自战国时始有之"。顾炎武也是谶纬起源于先秦说的支持者，他在《日知录图截》中认为"谶记之兴而始于秦"。这些书都说纬出于汉以前，徐养原在《纬候不起于哀平辨》中认为纬书萌芽于成帝之世。②郑樵在《通志艺文略》中认为谶纬起源于前汉，兴盛于汉光武。"谶纬之学，起于前汉，及王莽好符命，光武以图谶兴，遂盛行于世。"陈世望的《古微书跋》和朱彝尊的《经义考说纬》也都认为谶纬兴炽于东汉。

李学勤在《〈汉书·李寻传〉与纬学的兴起》一文中则认为纬书在成帝时已经大备，其起源可能更早。③周予同认为纬书"源于古代的阴阳家，起于嬴秦，出于西汉哀平，而大兴于东汉"。④顾颉刚认为纬学的兴起不能早于王莽秉政的时代。⑤安居香山认为纬书形成于西汉末年至东汉并流行于世。⑥安居香山的说法目前在学术界得到大多数学者的支持。

1905年，刘师培在《国粹学报文篇》上发表了《谶纬论》一文，文中论述了谶纬的源流、谶纬的价值，他认为谶纬有五方面的价值：补史、考地、测天、考文、征礼。用现在的话来说，就是说谶纬有史学、天文、地理、文字学、礼仪等方面的价值。⑦关于谶纬的源流，他认为谶纬起源早至太古时期："乃

① （东汉）班固：《汉书》，中华书局1999年版，第1901页。

② （清）阮元订：《诂经精舍文集》卷一二，《丛书集成初编》，商务印书馆1936年版，第346—347页。

③ 李学勤：《〈汉书·李寻传〉与纬学的兴起》，《杭州师范学院学报》1996年第2期。

④ 顾颉刚：《汉代学术史略》，东方出版社1996年版。

⑤ 周予同、朱维铮《周予同经学史论著选集》，上海人民出版社1996年版，第47—48页。

⑥ ［日］安居香山：《纬书与中国神秘思想》，田人隆译，河北人民出版社1991年版。

⑦ 任蜜林：《百年来中国谶纬学的研究与反思》，《云梦学刊》2006年第3期。

世之论谶纬者，或谓溯源于孔氏，或谓创始于哀平。吾谓谶纬之言，起源太古。然以经淆纬，始于西京；以纬俪经，基于东汉。"① 这段文字可以看出刘师培的观点是谶纬之名始于汉武帝之时，他把谶纬的起源追溯到太古时代的祝史，认为谶纬等同于巫觋文化，这说明他并未真正把纬书的源流和流行研究清楚。

陈延傑在《谶纬考》中对谶纬的起源、篇目、流传等方面做了论述。他认为，谶纬学说"初不过为方士之说，其后诸生博士，多通其术，遂相率言阴阳术数而以之诡俗矣。世儒言谶纬起于哀平之末，是不然。纬候之书，伪起哀平；若图谶，则战国末年已风行矣。"②

陈槃是现当代研究谶纬成果最丰硕的学者之一。在他的著作《古谶纬研讨及其书录解题》自序中说，他自民国二十六年（1937年）已经开始研究谶纬，历经半个多世纪，1949年到台湾后，曾一度中断研究。他的研究工作大致可分为资料研究和思想研究两部分。他曾连续于1947—1949年在《中央研究院历史语言研究所集刊》上发表了十余篇关于谶纬研究的论文。1991年，陈槃在台湾出版了《古谶纬研讨及其书录解题》，该书引征考释，极其详备精到，全书分为五大部分，有谶纬的命名问题，对方士、符瑞现象的分析，书录部分对八十八种谶纬书做了详细的解题和考辨，资料方面其研究比较集中在《河图》《洛书》，为谶纬研究提供了更多的有力资料；在思想研究方面，他发表过《谶纬释名》《谶纬溯源》《秦汉间之所谓"符应"论略》《论早期谶纬及其与邹衍书说之关系》《谶纬命名及其相关之诸问题》《战国秦汉间方士考论》等论文，其中《论早期谶纬及其与邹衍书说之关系》一文资料翔实精审，观点独特，为研读者提供了更多的思考空间。

陈槃的主要观点大致有以下几点：

一、谶纬起源于邹衍及燕齐海上方士。③

① 刘师培：《谶纬论》，《刘师培全集》，中共中央党校出版社1997年版。

② 陈延傑：《谶纬考》，《东方杂志》1924年第21卷第6号。

③ 陈槃：《秦汉间之所谓"符应"论略》，《中央研究院历史语言研究所集刊》1948年第16本。

二、谶纬是秦汉间符应说下的产物，亦即秦汉间人迷信的遗说。

三、谶、纬、图、候、附、书、录七名者，其与汉人通称互文，同实异名。①

陈槃的这些观点对学者们研究谶纬学起着极其深远的影响，尤其是关于第三点目前在学术界已经达成共识。对纬书学作出了开拓性贡献。陈槃的研究工作，被认为奠定了现代谶纬研究的基础。

陈槃另一个很有开拓价值的表现是他在该著作中将敦煌所出现的《瑞应图》《白泽图》也置入谶纬之列，并为之解题，这或许是唯一图文并存的古纬书资料，陈槃对谶纬所做的文献考证为日后学者的研究开启了一条坦途，安居香山誉之为"奠定了谶纬研究的基础"。②

2. 谶纬通论研究

在谶纬思想的研究上，安居香山与中村璋八也有一定的贡献，如两人合作的《纬书の基础的研究》，安居香山独著的《纬书思想の综合研究》《纬书の成立とその发展》《纬书》（东京：明德出版社，昭和四四年，1969 年版）、《预言と革命》（探求社 1976 年版、国书刊行会 1979 年版）、《纬书の成立とその展开》（已译为中文出版）等书，并发表论文数十篇，还撰写多篇关于谶纬思想对日本影响的论文。③《纬书与中国神秘思想》一书可以说是安居香山谶纬研究的晚年定论，文中提到如何正确理解中国思想的问题，他在前言"怎样正确理解中国思想"中指出："不能正视谶纬就无从正确理解中国思想。"为调和儒学正统对谶纬的排斥，安居先生提出："纬书思想是儒教思想向神秘方向的倾斜……纬书并不是'向迷信堕落'的产物，而是对儒教经典所作的神秘解释。因此，它并不是堕落，而是朝某一方向的倾斜，是从另一角度对儒教经典所作的新解释。把这种倾斜和新解释看作是向迷信的堕落，这是作者表述的自

① 殷善培：《谶纬思想研究》，台湾花木兰文化出版社 2008 年版，第 6 页。

② ［日］安居香山：《纬书思想研究的历史及其课题》，上海亚细亚书局 1935 年版，第 12 页。

③ 杨权：《谶纬研究述略》，《中国史研究动态》2001 年第 6 期。

由。但无可否认的是，这种说法会贻误读者。"①

钟肇鹏的《谶纬论略》②对谶纬思想进行了全面深入的分析，讨论了"谶"与"纬"的起源和异同、内容和流变，并对谶纬与今文经学、数术、政治、宗教、上古史等相关的重大问题之间的关联作了缜密精细的研究。《谶纬论略》是迄今国内学者撰写的第一部系统研究谶纬通论的著作，是研讨谶纬的最有价值的著作之一。

另外，一些著名的学者比如顾颉刚、侯外庐、任继愈、金春峰等都在思想史类的著作中对谶纬进行了一些定位。

安居香山说："若论真正研究纬书思想史的，则应数顾颉刚著的《汉代学术史略》。"该书在 1955 年改名为《秦汉的方士与儒生》，它虽不是研究谶纬的专书，但在该书的第十九至二十一篇章，以"谶纬的造作""谶纬的内容""谶纬在东汉时的势力"为名，围绕谶纬与汉代人的思想主干——阴阳五行说、五德终始说、三统说、神仙说、灾异说等的关系，做了深入浅出的叙述，可谓学术经典。③顾颉刚认为谶纬是西汉末期和东汉时期特有的思想类型，认为谶纬的内容和思想的构成非常复杂，有释经讲文字的，有讲天文历法的，有讲神灵地理的，有讲史事及典章制度的，方面虽广，性质却简单。作者以阴阳五行的系统来说话，所以说的话尽管多，方式只有这一个。④他认为谶纬的出现有三种使命：

一是把西汉二百年中的术数思想做一次总整理，使它系统化。

二是发挥王莽、刘昕所倡导的新古史和新祀典的学说，使得它益发有证有据。

三是把所有的学问、所有的神话都归纳到六经的旗帜之下，使得孔子真成个教主，六经真成个天书，借此维持皇帝的位子。⑤

他认为《七略》之所以不录谶纬是因为零碎的谶纬固然早

① ［日］安居香山：《纬书与中国神秘思想》，田人隆译，河北人民出版社 1991 年版，第 7 页。

② 钟肇鹏：《谶纬论略》，辽宁教育出版社 1991 年版。

③ 杨权：《谶纬研究述略》，《中国史研究动态》2001 年第 6 期。

④ 顾颉刚：《汉代学术史略》，东方出版社 1996 年版，第 190—191 页。

⑤ 顾颉刚：《汉代学术史略》，东方出版社 1996 年版，第 190 页。

① 顾颉刚:《汉代学术史略》,东方出版社 1996 年版,第188—189 页。

已有了,但是以书籍的体制发表,却是在刘向父子校书之后出现的,不早于王莽柄政时代。① 并指出谶纬内容的思想核心是阴阳五行和灾异祯祥。点出谶纬思想的形成本身就是对汉代术数思想的一次系统的总结,并把这些思想及学问统一到"六经"的旗帜之下,表明谶纬在当时的时代意义而不以"迷信"来贬抑,这种态度在当时是难能可贵的。

1934 年,冯友兰的《中国哲学史》出版,在"纬书的世界图式"一章,讨论纬书中的宇宙发生论、时空图式等哲学范畴,在"两汉之际谶纬及象数之学"中他探讨了谶与纬、象数之学、阴阳之数、八卦方位、卦气、音律配卦等问题,他认为"谶书与纬,不可并论。然纬书中荒诞之部分,实类于谶。盖皆一种趋势下之产物也。"② 认为汉朝人将气的理论以及阴阳五行学说结合起来,成为汉代人们心目中的世界图式,这种图式表现出来就是汉画像里的天地人神万物世界。他还认为中国的象数之学与毕达哥拉斯学派的学说有很多相同之处,中国自汉以后讲律吕与历法者,皆以周易中的"数"为根据。这是中国易学与毕达哥拉斯学派大端相同之点。③

② 冯友兰:《中国哲学史》下册,华东师范大学出版社 2000 年版,第 39 页。

③ 冯友兰:《中国哲学史》下册,华东师范大学出版社 2000 年版,第 42 页。

侯外庐的《中国思想通史》在"王充反对谶纬的异端思想"和"汉代白虎观宗教会议与神学思想"章节中提出了东汉"谶纬国教化"的观点,认为公羊学和谶纬是"中世纪的神学"。他认为图谶纬书是神学和庸俗经学的混合物。这种经义国教的意义,和恩格斯所指出的基督教是一种神学和庸俗派哲学的混合物。④ 在由公元前 134 年至公元 79 年前后共 213 年中,两汉神学的演进是儒书圣经化、学校寺院化的宗教思想完成的进程,认为两汉的统治思想已由今文经学家董仲舒的推演灾异的神学体系的御用,变为谶纬之术的露骨低级迷信思想的御用。⑤ 他还发现如果把《白虎通义》的文句和散引于各书中的谶纬文句对照,90% 的内容出于谶纬。从宗教仪式和宗教信仰两方面可以看出《白虎通义》实际上为庸俗学和神学的混合物,与其

④ 侯外庐:《中国思想通史》第二卷,人民出版社 1957 年版,第 223—248 页。

⑤ 侯外庐:《中国思想通史》第二卷,人民出版社 1957 年版,第 251—252 页。

说《白虎通义》是引经义本文，不如说主要是杂糅图谶纬候。①

　　任继愈主编的《中国哲学发展史·秦汉》（人民出版社 1985 年版）在"纬书综述"一章中对谶纬之学做了批判性的论述，以较多的篇幅讨论了谶纬，分为谶纬的兴起及其在经学中的地位、纬书的编撰流传和篇目解题、纬书的内容和易纬的思想四部分。提出：谶纬是两汉时期的神学经学的一个重要组成部分。虽然完全继承了董仲舒的天人感应神学目的论，但又与以董仲舒为代表的官方正统的神学经学不相同。它是和两汉之际的社会政治危机紧密相连的，是社会危机的产物，反映了统治集团企图拯救危机的努力。但是一旦危机过去，巩固封建统治秩序的要求提上日程，谶纬这种形式就变成了一种不安定的破坏性因素，所以它始终不能取代正统的神学经学的地位，上升为长期的统治思想。②任继愈先生认为谶纬强调的重点不是三纲五常，而是灾异和符命。③谶纬之所以为谶纬，是因为其中灾异和符命的思想所占的比重最大，被野心家们所利用。④纬书并无师法传授系统，不可能形成一个学派，在编撰《白虎通义》的过程中，今文经学和古文经学只是为了"附世主之好""援纬助经"，而谶纬作为一种社会思潮在东汉末年成为强弩之末。反映这个时期思想意识上的危机，是以王符、崔寔、仲长统、荀悦为代表的社会批判思潮，而不是谶纬。⑤谶纬思想的主轴是"天文"与"受命"，⑥一旦天下初定，禁毁谶纬也就成了当务之急，光武帝宣布图谶于天下实际是另一种形式的禁毁。⑦任继愈提出了谶纬阶段性任务转变的说法，谶纬从符命、灾异为主转而成援纬证经，再流行成方术，若不能厘清每一阶段的不同特质，就无法真正理解谶纬思想。

　　金春峰的《汉代思想史》⑧中有《谶纬在哀平时期泛滥及其思想意义》一文，金春峰则认为谶纬处于一种非常矛盾的思想状态，一方面借谶纬语言表现种种政治野心；另一方面却又在谶纬的形式下，反映汉末真实的社会矛盾和进步的社会

① 侯外庐：《中国思想通史》第二卷，人民出版社 1957 年版，第 229—230 页。

② 任继愈主编：《中国哲学发展史·秦汉》，人民出版社 1985 年版，第 416 页。

③ 任继愈主编：《中国哲学发展史·秦汉》，人民出版社 1985 年版，第 429 页。

④ 任继愈主编：《中国哲学发展史·秦汉》，人民出版社 1985 年版，第 427 页。

⑤ 任继愈主编：《中国哲学发展史·秦汉》，人民出版社 1985 年版，第 431 页。

⑥ 殷善培：《谶纬思想研究》，台湾花木兰文化出版社 2008 年版，"第四章"。

⑦ 黄朴民：《两汉谶纬简论》，《清华大学学报》（哲学社会科学版）2008 年第 3 期。

⑧ 金春峰：《汉代思想史》，中国社会科学出版社 1987 年版。

① 金春峰:《汉代思想史》,中国社会科学出版社1987年版,第342页。

② 金春峰:《汉代思想史》,中国社会科学出版社1987年版,第349页。

③ 殷善培:《谶纬思想研究》,台湾花木兰文化出版社2008年版。

④ 江婉玲:《易纬释易考》,台湾花木兰文化出版社2010年版。

理想。一方面神化孔子,向宗教方向演化;一方面强调三纲五常。他以为:谶纬是今文经学迅速政治化、庸俗化并和汉代神学迷信相结合而孕育的一个怪胎。①他的主要观点还有,谶纬有发展为宗教的可能但是谶纬不是立足于社会,而是完全立足于政治之上,它并没有教义,没有理想,没有任何吸引人们精神和解除现实痛苦的魔力……谶纬神话孔子的目的仅在于把孔子说成受命的圣王。他的任务仍是修、齐、治、平,而不是拯救人的灵魂,以解脱人世的苦难。相较于侯外庐毫无疑义地接受"谶纬神学"的说法,已转变为用"宗教神学"来诠释谶纬。②

台湾学者殷善培是一位致力于谶纬与汉代思想政治制度及礼制研究的学者,在《中国学术思想》研究辑刊中,他的《谶纬思想研究》和《谶纬中的宇宙秩序》都被列入其中。在《谶纬思想研究》中,殷善培从宏观角度来评述谶纬思想,分为引论、本论、结论三部分,引论部分先将历来研究的定位与取向作一整体的把握,并指出文章所用的方法。本论部分依序从谶纬的名义与篇卷、命名与叙述、思维结构、主题结构等角度将谶纬思想的第一序问题做了较为全面的解析,运用叙述学、诠释学等方法来掌握汉代谶纬所应回应的时代问题及其回应之道。结论部分则以《白虎通义》与谶纬为例呼应本论部分,来说明汉代学术与谶纬的关系。可以说,殷善培不仅研究了谶纬的相关问题,还总结了前人对谶纬研究的综述。③

(三)专题研究

与谶纬学史的研究相比较,专题研究是属于微观的研究,这种研究取向对谶纬研究领域的开拓有相当的贡献,也是目前最主要的研究方向,可以分为如下主题(1992年以前论著目录俱见林庆彰《经学研究论著目录》):

1.谶纬与经学

(1)释经研究:江婉玲《易纬释易考》。④这是江婉玲的硕士论文，作者肯定《易纬》的地位，认为《易纬》与《易传》互证经义，有辅翼之功，其密合天文、历法、阴阳、五行、算学、医学、乐纬、星相等，较《易传》更为精致、系统。全文分为五章，第一章"易纬概说"分别考察其源流，判别其真伪，探求其内涵，列述其辑录，析论其名义，抉择其价值。第二至第五章从易数、易象、易义、易术四方面立说，是文章的重心，江氏认为《易纬》有解经释易之实，确有资格取代《易传》，该文结论综述其发明易旨之经义及其影响，可以说是《易纬》研究的入门之书，起到抛砖引玉的作用，会令更多学者沿此思路深入诸纬，申证或补足，窥探谶纬的奥秘。山东大学贾立霞的硕士学位论文《〈孝经〉纬研究》认为《孝经》纬的内容除了对《孝经》一书的注解、阐释和研究之外，还记载了时人对天文、地理、宗教、文化、神话、历史等方面的认识与见解，对研究古代文化、古代宗教、古代历史、古代文学等有重大的资料价值。文章认为《孝经》纬各篇出现的时间早晚不一，其内容互有重复甚至抵牾，体例也不一致，说明《孝经》纬非一时一人之作。就《孝经》纬对《孝经》的阐释来讲，又表现出传统注解方式与非传统阐释方法共存的特性。①

　　台湾师范大学陈明恩的博士论文《东汉谶纬学研究》认为谶纬之初本来与经义并没有什么关联，光武帝宣布图谶于天下后，谶纬与经学之关系才紧密起来，出现了"以谶正经"及儒者"争学图纬"的盛况。黄复山的《东汉谶纬学新探》则对纬学与《白虎通义》和《公羊学》的关系进行了详细的探讨。台湾东海大学洪春音的博士论文《纬书与两汉经学关系之研究》探讨了纬学与汉代今文经学、《白虎通义》中的纬学与经学、郑玄的经学与纬学等相关问题。台湾逢甲大学吴士辉的硕士论文《谶纬与两汉经学、政治相关之研究》探讨了纬学与有关经学治国层面的关系。②

　　周德良著的《〈白虎通〉谶纬思想之历史研究》③是以东汉

① 贾立霞：《〈孝经〉纬研究》，山东大学硕士学位论文，2003 年。

② 转引自王小明：《近百年纬学研究综述》，《云南社会科学》2012 年第 6 期。

③ 周德良：《〈白虎通〉谶纬思想之历史研究》，台湾花木兰文化出版社 2008 年版。

时谶纬思想为中心，对谶纬思想做历史性之省察；作者首先探讨谶纬的缘起过程，说明谶纬的义界，进而勾勒谶纬思想在东汉发展的整体概念；其次依此义界对应汉代学术思想，借由学术流变，探索形成谶纬思想的背后成因，展现东汉谶纬思想的时代意义；最后爬梳罗列《白虎通》中涉及谶纬思想的文本，与其时代思想基源一一对应，循照此途径建构《白虎通》谶纬思想的理论意义。

（2）谶纬与儒学：周予同的《纬书与经今古文学》《纬书中的孔圣与他的门徒》《谶纬中的"皇"与"帝"》，吕凯的《郑玄之谶纬学》。《纬书与经今古文学》研究了汉代今古文学家与纬学的关系以及近代今古文学家对于纬书的见解。周予同先生在 20 世纪二三十年代对谶纬作过一些研究，他认为"谶"和"纬"有广义和狭义之分，广义的"谶"泛指当时一切术数占验的文字。如《史记·秦本纪》所载的"'亡秦者胡也'，狭义的解释专指'河图'、'洛书'。"[1] 广义的"纬"泛指当时一切讲术数占验的书，狭义的解释则专指"七纬"，即《诗》《书》《礼》《易》《乐》《春秋》《孝经》，[2] 他指出方士与经生的糅合、儒教去鬼神而取术数以及秦皇汉武好方士这三条原因是纬书产生的原因。[3] 周予同的研究主要是在经学方面，谶纬方面只是在研究经学时附带提及，并没有足够重视。

吕凯的《郑玄之谶纬学》由台湾商务印书馆出版发行，他在书中肯定了郑玄以纬释经的功劳。"盖以信谶纬罪郑玄者，是未详考东汉之时代也。谓郑玄以纬乱经者，是未明汉初经学之流变也。自光武帝颁布图谶于天下，谶纬已成东汉之国教。时尚如此，不精于是，不足以称通儒。时之大儒之皆信谶纬，何可以此独罪郑玄哉！以纬乱经者，西汉之今文家也，经中有谶纬，而郑玄以谶纬注之，何得以此而归咎郑玄哉！且郑玄注经，今文古文，各取其当，实事求是，态度至公。其如谶纬，

① 周予同：《纬书与经今古文学》，《周予同经学史论著选集》，上海人民出版社 1983年版，第 44 页。

② 周予同：《纬书与经今古文学》，《周予同经学史论著选集》，上海人民出版社 1983年版，第 42 页。

③ 周予同：《纬书产生的原因》，《周予同经学史论著选集》，上海人民出版社 1983年版，第 52 页。

亦复如是。"①吕凯给予谶纬比较高的评价，他直接认为谶纬思想即是汉人思想，理解郑玄的谶纬学就是明白汉人的思想，明白汉人的思想是研经的必经之处。把谶纬与汉代学术思想和汉代经学直接挂钩，也是一种大胆的观点，结合汉画像图像和典籍资料进行比较和分析后，这种说法还是有一定的意义的。

2. 谶纬与历史

（1）谶纬与汉代政治史：陈郁芬《东汉谶纬与政治》、金发根《谶纬思想下的政治社会》、王步贵《谶纬与汉代政治》、王清淮《两汉谶纬透视》、钟肇鹏《谶纬与政治》、冷德熙《超越神话——纬书政治神话研究》。

《超越神话——纬书政治神话研究》一书于1996年由东方出版社出版。该书在中国古代神话的发展史上第一次提出了创世神话体系，以"政治神话"这个词展开谶纬研究，认为汉人以大量制造纬书的形式制造了纬书政治神话，纬书政治神话这一体系包括若干个神话次系统，每一个神话次系统都是一个特殊的神话系列，包含了特殊的神话思想内容。②这样的观点让人耳目一新，他认为《乾坤凿度》就是一篇关于宇宙开辟及其历史的创世纪神话；《命历序》《演孔图》也是创世神话体系。这里面主要讲到的就是汉代的祥瑞，体现在"天人关系"的神话中，上天以祥瑞和灾异的形式来表现其对人君人事政治的褒奖和惩罚。如果君王治下政治清明，天下太平，则祥瑞自出；反之，如果君王失德，则会出现星象异常、地震、旱灾等不祥，这就是上天的警示。

（2）谶纬中的历史：徐兴无《谶纬文献与汉代文化构建》（2003年出版）以丰富的史料，从谶纬文献角度入手，理出了谶纬的产生、发展的基本线索，论述了谶纬是解释政治、推测天意的工具，对汉代文化的构建起着重要作用，使汉代的天道观、人文道德观、自然科学宗教观都被纳入阴阳五行的天命周转之中，为谶纬的进一步研究提供了一条较为清晰、系统的资

① 吕凯：《郑玄之谶纬学》，台湾商务印书馆1982年版，第2页。

② 冷德熙：《超越神话——纬书政治神话研究》，东方出版社1996年版，"自序"。

① 徐兴无：《谶纬文献与汉代
文化构建》，中华书局 2003
年版，第 1—21 页。

料检索途径。① 作者将汉代对纬学的批判分为两类，一类是官
方经学家的批判，一类是在野派自然论者的批判，指出前者的
批判主要限于文献、师法的考订和神学内部的争执；后者的批
判已经深入到哲学和政治学层面。他还指出了汉代对谶纬之学

② 徐兴无：《论汉代对谶纬之
学的批判》，《南京大学学
报》（哲学·人文科学·社
会科学版）1990 年第 1 期。

批判的不彻底性。② 徐兴无重点考察了两汉、宋明和清代三个
历史时期纬学与经学的关系，指出两汉时期的今文经学是阴阳
五行学说与儒学的结合，是宇宙论哲学与伦理学的结合，是方
士与儒生的结合，这一结合过程也是纬学产生的过程；宋明时
期的经学与纬学关系则是经学对纬学进行了公开的批判和暗地
的吸收；清代考据学对纬学的研究达到了前所未有的水平，并

③ 徐兴无：《谶纬与经学》，
《中国社会科学》1992 年第
2 期。

启发了今文学家对纬学的进一步肯定和现代学术对纬学起源等
问题的探讨。③

（3）谶纬与汉代社会：中村璋八《汉碑里的纬书说》（收
在《纬书の基础的研究》）、吕宗力《东汉碑刻与谶纬神学》两

④ 吕宗力：《东汉碑刻与谶纬
神学》，中国社会科学院学
位论文，1982 年。

部著作从东汉碑刻来探讨谶纬思想。讨论了谶纬的形成过程、
思想体系以及对东汉社会思想的具体影响。④

谶纬与宗教、哲学

钟肇鹏的《谶纬与宗教》一文认为中国古代的神仙方术为
谶纬所吸收，谶纬产生于道教之前，谶纬中的一些内容，又为
后来的道教所吸取。汉魏以后，谶纬流入道教，制作谶语成为
道教的一项宗教活动，他认为谶纬与道教的关系比佛教更为密
切。《孝经·援神契》说君主能孝慈仁德就会出现"澧泉涌""嘉
禾出""赤鸟翔"等瑞应，显然是用谶纬来劝善戒恶，来说明
佛教的善恶报应是真实的。谶纬中的神学部分为宗教（道教、
佛教）所吸收并加以继承和发展。

王步贵的《谶纬与宗教》总结，谶纬与宗教有不解之缘，
然而谶纬不等于宗教，宗教也未包括谶纬在内。谶纬最终没有
能够发展成为真正的宗教，虽然它在两汉时期，吸取了大量的
社会因素，企图和儒学挂靠，以儒家的经典为经典，以儒家的

创始人为教主，但这种努力没有达到预期的目的，因为两汉的
历史背景、社会环境、阶级根源、现实条件、思想原因等方面
都决定了不需要再有像谶纬神学这种粗俗而浅陋的宗教产生，
正像儒学最终没有发展成儒教一样，谶纬也没能发展成谶纬
宗教。[①]

殷善培《谶纬中的宇宙秩序》观点比较新颖，跳出了多数
学者引谶纬来证汉代经学、政治、社会等现象的框框，直接进
入谶纬思想研究，以"宇宙秩序"这一意义结构为主轴来研究
谶纬，在文中以对比方式，以"政治兴革"为主轴，比较谶纬
与汉代思想史如何"定位宇宙"，并论述了秩序的建立与维持、
礼乐与孝道、秩序的变革与再兴、灾异与革命等思想。殷氏的
研究给谶纬研究带来了新的灵感和对未来研究的展望。[②]

谶纬与主题研究

王令樾的《纬学探原》是一本资料整理详尽的谶纬学入门
书，它以谶纬与文学的关系来介绍谶纬，该书"纬的价值"一
章中，"配经"和"助文"两节约占全书的三分之二篇幅。关
于与谶纬相关的主题研究还有黎活仁的《文心雕龙与纬书》《纬
书对文心雕龙的影响》以及李中华的《纬书与文学艺术》。

还有一些人专门研究易纬和诗纬，比如林金泉的《易纬
"六十四卦流转注十二时辰"表研究》《易纬德运说中的历数》《诗
纬星象分野考》；清末廖平、胡薇元、陈乔枞等人的笺释、安
居香山的《由诗纬论纬书成立的考察》（收在《纬书の成立と
その展开》）等。

安居先生《谶纬の思想研究·思想篇》探讨了图谶、符命、
孔丘秘经等与汉代革命相关的主题，也探讨了纬书中的世界。
此书一是将中日两国谶纬研究的成果详加考述，指出了谶纬研
究的问题所在（源流、形成）。二是将主题环绕在王莽篡夺与
光武革命前后的符谶及其效用，这是谶纬与汉代政治纠葛最密
的时候。然后以《后汉书·苏竟传》的"夫孔丘秘经，为汉赤制。

① 王步贵：《谶纬与宗教》，
《宁夏社会科学》1992年第
1期。

② 殷善培：《谶纬中的宇宙秩
序》，台湾花木兰文化出版
社2008年版。

① （南朝）范晔撰，（唐）李贤等注：《后汉书》，中华书局1999年版，第700页。

玄包幽室，文隐事明"① 为契子，探讨纬书中的素王及孔子形象，这是谶纬思想中的重要内容，也颇为学者所措意。还探讨纬书中的宇宙生成论，其中所具有的荒唐无稽天文谶言。大九州说，回应了神话学者御手洗胜对大九州说的异议以及五行相生说、谶纬在六朝的流衍及与宗教的关系。这些问题均是谶纬思想的重要主题，由这些论述中可以看出安居先生的关怀点是汉代政治与谶纬间的关系，所谓的"思想篇"也都是扣紧这主题发挥。

　　《谶纬思想の综合研究》第二篇（资料篇）末附有"纬学研究论文一览表"，将中日自古以来有关谶纬研究篇目辑入，不过并不完整。峰崎秀雄增补之后成"纬书研究著书论文一览表"，亦不完备，如廖平、谭嗣同之文均未辑入。较完整的论著目录当推林庆彰主编的《经学研究论著目录（1912—1987)》（汉学研究中心）、《经学研究论著目录（1988—1992)》（汉学研究中心）及《日本研究经学论著目录（1900—1992)》（中央研究院中国文哲研究所）。

② 王步贵：《神秘文化——谶纬文化新探》，中国社会科学出版社1993年版，"引言"。

③ 王步贵：《神秘文化——谶纬文化新探》，中国社会科学出版社1993年版，第167页。

④ 王步贵：《神秘文化——谶纬文化新探》，中国社会科学出版社1993年版，第2页。

　　王步贵的《神秘文化——谶纬文化新探》，从文化角度立论，分析谶纬与元气、辩证法、象数、卦气、阴阳、宗教、社会均平思想等主题，寻求两汉时期谶纬风靡一时的社会思想根源，从中剥离出某种有用的甚至是真理的颗粒。② 该书是作者有关"谶纬"研究论文合集，所以章节间并没有一定的关联性。书名上有"神秘文化""新探"字眼，与其他诸家说法不同。③ 王氏认为由于谶纬神学与统治阶级的利益联系得太紧，成了统治者赤裸裸的争权夺利的工具，因缺少应有的社会基础，故而最终未成为真正的宗教。但谶纬神学确曾起过宗教作用，这是无可否认的事实。④ 这个观点侯外庐、金春峰等人已经发表过，并不新鲜。王氏从文化学的角度，认为谶纬文化属于非正统文化，它的多义、朦胧、不可捉摸性就是用神秘的外衣包裹着，这是它的诡异之处。当这种可以被不同阶级、集团、个人阐释利用并形成一种思潮时，就可以说是一种神秘文化。王氏把谶纬作为一种"神秘文化"来讨论，对了解两汉思想演变和矛盾不无意义。该书"谶纬作为政治隐语的内涵"一章，就能清楚掌握谶纬这种政治语言的意图，"谶纬与社会的均平思想"也能准确地扣住汉代社会立论。王氏《论纬书〈乐图微〉的思想》[①]一文剥去《乐图微》的神秘外衣，解读了《乐图微》反映的社会政治思想。唐明贵《试论〈论语谶〉的内容及其价值》[②]认为《论语谶》除解释《论语》以外还包含了大量天文地理、古史、神话等内容，对于我们了解汉代的风俗、迷信和社会思潮有一定的参考价值。朱旭强《〈乐录图〉考》[③]经过分析认为，《文选》注李善所引的《乐录图》是两汉盛行纬学的产物，是乐纬的一种。

李中华先生的《神秘文化的启示——纬书与汉代文化》于1993年北京出版，是神州文化集成丛书的一册。全书从整个汉代文化来审视谶纬，强调以现代学术分类的概念从经学、哲学、伦理、科学、文学艺术、神话等六个层面来看谶纬，对于我们了解纬书与汉代其他文化的关系有很大的帮助。该书充分吸收了历代学者对谶纬的见解，简明扼要，尤其是第六章"纬书与文学艺术"中，分别从纬书与汉代文字学、纬书与汉赋辞章、纬书与音乐理论三方面来探讨。对于纬书的名称及其产生，李氏认为纬书是对秦汉以来"纬""候""图""谶"的总称，是对阴阳数术、占候、星宿、河图、洛书、谶言等文化现象的综合[④]还指出"纬书系统在对名、号及文字的解释上，完全采用了董仲舒的理论模式，在汉代对名词定义及对文字解释上占有一定地位，并对当时及后世产生重要影响。"[⑤]说明这仍然是汉代的"罢黜百家，独尊儒术"大一统政策下的思想与文化的综合与统一。李中华在该书中指出纬书也为我们提供了我国古代比较系统的神话资料，主要是有三个类型：一是创世神话；二是历史人文神话；三是圣人神话。这三类神话在汉画像

① 王步贵：《论纬书〈乐图微〉的思想》，《社会科学辑刊》1992年第4期。

② 唐明贵：《试论〈论语谶〉的内容及其价值》，《太原理工大学学报》2005年第2期。

③ 朱旭强：《〈乐录图〉考》，《西南民族大学学报》2006年第12期。

④ 李中华：《神秘文化的启示——纬书与汉代文化》，新华出版社1993年版，第2页。

⑤ 李中华：《神秘文化的启示——纬书与汉代文化》，新华出版社1993年版，第108页。

中有大量的表现。如创世神话，后文列举了汉画像中的日月、星辰以及一些气象，谈及它们在汉代人的天象观中都是神祇。历史人文和圣人神话，在汉画像中尤其多，如山东和徐州北部地区，尤其是山东嘉祥的武梁祠，有三皇、五帝，又有孝子、烈女、忠臣、刺客等。而孔子及其门徒在汉画像中更是大比例地存在，诸如"孔子见老子"在出土的汉画像中多达四十余幅。李中华先生认为纬书的神话系统是在中国封建社会走向正轨并逐步繁荣的时代出现的，因此，它虽然继承了我国远古时代的神话内容，但却失去了远古神话的淳朴特点，明显带有文明时代的神话特征。[①] 李中华《神秘文化的启示——纬书与汉代文化》是对纬学进行全面解读的著作，其中"纬书与汉代伦理""纬书与汉代神话"两章很有特色，对纬书反映的汉代伦理思想和神话传说予以了探讨。

冷德熙《超越神话——纬书政治神话研究》认为汉代士人以大量制造纬书的形式制造了纬书政治神话，纬书政治神话又以体系神话的形式构成了自《山海经》诸神系统和春秋战国神话系统以来的又一个神话系统。冷德熙将纬书纳入宗教学的视野，明确了纬书在中国古代宗教史和神话发展史上的地位。徐兴无在《谶纬文献与汉代文化构建》中认为，汉代是一个对先秦文献进行大整理的时代，是一个文化建构的时代，纬书文献恰恰体现了汉代人的这种努力，是一场文化运动的产物。安居香山的《纬书与中国神秘思想》认为纬学并不是汉代的异端思想，从其拥有的地位和影响看，纬学是汉代思想的基础。

4. 谶纬的定位与基本问题

在多数人的认知中，谶纬是政治斗争或是封建迷信的产物，谶纬在历史上的地位颇尴尬，常被利用并涉入天命国运，起事者借谶纬以明天命革命夺权，但取得政权后又惧他者亦用此方法，所以，自曹魏下令禁绝后，"图书谶纬"几乎每代都有禁令了。历代禁纬大都是指民间私藏的，皇家藏书不在此

① 李中华:《神秘文化的启示——纬书与汉代文化》，新华出版社1993年版，第126页。

限，但由于战乱、天灾人祸，改朝换代，流传至今的也所剩无几，钟肇鹏《谶纬论略》中曾制了一个从汉至明十六个时期"历代禁谶纬列表"。①这种文献被禁毁的根本原因就是因为它们对既有秩序构成了潜在威胁。因此，如何为谶纬找到学术上的定位，一直以来，学术界没达成共识。比如对汉代哲学思想的研究人多集中在"富科学精神"的土九身上。②至丁对汉代各层面影响深远的谶纬，便在这种有意无意中被漠视，或者不提，或者贴上"迷信"、"神秘文化"或"宗教神学"的标签并大加挞伐。③说明大多研究者的视角被时代风气或社会意识形态所囿，故用"一言以蔽之"的方法来加以处理，从而导致真理被湮没于现象之下，而所谓的"文化研究"变成只是为已存在的现象寻找一下不需深究的解释，只要表面合理便可以被认同，至于真实的成因则不再有讨论的空间。④当我们面对谶纬这个选题的时候，很多人并没有从宏观的视野去关注其内在文化意涵，仅是对现象加以分析而已。下面我们将谶纬与迷信、神秘文化、宗教等加以区别，给谶纬一个基本明确的定位。

（1）谶纬与迷信

"迷信"一般会有两种，一种是人们对自身的命运、运气（走运和倒霉）的一种非理性的信仰活动。⑤非理性、反科学、对社会与个人有直接危害的极端信仰、迷狂是其主要特征，是在对鬼神、命运盲目崇拜信仰的观念基础上，强化巫术、宗教中有害成分，通过多种非科学手段预测前景吉凶，或借助鬼神之力改变某种不如愿情况的行为或者维护某种状况的行为，往往诱发破财残身、伤风败俗、扰乱生活、荒废生产等不良后果。⑥也就是说，迷信对人对社会无益，如洪水猛兽。另一种作为象征性的传统风俗，是对超自然力量如各种仙怪鬼神和天命的信仰，与巫术、宗教观念相似。因此，生活中有些人迷信气功大师，还有人生病认为是妖魔附体所致；更多的是很多人遵从某些禁忌，中西方皆如此，比如西方人认为 13 是很不吉

① 钟肇鹏：《谶纬论略》，辽宁教育出版社 1991 年版，第32—33 页。

② 龚鹏程：《龚鹏程讲儒》，东方出版社 2015 年版，第九章"世俗化的儒家"。

③ 劳思光：《新编中国哲学史》，广西师范大学出版社 2015 年版。

④ 林政言：《谶纬学研究》，台湾花木兰文化出版社 2009 年版，第1 页。

⑤ 熊哲宏：《现代迷信的本质、特征和根源》，《华中师范大学学报》1991 年第 3 期。

⑥ 陶思炎：《迷信、俗信与移风易俗——一个应用民俗学的持久课题》，《民俗研究》1999 年第 3 期。

利的数字等。由此可见，谶纬与迷信在表象上很相似，都有巫术、神话等气息，都借助于神或幻想的超自然之力，来求得人自身利益的实现。所以谶纬被贴上"封建迷信"的标签，但迷信绝非像它被认为的那样古怪，事实上，迷信与我们的思考、感觉和我们对周围环境反映的基本形式有着内在的密切联系。[①]换言之，从"迷信"的行为及思考中，可以看出一个时代的特殊观念及价值，这正是属于庶民文化最根深蒂固的一面，如先秦的方士、汉代的巫者、风俗信仰、散乐……都可以看出迥异于士大夫的另一个文化系统。从这一角度研究谶纬，就可探讨谶纬与庶民文化的渊源、影响。

迷信与谶纬的不同之处：迷信的信奉主体多为庶民百姓，他们没有统治的功利和布道的使命，只是出于自身心理与生活的需要。而谶纬大多是政治斗争的产物，常被利用涉入天命国运，起事者借谶纬以明天命革命夺权。人们一般把谶纬征兆预设为天垂象，由神或圣人传达出信息，神秘其事，使谶纬充满天启式的权威，并与世俗保持一定的距离。其次，迷信潜藏着无意识的动机，是从受潜抑的敌意和残害他人的冲动转化而来的。迷信意味着对能招灾惹祸的神秘力量的恐惧，如果一个人常期望降祸他人，却因为教养不得不将这些期望压入潜意识里，这时潜在的恶意倾向不断地威胁良知，他便陷入无名的恐惧里，猜疑着别人对他的恶意。[②]而谶纬则是有意制造出的隐语，具有目的性和直接功利性。所以，谶纬与迷信不能混为一谈，不能当作同一类事物简单对待。

（2）谶纬与神秘文化

日本学者说谶纬是"神秘文化"，这是从日本民族的角度理解的；近年来兴起的易经热及术数旋风，使我国学者也开始用"神秘文化"来指谶纬。

任何民族文化的发展进程中都或多或少地出现过一些让人难以理解的、用现代科学无法去解释和认识的文化现象。中国

---

① ［奥地利］G.贾霍达（Gustav Jahoda）：《迷信》，曹阳译，上海文艺出版社1993年版，第255页。

② ［奥地利］弗洛伊德：《日常生活的心理分析》，林克明译，浙江文艺出版社1986年版，第155页。

神秘文化源远流长，是由原始神话和图腾崇拜演变而成，从政治神学中的"天人合一"和"君权天授"，到民俗文化中妖魔、鬼怪、狐仙故事的经久不衰，无不渗透着浓重的神秘主义色彩。[①]神秘文化的范畴涉及三方面：人与神的关系；人与自然的关系；人与人的关系。人们熟知的万物有灵论、天人学说、阴阳五行学说、崇拜祭祀、择吉禁忌、预测术、养生术、占星，包括各种秘籍禁书和方术资料等文献，还有巫师术士、僧道隐逸等人物以及由人物演变而出的神仙鬼怪和各种奇异的现象、神秘的事件等都属于神秘文化。[②]它们一直存在于人们政治生活与社会民俗之中，是组成中国古代文化的根基之一，并对中国古代文哲史等学术文化产生过重大影响。

"易经八卦"和"阴阳五行学说"是中国神秘文化的总源头，易卦和五行学说均成熟于奴隶社会神圣王权出现危机和衰落的商周交替和春秋战国时期，在民间广为流传的命相学也是春秋战国时期的产物。在王权衰落、神权思想出现危机之时，出于社会变革的需求，新的思想理论的诞生便成为顺理成章的事情。[③]这种新的理论就是谶纬。谶纬包括释经、天文、历法、神灵、地理、史事、文学等各个方面，和神秘文化的内容很相似。谶纬内容虽多，性质却很简单，制作谶纬的人一味地捉住阴阳五行的系统来说话，[④]它包含儒家的天命论与阴阳五行家的五德终始说两种思想成分，通过高扬建国神话、确立汉家神统以及转接灾祥征兆之论的方式，开启了天命神权的竞夺，王莽"篡汉"及光武"中兴"，深层的思想根源皆在于谶纬的神化，周武王在伐纣时的一个重要理由就是纣已失去天命，即所谓"天既讫我殷命"。[⑤]只有享有天命，才能得到人民的拥护，"这种天启的神权政治，确是古人宗教思想中的一幕。"[⑥]"天命""德运"思想在两汉之际历史变动中十分重要，"窃汉"与"复汉"也才能够最终上演、落实。[⑦]由于谶纬是对今文经学的解说，又与阴阳五行天命论、灾异说以及方士术数论进行了糅合，所

① 黄秦安：《论中国古代数学的神秘文化色彩》，《陕西师范大学学报》1999年第3期。

② 王玉德：《中华神秘文化述要》，《社会科学战线》1993年第5期。

③ 廉慧斌：《论中国神秘文化》，《雁北师范学院学报》2005年第21卷第1期。

④ 顾颉刚：《秦汉的方士与儒生》，上海古籍出版社2005年版，第94页。

⑤ 顾颉刚、刘起釪校释译论：《尚书·西伯勘黎》，《中国历史文献研究集刊》1980年第1辑。

⑥ 王治心：《中国宗教思想史大纲》，上海三联书店1988年版，第33页。

⑦ 冯渝杰：《从"汉家"神化看两汉之际的天命竞夺》，《历史研究》2015年第1期。

以，谶纬具有极大的神秘性，但是与单纯的方士神秘学说相比，又有理论上的精致性。出于维护神圣王权、统一王朝的需要，政治家更善于利用谶纬，人人都可借助谶纬的天命说为自己的政治野心服务，因此它成为政权更替的有利思想武器。郭璞《注〈山海经〉叙》曰："物不自异，待我而后异，异果在我，非物异也"，意思是把谶纬认定为"神秘文化"，其实是指谶纬有今人不易理解的现象存在。① 因此，使用这一标签时应试着揭开其神秘的面纱，而不是神秘其事。

（3）谶纬与宗教

古往今来，世界上出现过很多宗教，有些延续到现在，比如基督教、天主教、伊斯兰教和佛教；有一些在历史上曾经出现过但后来又消失了；有一些不是世界性的，只在局部地区传播，是范围狭窄的宗教；还有一些宗教具有民族性。但它们都是宗教，因为它们具备宗教的基本元素，具有普适性。宗教是人们对超人间、超自然力量表示信仰和崇拜的一种社会意识行为，是综合这种意识和行为并使之规范化、体制化的社会文化体系。宗教有一个最为本质的核心：对超自然的神灵的崇拜，对精灵实体的信仰。②

宗教的特征是把人间力量歪曲为非人间力量，把事物本身的力量歪曲为非物质的外界力量。③ 詹姆斯认为宗教是"个人在孤单之时由于觉得他与任何他认为神圣的对象保持关系所发生的感情、行为和经验"。④ 宗教是在长期的信仰活动中培养出来的一种宗教心理。这种心理就是对神灵的敬畏感，对神圣力量的惊异感，接受神灵的安宁感，亵渎神灵的羞耻感，等等。宗教有教堂、寺庙、清真寺等固定的举行活动的场所。宗教是一种社会现象，是群体的活动，有特定的组织和必须遵守的制度。

谶纬至少在西汉之后才形成文字记录下来，东汉章帝召集博士儒生在白虎观对有关五经同异问题召开讨论会议，写

① 殷善恺，《谶纬思想研究》，台湾花木兰文化出版社2008年版，第17页。

② 吕大吉：《宗教学通论新编》，中国社会科学出版社1998年版，第79页。

③ 王步贵：《谶纬与宗教》，《宁夏社会科学》1992年第1期。

④ [美]威廉·詹姆斯：《宗教经验之种种》（上），唐钺译，商务印书馆2002年版，第30页。

成《白虎通义》，把谶纬和今文经学混合在一起，使儒学神学化。在东汉，谶纬和经学平起平坐，甚至一度在五经之上，成为占统治地位的官方意识形态。当时凡是善于附会图纬的就能封官，反对谶纬的还可能获罪。范晔说："桓谭以不善谶流亡，郑兴以逊辞仅免，贾逵能附会文致，最差显贵，世主以此论学，悲矣哉！"谶纬的一些内容被佛教、道教所吸取，近年的研究表明，纬书与早期道教有着密切关系。《孝经援神契》曰："王者孝及于天，甘露降；泽及地，醴泉涌。"①《春秋合诚图》曰："黄帝请问太一长生之道，太乙曰：斋戒六丁，道乃可成。"② 这里的神仙斋戒养生之法都为道教所吸收，构成道教的主要内容。东汉末年张角领导农民举义时提出的"苍天已死，黄天当立"的口号，就体现出纬书的五德终始思想。有些道教典籍还直接接受谶纬的思想。比如《太平经》就"远受老子遗教，近受图谶、神仙方术影响"。③ 但是《太平经》的基本理论虽然来自谶纬，又和谶纬有重大区别。谶纬对佛教比对道教的影响要小，也许是因为佛教在早期未受重视。有一些著作把谶纬称为"神学"，但谶纬所包含的宗教特有的鬼神成分很少。谶纬的神与天文历法等有关，与天界中的神有本质的区别。谶纬与宗教只是外表相似，但性格相反。谶纬是用儒家经典的躯壳来填充个人的政治图谋，把个人政治利益转化为上帝和孔子的旨意，披上神学外衣，没有教义、理想，也没有任何吸引人精神和解除现实痛苦的魔力。④ 谶纬本来就着眼于政治而非宗教，从宗教、神学的角度来理解谶纬是无法触及其本质的。谶纬确有其"宗教特质"，但这种特质毋宁说是其"非理性"的，或者属于知识阶层的，而非为了回应民众的需求。⑤ 谶纬应该是一种具有宗教性或高度精神性的（建立生死智慧意义的）生命探索。

（4）谶纬的发展

谶纬是儒学宗教性的生命探索，它有一个发展的脉络和进

① ［日］安居香山、中村璋八：《纬书集成》，吕宗力等译，河北人民出版社 1994 年版，第 977 页。

② ［日］安居香山、中村璋八：《纬书集成》，吕宗力等译，河北人民出版社 1994 年版，第 763 页。

③ 杨权：《谶纬研究述略》，《中国史研究动态》2001 年第 6 期。

④ 金春峰：《汉代思想史》，中国社会科学出版社 1987 年版，第 349 页。

⑤ 殷善培：《谶纬思想研究》，台湾花木兰文化出版社 2008 年版，第 17 页。

① （清）段玉裁撰：《说文解字注》，中华书局2013年版，第91页。

② （东汉）班固：《汉书》，中华书局1999年版，第1901页。

③ 郭丹、程小青、李彬源译注：《左传》，中华书局2012年版，第1915页。

④ 陈桐生译注：《国语》，中华书局2013年版，第370页。

⑤ （汉）司马迁著，韩兆琦译注：《史记》，中华书局2010年版，第3376页。

⑥ （汉）刘熙撰，（清）毕沅疏证，王先谦补：《释名疏证补》，中华书局2008年版，第211页。

⑦ （汉）刘熙撰，（清）毕沅疏证，王先谦补：《释名疏证补》，中华书局2008年版，第211页。

⑧ （清）纪昀、永瑢等编撰：《文渊阁四库全书》第1册，台湾商务印书馆1982年版，第158页。

程。汉《说文解字》曰："谶，验也。有征验之书，河洛所出书曰谶，从言韱声。"①意即有征于前，有验于后。一个事件在发生之前会有某些怪异的现象发生，这些都可称为"谶"。前兆迷信在古代非常盛行，汉代人认为祥瑞和灾异都是预示着重大事件发生的前兆，《汉书·董仲舒传》记载："臣谨案春秋之中，视前世已行之事，以观天人相与之际，甚可畏也。国家将有失道之败，而天乃先出灾害以谴告之，不知自省，又出怪异以警惧之，尚不知变，而伤败乃至。"②先秦典籍对这种前兆预言也多有记载。如《左传·昭公二十一年》记载，"秋七月壬午朔，日有食之。公问于梓慎曰：'是何物也？祸福何为？'对曰：'二至、二分，日有食之，不为灾……'于是叔辄哭日食。昭子曰：'子叔将死，非所哭也。'八月，叔辄卒。"③《国语》中也有关于这种前兆迷信的记载。《晋语》记载，"乃行，过五鹿，乞食于野人，野人举块以与之，公子怒，将鞭之。子犯曰：'天赐也。民以土服，又何求焉！天事必象，十有二年，必获此土……'"子犯将土块作为得土地、得国家的前兆。④以上引文可知谶是一种占验吉凶的书，常常附有图。汉初贾谊被贬长沙，一天日暮时分，一只鹏鸟落在他的身边，他认为这是不祥之兆，遂作《鹏鸟赋》曰："发书占之兮，谶言其度"。在这里，谶就是神的预言。在《史记·赵世家》里秦穆公梦见天帝告诉他："晋国将大乱，五世不安，其后将霸，未老而死。"⑤于是"秦谶于是出矣。"可见谶书就是古代卜筮占梦预决吉凶的书籍。纬则是以谶的成分来附会释经的。离开经学和政治，谶纬并不会比一般的术数高多少。只有把"纬"提到释"经"的位置，谶纬才算是正式产生。因此，"纬"是与"经"相配的。

纬，围也、反复围绕以成经也。⑥

纬之为书，比傅于经，辗转牵合，以成其谊，今所传《易纬》、《诗纬》诸书，可得其大概，故云反复围绕以成经。⑦

"纬者，经之支流，衍及旁义。"⑧

由此显见，纬在经后，先有经后有纬，纬书本来就是经书的支流，只不过走得更远而已。纬书依经傍义，纬以配经故称"经纬"。谶以附经故称"经谶"。在经学定于一尊后，谶也就依傍经术，形成纬书。在汉人的著述中"经谶""图谶"实际上都包括纬书，而"谶""纬"也往往互称，并无区别。汉代儒学神学化，谶语附会儒学经义，与经学结合起来，经学里存有大量的谶记，如假托孔子之名为汉制法，形成谶纬神学。在东汉时代，谶纬盛极一时，号为"内学"，尊为"秘经"，与经学平起平坐，居于统治地位。

谶纬也与邹衍五德始终阴阳五行说合。谶纬为书，虽直接源于"海上燕齐方士"，谓间接出于邹衍，或邹衍学说之化身变象，无不可也。[①]邹衍称古人总结出的构成宇宙、自然的五种元素——水、火、木、金、土为五德，认为这五德相生相克，总是处在不断运动变化之中，其核心是以五德相生为基础来解释各个朝代的兴替规律。比如黄帝为土德、夏为木德、商为金德、周为火德，之后的朝代为水德，再之后的朝代依然以土、木、金、火、水的次序依次轮替，这就是邹子有终始五德，从所不胜，木德继之，金德次之，火德次之，水德次之。[②]《吕氏春秋·应同》对五德终始说作了具体描述，其文曰："凡帝王之将兴也，天必先见祥乎下民。黄帝之时，天先见大螾大蝼。黄帝曰：'土气胜'。土气胜，故其色尚黄，其事则土。及禹之时，天先见草木秋冬不杀。禹曰：'木气胜'。木气胜，故其色尚青，其事则木。及汤之时，天先见金刃生于水。汤曰：'金气胜'。金气胜，故其色尚白，其事则金。及文王之时，天先见火赤乌衔丹书集于周社。文王曰：'火气胜'。火气胜，故其色尚赤，其事则火。代火者必将水，天先见水气胜。水气胜，故其色尚黑，其事则水。水气至而不知数备，将徙于土。"[③]"德"这一范畴一经产生，便具有了重要意义。只有有德之人才能享有天命，成为正统帝王。"维天之命，於穆不已。

① 王秀梅译注：《诗经》，中华书局 2015 年版，第 744 页。

② 王秀梅译注：《诗经》，中华书局 2015 年版，第 609 页。

③ 陈梦家：《殷虚卜辞综述》，中华书局 1988 年版，第 562 页。

④ 顾颉刚：《五德终始说下的政治和历史》，《古史辨》，上海古籍出版社 1982 年版。

⑤ 邓福田：《五德终始学说简论》，《河池师专学报》1993 年第 4 期。

於乎丕显，文王之德之纯"。^①周之所以灭商而有天下，就是因为周文王有德。所谓"帝谓文王，予怀明德"^②，天命就是最高神——上帝的权威和旨意，上帝掌管着天上诸神以及人间万物，有很大的权威，是管理自然与下国的主宰。^③哪位帝王的德行圆满，上帝就会降显相应的前兆，让其顺应天命成为新兴帝王。邹衍的学说对以后的学术和政治产生了重大影响。从《吕氏春秋》起，秦汉以后的很多典籍都对这一学说作了引述，西汉儒者董仲舒、刘向等的学说也受到他的影响。^④《周易》讲阴阳，《尚书·洪范》讲五行，邹衍混合两种思想，创立了阴阳五行。^⑤意即万事万物的秩序和特质无不统括于阴阳五行中，谶纬之学正是在此基础上扩而广之。

二、汉画像研究现状

汉画像研究历史悠久，资料十分丰富，但关于汉画像吉祥图式的研究却不多，目前的研究状况如下。

东晋戴延之在《西征记》中记载的山东地区鲁峻墓前的石祠、石庙及其画像是关于汉画像的最早记载，刻有忠、孝、烈妇、孔子及七十二弟子像，画像旁有铭刻榜题。北魏郦道元在《水经注》中记载了山东南阳等地的石祠和画像。对汉代墓室画像著录始于宋代，沈括所著的《梦溪笔谈》有一段关于朱鲔墓石刻画像的记述，从其对细部描述的准确性来看，沈括实地考察过该墓地的可能性非常大。米芾也曾在《画史·唐画》中记载朱鲔墓的车马出行图及其铭刻榜题。随着金石学的兴起，赵明诚积累了大量金石铭刻拓片资料著成《金石录》，书中著录了山东嘉祥武梁祠的榜题。之后，南宋的洪适在《隶释》中又收录更多的汉画像榜题，并增加了一些对画像内容的描述和简单考证。《隶续》中还收录了包括武氏祠在内的更多的祠堂、碑、阙上的画像，在汉画像研究中首开编辑出版图录的先例。乾隆年间，金石学家黄易和李克正分别对武氏祠进行发掘，在学术界再次激起汉画像研究的热潮，到 21 世纪初为止，著录和研究汉画像的金石著作总数已不下百种。如黄易的《小蓬莱阁金石文字》、翁方纲的《两汉金石记》、王昶的《金石萃编》、冯云鹏、冯云鹓的《金石索》等。

　　一直以来，金石学家对汉画像的研究主要依靠拓片，大都是附属于文字的研究，对图像的研究仍然是零散、局部的，对其进行更加深入的研究有待新的方法的形成。瞿中溶的《汉武梁祠画像考》克服了金石学轻视画像本身的缺点，而是从考证画像内容入手。黄易于 1786 年发现被毁坏的武氏祠汉画像石后，非常痛心，他说："今诸石纵横原野，牧子、樵夫岂知爱惜？不急收护，将不可问。"[①]他募捐数百金建祠堂，将汉画像就地保存，找专人看护。黄易开创了保护汉代画像石的先河，也开创了汉画像发掘、著录的新方法，直到 20 世纪 60 年代，徐州、南阳、曲阜等地的汉画，依然沿用这种保护方法。20 世纪初的 20 年间，汉画像的著录和研究引起了一些西方考古学家的注意。如法国学者沙畹和日本建筑学家关野贞分别调查了山东、河南、四川等地的汉代石祠、石阙、崖墓及其画像，他们运用照相、测量、绘图等考古学方法进行了测量和记录。对汉画像石的发现和研究开始迈入田野考古学和"知识考古学"的研究视野。[②]1933 年，中央研究院历史语言研究所主持发掘了山东滕县的一座汉画像石墓，[③]由此对汉画的田野考察、科学发掘和研究保存，已经由个人的行为，慢慢转化到官方或半官方的行为。可惜此次发掘的资料大部分遗失。抗战期间，一些学者分别对四川地区的汉画石阙、石棺、崖墓等进行了考古调查。[④]1954 年山东省沂南县北寨村大型汉画像石墓的发掘，揭开了科学考古学新序幕，山东、苏北、南阳、四川重庆、陕北米脂等地都陆续发现了众多的汉画像石墓、祠堂、崖墓和石棺。陆续积累了丰富的第一手考古资料，发掘报告、简报的数量不断增多，随着科技的发展，原来金石学的线摹图稿

① 中国东方研究会历史文化分会编：《金石萃编》，《历代碑志丛书》第四册，江苏古籍出版社 1998 年版，第 355 页。

② [法]米歇尔·福柯：《知识考古学》，谢强等译，生活·读书·新知三联书店 1998 年版，第 178 页。

③ 董作宾：《山东滕县曹王墓汉画像残石》，《大陆杂志》（台北）1960 年第 21 卷第 12 期。

④ 常任侠：《巴县沙坪坝出土之石棺画像研究》，《金陵学报》1938 年第 8 卷第 1、2 期合刊。

也因照相术的日益发达而能较好地被机械复制并广为流传。

　　文化学式的研究是在考古学积累了丰富的材料之后，运用文化学的理论和方法对汉画像进行的文化阐释。对作为文化现象的汉画像的探讨已经走出金石学、考古学对汉画像的图像志的著录，走向一种更加宏观和开放的文化学的视野，把汉画像产生、形制、图像、功能等内容，放在汉文化的背景中进行研究，是对汉画像更加宏观的探讨。这种探讨，需要研究者具有广阔的历史文化知识，同时又要通晓文化学的方法，应该是研究范式中一种宏观的研究。①1965 年，日本学者长广敏雄主编的《汉代画像的研究》一书，对汉画像石、画像砖以及墓穴壁画进行了综合比较研究，把汉画像研究推到一个新的阶段。这一时期研究影响较大是"特殊历史现象论"和象征主义的解释方法两种研究学说。"特殊历史现象论"是指部分汉画像的题材内容大规模反复出现，作品趋于典型化而少有个性表现，说明匠人是根据一些定型的模式工作。譬如"楼阁朝拜图"源于民间群众对山东城阳景王的膜拜，但后来这种画面转变成为单纯表达对尊长或死者的崇敬。而象征主义解释方法是把一组汉画看成葬仪的一个有机组成部分，企图发掘画面蕴藏的象征意义，并与当时盛行的宗教思想加以联系。②1966 年，林巳奈夫在《东汉时期的车马行列》中对车马仪仗的图像进行了详尽对比并结合文献对汉代车舆等级制度进行了探讨。他的结论是这些图像只反映了一般民众的愿望，并非墓主官阶地位的如实反映。③1974 年长广敏雄出版了《南阳的画像石》一书，从南阳汉画像石的画像内容、雕刻技法、思想表现等方面论述了南阳画像石的重要性，做了较全面的分析。1974 年林巳奈夫在《汉代的鬼神世界》中对公元初年各种器皿和典籍上的鬼神形象做了详细探讨，对汉画像石中的鬼神信仰做了系统的考察，具有很高学术价值。1979 年曾布川宽先后发表了《昆仑山与升仙图》《向昆仑山的升仙》《汉代画像石中的升仙谱系》系列论文，

① 朱存明：《汉画像研究范式的历史转型（下）——文化学式与艺术学式的研究》，《徐州工程学院学报》2007 年第 11 期。

② ［美］巫鸿：《国外百年汉画像研究之回顾》，《中原文物》1994 年第 1 期。

③ ［美］巫鸿：《国外百年汉画像研究之回顾》，《中原文物》1994 年第 1 期。

在图像志考察的基础上，对汉画像中升仙图进行了文化学的探讨。1986 年日本学者土居淑子从坟墓艺术的视角、用阴阳五行思想研究汉画像石，对汉画像的构图、内容作了研究，出版了《古代中国的画像石》。1991 年佐原康夫在《汉代祠堂画像考》一文中，对汉代祠堂的性质、画像的配置及内容作了考察相分析。这些研究成果为汉画像研究的文化学范式的发展，提供了强大的推动作用。西汉学家英国剑桥大学鲁惟一教授在中国先秦史和秦汉史研究上贡献颇多。其著作《通往仙境之路：中国人对长生的追求》《人和兽：早期中国文学艺术中的混合产物》《中国人的生死观：汉代的信仰、神话和理性》和《水、土、火——汉代的象征》，关注两汉时期人们的精神和宗教领域，并对人们对仙境的渴望、对来生的重视展开了讨论。法国考古学家毕梅雪的著作《汉代的中国》，① 以及 1990 年发表的《中国汉代皇家画坛、保护与收藏》，② 对殡葬方法和两汉四百年间出现的文化转变进行了讨论，其中涉及对汉画像的文化学探讨。旅法汉学家侯景郎在《汉初（公元前 206—前141 年）中国图像画的研究》一文中对汉画像进行了文化学的研究。③

随着美术考古学的发展，对汉画像的研究在学术界引起广泛重视。汉画像首先是一种艺术形式，对汉画像进行的艺术学研究是多方面的。有的从美术史的角度给汉画像以崇高的历史地位；有的从艺术的社会功能上开展对汉画像的研究，认为汉画像是为汉代的丧葬礼俗服务的艺术，是特定历史阶段产生的特定艺术现象；有的从美术的角度研究汉画像，对汉画像构图与图像配置、透视方法、艺术思维与风格甚至雕刻方法进行了研究。汉画像表现的是一种宇宙的象征，是一种象征主义的艺术。天界、仙界、现实世界和地下世界，通过墓穴和祠堂建筑及其中的图像加以象征的表现，才是汉画像艺术的本质特征。④

① ［法］毕梅雪：《汉代的中国》，法国大学出版社 1982 年版。

② ［法］毕梅雪：《中国汉代皇家画坛、保护与收藏》，载《金石和美文学科学院报告》，巴黎 1990 年版，第 521—536 页。

③ 侯景郎：《汉初（公元前 206—前 141 年）中国图像画的研究》，《亚洲艺术》1981 年第 36 卷，第 37—58 页。

④ 朱存明：《汉画像研究范式的历史转型（下）——文化学式与艺术学式的研究》，《徐州工程学院学报》2007 年第 11 期。

艺术学式的研究与一个时代对艺术本身的看法有关，往往受艺术理论的指导。当时代的发展改变了人们的艺术观念时，艺术学式的研究也必然有所变化。如果说文化学式的研究注重的是汉画像本身以外的东西，是属于艺术社会学的研究，那么艺术学式的研究注重的是汉画像自身的东西，属于艺术自身的研究。但艺术学式的研究仅从工艺技巧雕刻手法、艺术风格上探讨肯定是不够的，在"图像转向"的现代性知识背景下，我们将从一个新的角度来展开对汉画像的研究，把汉画像的研究推到一个新的阶段。①

潘诺夫斯基认为艺术品的形式表现甚至比艺术品的观念表达更为重要。朱存明在《汉画像宇宙象征主义图式及美学意义》一文中提出汉画像是汉民族集体无意识的图像呈现，表现为一种宇宙象征主义的图式。这一图式不仅表现为人与现实世界的生活图景，而且表现为人对死后世界的理想建构。②汉代人认为宇宙呈现一种天圆地方的模式，于是在墓室中设置的图像都模仿这一图式；汉代人根据宇宙生存论的"元气"说在墓室中往往刻画"云气图像"，宇宙只有成为人类生存的环境，并根据天地的自然之道而为人所利用时，宇宙论才对人生有意义。升仙图就要放在这个宇宙论的图式中，才能显示其巨大的价值。③

雷德侯对中国青铜器制作的模式化研究，对我们理解汉画像的图式有极大的启示作用。汉画像的设计，也具有模式化特征。雷德侯认为在青铜时代的所有制品中，中国青铜礼器至少在三方面具备与众不同的特征：装饰、制造技术和实用组合。出于装饰的需要，中国青铜工匠创造了一种模件体系——利用总数有限的装饰母体和装饰单元进行无穷无尽的组合。④这些青铜器制造者必须完成两项任务。第一，他们必须制造大量的产品，以满足贵族家庭及其成员个人的礼仪需求；第二，所制造的每件青铜器都必须具备可资识别的多种特征，能够恰如其

①　朱存明：《汉画像研究范式的历史转型（下）——文化学式与艺术学式的研究》，《徐州工程学院学报》2007年第11期。

②　朱存明：《汉画像宇宙象征主义图式及美学意义》，《文艺研究》2005年第9期。

③　朱存明：《论汉画像中天地观念的民俗性》，顾森、邵泽水主编：《大汉雄风——中国汉画学会第十一届年会论文集》，高等教育出版社2008年版。

④　［德］雷德侯：《万物：中国艺术中的模件化和规模化生产》，张总等译，生活·读书·新知三联书店2012年版，第37页。

分地体现使用者在复杂的社会结构中的地位。通过发展模件体系，青铜器的使用者完成了这一双重任务。①

　　第一种模件体系与装饰有关。存在着一个题材内容明确的装饰母题库，既有动物纹样，也有抽象图案。既有一套固定的装饰母体，装饰又被组织在特定的区域内，因而可以称之为一个体系。②

　　在大多数情况下，青铜器的纹饰都使用了图案模板技术。青铜工厂制造各种风格和质量的产品，满足不同雇主的需要。除了按要求定做精品外，工厂可能备有可供随时购买的现货。这些工匠们借助图案模板，机械复制各类装饰纹样，最终开发利用了商代以来就已存在的批量生产的可能性。③仅以一件器物为礼器的情况非常罕见，青铜器是成套铸造、使用和用过殉葬品的。一套器物包含哪些类型以及每一类型有多少件数，当时应该有成文或不成文的规定。组合的内涵肯定反映主人的社会地位及其个人的经历和家族史，礼仪活动的性质和规格可能也决定组合的内涵。④

　　中国青铜器铸造接近于生产方式范畴的另一端。在这里，生产过程被分成若干独立的步骤和单元。这些步骤也可视为模件——生产体系中的工作模件。多数工序可以大规模同时并举，因为产品的最终形象在动工之前已经有了精确的规定。中国青铜器是若干专业工匠协作的结果，每个人负责完成其中一项标准化工序。标准化、协作性、可预见性是这种生产体系的基本特征。个人的创造力就受到限制并且只有在严密的框架内才能够发挥作用，因为模件中一个小小的变更，都会影响整个工作程序。

　　陈江风认为，汉画研究中有些人脱离具体的设计情节，主观性太强，使汉画研究走向偏差，他说："有些考证不是建立在大量同类题材归纳的基础上，而是忽视汉画像本身的功用，仅凭考证者主观认为某画像石像什么或可能为某神话，其结

① ［德］雷德侯：《万物：中国艺术中的模件化和规模化生产》，张总等译，生活·读书·新知三联书店2012年版，第43—44页。

② ［德］雷德侯：《万物：中国艺术中的模件化和规模化生产》，张总等译，生活·读书·新知三联书店2012年版，第44页。

③ ［德］雷德侯：《万物：中国艺术中的模件化和规模化生产》，张总等译，生活·读书·新知三联书店2012年版，第55—65页。

④ ［德］雷德侯：《万物：中国艺术中的模件化和规模化生产》，张总等译，生活·读书·新知三联书店2012年版，第68页。

论往往具有很大的主观性、臆测性，从而也就加大了结论的或然性。"他进而认为：每一块汉画像都是汉代丧葬、祭祀风俗的反映。不过是把这种风俗物化在石头上，表现在画面上罢了。[①]

① 陈江风：《天文与人文》，国际文化出版公司1988年版，第97页。

汉画像石是墓葬产物，每一块汉画像石都是墓葬这一整体的有机组成部分。所以我们在考察和研究汉画像时，要对其在墓葬中的位置、作用以及与汉代社会意识的关系作较为宏观的研究。比较全国各地汉墓中的汉画之后，我们发现虽然各地都有自己的风格，但大体上却有相似的题材和表现形式，有些题材画像在墓葬中位置也大体相似，如西王母与东王公图像，伏羲女娲图像，日月同辉，二龙穿璧等。

较早研究嘉祥汉画的两部专著，一部是清代道光年间瞿中溶的《汉武梁祠堂画像考》，一部是1931年印行的容庚的《汉武梁祠画像图录和考释》，两部书都是考据性的，不是侧重于艺术研究。真正重视汉画艺术的先行者是鲁迅。民国以前，对汉画艺术的研究主要在金石学领域。19世纪中叶以来，汉画像逐渐得到考古学界和艺术学界的重视。今天在视觉文化、图像证史的现代学术视野下，作为汉代图像资料的汉画像，逐渐引起国际学术界的重视，汉画像研究目前已经成为国际一门显学。但是由于方法与观念的滞后，汉画像研究徘徊在一个相对低的水平上，期待新的突破。

祥瑞图式实际是汉画像重要的表现方面，是汉代人建构的一个"乌托邦"境界。本研究的主要内容就是要在历史语境下，深入挖掘汉民族在形成期间图像文化中蕴含的历史意义，研究汉画像反映的汉代历史发展、文化原型、民族精神、艺术意象、审美理想等。课题从汉画像所表现的祥瑞图式入手，通过图像与文字记载的互文性阐释，对汉画像做进一步的探讨，具有民族寻根的文化意义。

关于祥瑞的资料，《史记·封禅书》和《汉书·郊祀志》

对祥瑞之事多有记载，宋书曾专设《符瑞志》一项，记载前代或历代出现的祥瑞。如由梁代沈约撰的《宋书》就收录了一些祥瑞的原始史料。祥瑞之中，被认为最重要的是《河图》《洛书》，它们被载入《符瑞志》之首。目前可见最早的是汉代五瑞图（选自《金石索》，见图3-12）——黄龙、白鹿、甘露、嘉禾、木连理。《汉书》和《后汉书》中出现祥瑞动植物的记载更是俯拾皆是，如《汉书·宣帝纪》有关祥瑞的记载中有9条说到了凤凰，8条提到了神雀。《东观汉记》记载东汉第一代皇帝光武帝刘秀出生那年"嘉禾生产屋景天中，一茎九穗，异于凡禾，县界大丰，故名光武曰秀。""凤凰来集济阳"。安帝时，仅延光三年（124年）这一年，《后汉书·孝安帝纪》记载就有7次祥瑞出现。最典型的祥瑞汉画应该是山东嘉祥的武梁祠屋顶前后两坡上，共有23种祥瑞图像，每幅图像边还刻有榜题来解释这些图像的名称和作用。如"比翼鸟"的榜题是："比翼鸟，王者德及高远则至。""玉马，王者清明尊贤者则至"。南朝沈约撰的《宋书·符瑞志》三卷，上下卷共记录祥瑞名称113种，《符瑞志》不仅论述了祥瑞的历史发展，还对各种祥瑞的名称、性状、作用做了说明，还记录了各代"出现"的情况；[①] 同一时期孙柔之的《瑞应图记》共记录祥瑞149种；[②] 张道一以《符瑞志》为序，结合武梁祠等的图像以及有关资料，详细列出了共计97种祥瑞，帮助我们认识某些祥瑞图后来向吉祥图转化的过程和内在联系。[③]

汉画像石研究中最早提到祥瑞的是《徐州青山泉白集东汉画像石墓》一文，文中虽然只是以祥瑞替换了奇禽异兽的说法，但却表明对于奇禽异兽这类题材的研究已经由先前的简单认知，深入到关注其背后所反映的思想。随后，祥瑞的研究开始流行。[④]《东汉彭城相缪宇墓》一文，还率先把刻画有奇禽异兽或称珍禽瑞兽的画像内容命名为祥瑞图。[⑤] 巫鸿在《武梁祠——中国古代画像艺术的思想性》中专门讨论了37种祥瑞

① （梁）沈约：《宋书》，中华书局2020年版，第509—586页。

② 孙柔之撰：《瑞应图记》，选自《珍本数术丛书》下，台湾新文丰出版公司1995年版，第507—583页。

③ 张道一：《吉祥文化论》，重庆大学出版社2011年版。

④ 南京博物院：《徐州青山泉白集东汉画像石墓》，《考古》1981年第2期。

⑤ 南京博物院、邳县文化馆：《东汉彭城相缪宇墓》，《文物》1984年第8期。

图和 7 种征兆图像设计的艺术风格及其含义，并且证明这些图像与祠主的密切关系，精确地反映了祠主武梁的学术倾向和政治态度；武梁祠的榜题与《宋书·符瑞志》和《瑞应图记》里的文本几乎一致，有些是原文的简写。因此这两个后世目录或许全部或部分基于东汉文本，而这个东汉文本曾是武梁祠祥瑞图的来源。[①]武梁祠中祥瑞的叙述顺序与《宋书·符瑞志》几乎一样，可见，武梁祠的祥瑞榜题，至少在东汉晚期已经成为固定格套在社会上流行，在当时应该是一种规范化的祥瑞图式。李发林在《山东东汉画像石研究》中辑录汉代祥瑞图共36 种，[②]张道一在《吉祥文化论》中认为吉祥文化见诸生活的方方面面，既属于人类童年的记忆又是对美好未来的向往；对吉祥文化的研究，在方法上，他采取了从原始艺术和民间艺术两条路线入手，探讨其发生与发展的源头；在吉祥内容的分类上，又提出"吉祥十字"的分类法，这十个字是"福、禄、寿、喜、财；吉、和、安、喜、全"。这便概括了吉祥文化的内容，它可以依附于语言、图画、图案、物品等诸多方面，构成了吉祥文化的谱系。这个吉祥文化谱系的具体表现手法就是"象征"、"谐音"与"表号"，因此，其美学特征往往是隐喻与象征的。在追溯吉祥文化的来源时，张先生追溯到了古代的谶纬与符瑞，可谓探到了吉祥文化的根源。张先生从文本到图像，追溯了这种表示吉祥的汉画像瑞物达 96 种。这其中虽不乏封建迷信，却在腐朽与神奇之间，摸到中国吉祥文化论的脉搏。因为，装饰也是一种思维，吉凶的观念借装饰的形式表现了出来。其中许多祥瑞物在今天仍然寄托美好的意义，如麒麟、凤凰、黄龙、芝草、天鹿、朱草、白象等。[③]周保平在《汉代吉祥画像研究》中论述了吉祥画像在汉代的发展，认为西汉中早期具有一定吉祥寓意的画像石在徐州和河南已经出现，内容主要是柏树（常青树）、朱雀、玉璧、绶带、建筑，边缘为菱形回字纹和三角纹等；西汉晚期开始表现神异祥瑞的画像如铺首

① [美] 巫鸿：《武梁祠——中国古代画像艺术的思想性》，岑河、柳扬译，生活·读书·新知三联书店2006 年版，第 253—263 页。

② 李发林：《山东东汉画像石研究》，齐鲁书社 1982年版。

③ 张道一：《吉祥文化论》，重庆大学出版社 2011 年版。

衔环、朱雀等成为汉画像石墓的重要题材，但基本是刻在墓门上或者门扉刻画的建筑上；新莽至东汉早期，祥瑞图像仍多出现于墓门上，但是题材有所增加，除了朱雀和铺首衔环，增加了虎，这一时期，墓门刻虎与朱雀的情况已经十分普遍；东汉中期，汉画像石墓中的祥瑞明显增加，祥瑞画像几乎成了汉画像题材的主流；到了东汉晚期，几乎所有汉画像石墓都有吉祥画像，甚至还出现了布满祥瑞图像的整幅石刻；到东汉末期，祥瑞图像随着汉画像石墓这一丧葬习俗的消失而不复存在。^①

① 周保平：《汉代吉祥画像研究》，天津人民出版社 2012 年版。

第三节　研究内容

本课题在广泛吸收前人研究的基础上，从设计学的理论视角来审视汉画像体现的祥瑞图式，不仅仅是研究祥瑞文化的观念，而是研究这种观念的图式表达，属于艺术设计领域。

这个研究吸收视觉文化与图像理论的研究方法和成果，把汉代的图像与话语进行比较，并进行文化学的分析，突破单纯美术图像和文学话语的研究，从整体上对汉画像图式进行汉代审美价值的解读。祥瑞图式实际是汉画像重要的表现方面，是汉代人建构的一个"理想"境界。研究汉画像的祥瑞观念，其前提是要通晓汉代的谶纬学说。本文的主要内容为，首先分析本文汉画像祥瑞图式的文化背景，为天人感应谶纬观念影响下产生的汉代祥瑞与祥瑞图式；然后，从天、地、人三方面去阐述汉画像祥瑞图式的表现类型和象征意义。

本研究的意义在于，在现代图像学理论指导下，借助现代摄影、照相技术，在美术考古学、艺术人类学、艺术美学、视觉文化理论等现代学术的视野下，对中国古老的谶纬观念和汉画像吉祥图式影响进行新的探讨，这对理解中华民族的独特审美观念有重要的意义，对挖掘中国传统艺术的独特性起到推动作用。

研究汉画像吉祥图式，不能忽视谶纬的存在。从形式上看，谶纬的流行有其美学的原因，表现为"谶"是借图像象征来达到对一个神秘的未知世界的把握，靠图像象征和"隐语"来得到对未知命运的控制，借积极的预言来理晓神谕，从而获得自信的力量。这种祥瑞图式对中国传统审美精神的象征性产生深远的影响。

日本学者安居香山一牛专注研究谶纬问题，提出"汉代思想是纬书"[①]这个论断。因此，研究汉画像艺术，不得不研究谶纬及其所体现出的祥瑞思想。

本研究的主要内容就是要在历史语境下，深入挖掘汉民族在形成期间的图像文化中蕴含的历史意义，研究汉画像反映的汉代历史发展、文化原型、民族精神、艺术意象、审美理想等。课题从汉画像所表现的祥瑞图式入手，通过图像与文字记载的互文性阐释，对汉画像做进一步的探讨，具有民族寻根的文化意义。

① ［日］安居香山：《纬书与中国神秘思想》，田人隆译，河北人民出版社 1991 年版。

第 一 章

汉代谶纬及祥瑞图式的设计理念

要理解汉画像的深刻内涵，必须理解祥瑞问题，从艺术设计的角度看，就表现为一种艺术图式，其背后起决定作用的观念是"谶纬"，这表现了汉民族独特的思维方式和审美观念。为了深入研究这个问题，我们首先要弄清一些概念。

第一节 几个重要概念

一、汉画像

"画像"一词，可以追溯到汉代，但当时不仅指一种美术意义上的画像，而且主要是指一种象征意义的刑罚，可称之为"象刑"。汉时，"象刑"成为贤明政治国家大治的一种追求。因此，画像含有一种"权力意志"，是一个社会和权力机构对不合法行为的一种惩罚，以图画衣冠的符号形式表现。在汉代"画像"一词，也有"画形"之意，即图画其形象的简称。从汉代到宋一般不用"画像"指称墓石壁画或石刻，而用"镌刻""制作""图其像"等词称之。①"汉画"或"汉画像"是现代艺术学的概念。许多学者探讨了这一概念的内涵与外延。如常任侠先生在《中国美术全集·绘画编·(18)画像石画像砖》序言中论述了汉画艺术的五种表现形式，分别是绘制在绢帛、粉壁、工艺品、石材和其他载体上的图像。②张道一先生认为"汉画"有广狭二义。广义的汉画包括画像石、墓室壁画、帛画和画在其他材料上的绘画；狭义的汉画主要是指汉画像石。③顾森在《中国汉画图典·序》中认为："汉画是中国两汉时期的艺术，其所包含的内容主要是两部分：画绘（壁画、帛画、漆画、色油画、各种器绘等）、雕像（画像砖、画像石、画像镜、瓦当等浮雕及其拓片）。"④朱存明认为汉画像是对不同物质材料和形式表面图像的概括。传统上汉画的流行和鉴定主要靠拓片，所以汉画是一个图像学概念。它的侧重点在视觉

① 朱存明：《汉画像的象征世界》，人民文学出版社2005年版，第3—4页。

② 常任侠：《汉代画像石画像砖艺术的发展与成就》，《中国美术全集·绘画编·(18)画像石画像砖》，上海人民美术出版社1988年版。

③ 张道一：《汉画故事》，重庆大学出版社2006年版，第2页。

④ 顾森：《中国汉画图典》，浙江摄影出版社1997年版，"序言"。

图像的表现方式和接受方式上。① 本研究就是从狭义与广义的交互关系中使用汉画像的概念，不仅包含汉画像的内涵，更关注图像的设计图式和被观看的意义。

二、谶纬

汉代谶纬是儒学宗教神学化的产物。段玉裁《说文解字注》曰："谶，验也。有征验之书，河洛所出书曰谶，从言韱声。"②《仓颉篇》云："谶书。河洛书也。"③

《三苍》云："谶，秘密书也，出河洛记。"④

以上引文可知谶是一种占验吉凶的书，常常附有图。汉初贾谊被贬长沙，一天日暮时分，一只鹏鸟落在他的身边，他认为这是不祥之兆，遂作《鹏鸟赋》曰："发书占之兮，谶言其度"。⑤ 在这里，谶就是神的预言。在《史记·赵世家》里秦穆公梦见天帝告诉他："晋国将大乱，五世不安，其后将霸，未老而死。"⑥ 于是"秦谶于是出矣。"可见谶书就是古代卜筮占梦预决吉凶的书籍。"纬"是与"经"相配的。

　　纬，围也、反复围绕以成经也。⑦

　　纬之为书，比傅于经，辗转牵合，以成其谊，今所传《易纬》、《诗纬》诸书，可得其大概，故云反复围绕以成经。⑧

这些谶纬字义说明汉代人把河洛之书视为谶，指其义织微但有征验之书；同一时代的刘熙则说，"谶者，纤也，其义纤微也。"一个就功能而言，一个就性质而言，两者所指并无太大差异。⑨ 以上引文可知"谶"是神的预言，常常附有图。"纬"是与"经"相配的，是辅经、解经之书。谶纬的出现，即依附于孔子和儒家经典，又可借宗教神权的力量来指导现实和预示未来的吉凶福祸。⑩

许慎的解释是"织横丝也"，这与"经，织纵丝也"是相对的讲法。一经一纬往来成文。这说明谶纬应是有所区别的谶

① 朱存明：《汉画像之美》，商务印书馆 2011 年版，第 10 页。

② （清）段玉裁撰：《说文解字注》，中华书局 2013 年版，第 91 页。

③ （梁）萧绎编，（唐）李善注：《文选》，上海古籍出版社 1986 年版，第 663 页。

④ （唐）玄应·慧琳著，徐时仪校注：《一切经音义》，上海古籍出版社 2008 年版，第 1561 页。

⑤ （梁）萧统编，（唐）李善注：《文选》，上海古籍出版社 1986 年版，第 604 页。

⑥ （汉）司马迁著，韩兆琦译注：《史记》，中华书局 2010 年版，第 3376 页。

⑦ （汉）刘熙撰，（清）毕沅疏证，王先谦补：《释名疏证补》，中华书局 2008 年版，第 211 页。

⑧ （汉）刘熙撰，（清）毕沅疏证，王先谦补：《释名疏证补》，中华书局 2008 年版，第 211 页。

⑨ 殷善培：《谶纬中的宇宙秩序》，台湾花木兰文化出版社 2008 年版，第 1—10 页。

⑩ 钟肇鹏：《谶纬论略》，辽宁教育出版社 1991 年版，第 5 页。

自谶，纬自纬，两者有别，不相统属。再则，若就名义上看，纬以配经。谶则流于征验，两者间似乎有了高下之分，所以明代胡应麟《少室山房笔丛》中曰：

> 世率以谶纬并论，二书虽相表里而实不同。纬之名所以配经，故自六经、《语》、《孝》而外，无复别出，河图洛书等纬皆《易》也。谶之依附六经者，但《论语》有谶八卷，馀不概见。以为仅此一种，偶阅隋《经籍志》注附见十馀家。乃知凡谶皆托古圣贤以名其书，与纬体制迥别。盖其说尤诞妄，故隋禁之后永绝，类书亦无从援引，而唐、宋诸藏书家决口不谈。[1]

从这里可以非常明显地看出是尊纬而抑谶的，《文心雕龙义证》引《四库提要·易类》：

> 案儒者多称谶纬，其实谶自谶，纬自纬。谶者，诡为隐语，预决吉凶。纬者，经之支流，衍及旁义。盖秦汉以来去圣日远，儒者推阐论说，各自成书，与经原不相比附。如伏生《尚书大传》，董仲舒《春秋阴阳》，核其文体，即是纬书，特以显有主名，故不能托诸孔子。其他私相撰述，渐杂以术数之言，既不知作者为谁，因附会以神其说。迨弥传弥失，又益以妖妄之词，遂与谶合而为一。[2]

这段话可以看出在经学兴起之前，谶语已经开始流传，在经学定于一尊后，谶开始依傍"经"形成纬书。《四库全书》认为，纬书渐渐杂以术数之言，"弥传弥失"，故而纬与谶渐渐合二为一，以至后世谶纬不分，这也说明谶、纬各有源头，在流变的过程中，逐渐泯合难分。在汉人的著述中"经谶""图谶"实际上也包括纬书。"纬"名本以配"经"，先有"经"而后有"纬"。七纬以配"七经"。《论语》在汉代视为传记，不称"经"，因之亦不得有纬，以其为记孔子言行的专书，故亦有"谶"。纬以配经故称"经纬"。《后汉书·郑恽传》曰："恽据经谶。"[3]《续

① （明）胡应麟：《少室山房笔丛》卷三〇·四部正讹上，上海书店出版社 2001 年版，第 295 页。

② （南朝）刘勰著，詹锳义证：《文心雕龙义证》，上海古籍出版社 1989 年版，第 90 页。

③ （南朝）范晔撰，（唐）李贤等注：《后汉书》，中华书局 1999 年版，第 689 页。

汉书·祭祀志上》:"河洛命后,经谶所记。"顾颉刚认为谶与纬"这两种在名称上好像不同,其实内容并没有什么大分别。实在说来,不过是谶是先起之名,纬是后起的罢了"。①故谶以附经称"经谶"。谶与纬实质上是没有什么区别的,只是谶先于纬产生。由此可见,纬书依经傍义,纬以配经故称"经纬"。谶以附经故称"经谶"。汉代儒学神学化,谶语附会儒学经义,与经学结合起来,假托孔子之名为汉制法,形成谶纬神学。在东汉时代,谶纬盛极一时,号为"内学",尊为"秘经",与经学平起平坐,居于统治地位。

谶纬的出现,既依附于孔子和儒家经典,又可以借助于宗教神权的力量来指导现实和预示未来的吉凶祸福。谶纬学在两汉之际成为主要学术思想,汉中元元年(56年)汉光武帝宣布"图谶于天下",遂使其风靡一时。东汉以后,由于历代帝王的禁毁和经学的淘汰,谶纬文献几乎丧失殆尽,对其评价也一落千丈。汉画像的大量出土,使我们看到这种"图谶"对汉画像的深刻影响。

三、祥瑞

何为祥瑞?祥,吉祥。《说文》曰:"祥,福也。从示羊声。"段玉裁注:"凡统言则灾亦谓之祥,析言则善者谓之祥。"②征兆有时也可谓之祥。羊又通"阳",《释名·释姿容》:"望羊:羊,阳也。言阳气在上,举头高似若望之然也。"毕沅注:"古羊,阳字通。"③动物之"羊"有实体,为具象之形;吉祥之"祥"和阳气之"阳"是无形可视的。于是,便将有形之"羊"代替无形之"祥"和"阳"。在汉画像里常刻有正面羊头悬挂在墓门上,以示吉祥,有的墓楣石上排列三个羊头,很可能就是表示"三阳开泰",因为在冥冥的世界,阴气太重了。④瑞,原指玉制的信物,若后世的符玺。《说文》曰:"瑞,以玉为信也,从王耑声。"段玉裁注曰:"礼神之器亦瑞也。瑞为圭

① 顾颉刚:《秦汉的方士与儒生》,上海古籍出版社2005年版,第92页。

② (清)段玉裁撰:《说文解字注》,中华书局2013年版,第3页。

③ (汉)刘熙撰,(清)毕沅疏证,王先谦补:《释名疏证补》,中华书局2008年版,第88页。

④ 张道一:《吉祥文化论》,重庆大学出版社2011年版,第6页。

① （清）段玉裁撰：《说文解字注》，中华书局 2013 年版，第 13 页。

② 徐正英、常佩雨译注：《周礼》，中华书局 2014 年版，第 450 页。

③ （东汉）王充著，袁华忠、方家常译注：《论衡全译》，贵州人民出版社 1993 年版，第 1056 页。

④ （东汉）王充著，袁华忠、方家常译注：《论衡全译》，贵州人民出版社 1993 年版，第 1030 页。

⑤ 王志彬译注：《文心雕龙》，中华书局 2019 年版，第 309 页。

⑥ （清）董诰等编纂：《全唐文》卷三百九十五，中华书局 1983 年影印版，第 4030 页。

⑦ 翦伯赞：《秦汉史》，北京大学出版社 1983 年版，第 308 页。

⑧ 信立祥：《汉代画像石综合研究》，文物出版社 2000 年版，第 162 页。

⑨ 张道一：《吉祥文化论》，重庆大学出版社 2011 年版，第 147 页。

⑩ 郑岩：《汉代艺术中的胡人图像》，《艺术史研究》第一辑，中山大学出版社 1999 年版，第 133—150 页。

璧璋琮之总偁，自璧至瑁十五字皆瑞也。故总言之。引申为祥瑞者，亦谓感召若符节也。"①《周礼·春官·典瑞》曰："典瑞掌玉瑞、玉器之藏，辨其名物与其事，设其服饰。"郑玄注："人执以见曰瑞。瑞，符信也。"贾公彦疏："人执之则曰瑞，即下交镇圭之等是也。"②《论衡·指瑞篇》曰："王者受富贵之命，故其动出见，吉祥异物，见则谓之瑞。"③《论衡·讲瑞篇》曰："瑞物皆起和气而生，生于常类之中，而有诡异之性，则为瑞矣。"④ 南朝梁刘勰《文心雕龙·书记》："符者，孚也。征召防伪，事资中孚。三代玉瑞，汉世金竹，末代从省，易以书翰矣。"⑤ 唐代崔镇《尚书省梧桐赋》："剪刻为圭，琢磨成器。龙章凤轸，金符玉瑞。"⑥ 由此可见，祥瑞是与"政治之得失，主之明暗"有关。"祥瑞"一词最早见于刘向的《新序·杂事》，指"吉祥的征兆"。

"祥瑞"是人们追求祥福康寿、趋吉避凶的一种心理，也常常表达一种有益的自然现象如"禾生双穗""地出甘泉"等。以董仲舒为代表的汉代儒学认为，这些自然现象的出现是天对皇帝的行为和所发布的政策的赞成或表彰。观测和解释这些现象，是儒者的重要工作。翦伯赞说："按中国的规矩，做皇帝，一定要有上帝的预示，而这就是祥瑞。"⑦ 信立祥认为"上帝对人间秩序满意时，它会从天上世界给人间降生各种表示祥瑞的神奇动物和植物"，⑧ 与此有关的图就是图谶，也称为"祥瑞""符瑞""瑞应"，大都是以上天的征兆为帝王歌功颂德，这些祥瑞图到后来演变成吉祥图，包括人们最熟悉的龙、凤、麒麟和连理枝、比翼鸟等。⑨ 祥瑞图形是以神仙人物、奇异的动植物及天象等为表现形式的一种吉祥物图形符号。除了神奇的动植物，中央美院郑岩教授提到，一些胡人主题是"表现祥瑞、神仙内容图像系统的一个组成部分"。⑩

汉代是谶纬活动最为频繁的时期，必然在汉画像上表现出来，而多是"祥瑞图"。这些祥瑞图在汉代的国家祭奠中，天是至高无上的神，吉兆预示着天命的出现，而凶兆则宣布上天庇护的消失。①审视汉代的画像石，可以了解谶纬的"图谶"在当时流行的实际情况。可以说，祥瑞观念在中国文化史中影响极大，直接关系到人们吉凶、祸福观念的形成，构成了后世吉祥文化赖以发展的基础。"祥瑞"是人们追求福祥康寿、趋吉避灾的心理。

四、图式

关于"图式"的概念，《辞海》中有"图式形成"词条，是一项生物学解释项目，目标指向是胚胎细胞的形态建成。②《现代汉语大词典》对"图式"这一词条释义是："测绘地图所依据的各种符号注记的格式。内容包括地图上所用符号的式样、尺寸和颜色，记注字体和排列，以及地图整饰形式和说明等"。③"图式"英文作 schema，原意为安排、配置、系统、体制，又可译为"范型、构架"。图式的哲学源头发端于康德哲学，康德说："我们称限制知性概念使用的感性之这种形式和纯粹的条件，为概念的图式。我们将称在这些图式中的知性进程为纯粹的图式论。"④西方哲学认为："图式"就是用来组织、描述和解释经验的概念和命题网络，是人类把握实在的唯一方式，在最深层次上存在一种适用于一切文化的统一的图式。⑤图式心理学脉络起自以巴特莱特与皮亚杰为主要代表人物的格式塔心理学和思维发展心理学。⑥在认识论上，图式应该指人对世界的理解，在人的心灵中形成的一种模式，这种模式通过一定的语言或符号及图形表现出来，形成一种结构的体系，其在文化的发展中不断出现，以形成人类普通的知识类型。

在艺术起源和符号学的领域里一致认为每种信仰都会产生自己的造型艺术，其图式都可追溯自某种基础的范型（canon）与广泛的母体（motif），在不同时空的宗教美术中均有此类现

① [英] 崔瑞德、鲁惟一编：《剑桥中国秦汉史》，杨品泉译，中国社会科学出版社 1992 年版，第 204 页。

② 夏征农主编：《辞海》，上海辞书出版社 2011 年版，第 4487 页。

③ 阮智富、郭忠新：《现代汉语大词典》，上海辞书出版社 2009 年版，第 1257 页。

④ [德] 伊·康德：《纯粹理性批判》，韦卓民译，华中师范大学出版社 2000 年版，第 140 页。

⑤ 江怡：《康德的"图式"概念及其在当代英美哲学中的演变》，《哲学研究》2004 年第 6 期。

⑥ [英] 费雷德里克·C.巴特莱特：《记忆：一个实验的与社会的心理学研究》，黎炜译，浙江教育出版社 1998 年版；[瑞士] 皮亚杰：《发生认识论原理》，王宪钿译，商务印书馆 1981 年版。

象。一贯的核心母题，是探索古代图案符号意义的基础，我们依此可以探窥当时人的集体信仰。① 这种母题或者共同的范式在汉画像的制作中是广泛应用的，他们形成一种极具识别度的图式。汉画像中的图式是通过艺术设计具体表现出来的。通过研究，分析、整理出汉画像程式化的样式特征。② 从中国古代文献资料和图像资料所留存的大量证据来看，中国艺术的图式决定了艺术家对宇宙时空的理解方式。汉画像审美的根源是符号性的隐喻象征。③ 这些符号组成汉代人的一种"世界图式"观，即按特定的图式去塑造一个世界，其意在表达一种规律、秩序，并不见得是现实的世界，所以每每可从中发现独特的思维方式。④ 雷德侯在他的著作《万物：中国艺术中的模件化和规模化生产》中提到了"模件"（module）一词，这个词是一个既便于理解也更通用的术语。他在该书中就古代中国的青铜器、兵马俑、漆器、瓷器、建筑、印刷和绘画的创作加工，对模件体系做一番考察，最终讨论艺术在中国的意义。他的灵感来源于《易经》中"八卦"的智慧，即"仅用两个元素——一条间断的线和一条不断的线——组合起来建立起单元……这就是八卦，形成六十四种不同的组合，据说可以衍生万物，亦即宇宙中无穷无尽的种种现象。"⑤ 汉画像图式表现出人根据自己的理想建构出的一个死后世界，这个死后世界与现实世界是完全一样的万物的世界。雷德侯在他的书中并未提到汉画像，但是他的"模件体系"观点对理解整个中国文化结构包括汉代画像图式艺术具有普遍意义。汉代工匠也创造了一种模件系——利用总数有限的装饰母体和装饰单元进行无穷无尽的组合。邢义田认为汉画的构成常有一定的格套，有些甚至有文字榜题，使今人可以依据当时人的提示，以当时人的角度去理解他们创造的旨意。他还提到汉画都是以一定的构图方式组合而成的，同一个作坊会有自己刻画汉画像的一套模板和程式，依据固定的图式 Fixed ready-made models 制作出来的。⑥ 邢义田

① 郭静云：《天神与天地之道——巫觋信仰与传统思想渊源》，上海古籍出版社2016年版，第18页。

② 杨絮飞：《汉画像石造型艺术》，河南大学出版社2010年版，第2页。

③ 朱存明：《汉画像宇宙象征主义图式及美学意义》，《文艺研究》2005年第9期。

④ 殷善培：《谶纬思想研究》，台湾花木兰文化出版社2008年版，第98页。

⑤ ［德］雷德侯：《万物：中国艺术中的模件化和规模化生产》，张总等译，生活·读书·新知三联书店2012年版，第4—73页。

⑥ 邢义田：《画为心声——画像石、画像砖与壁画》，中华书局2011年版，第140页。

的这种"格套"说和雷德侯的"模件体系"是一脉相承的。

在本研究中，我们从艺术学的角度去解读汉画像。在此，"图式"与其说是一种理论，毋宁说是采用类似"模件体系"和"格套"分析方法解读汉画的一种新的探索维度，使我们可以从更接近汉代人的视角去理解汉画像所呈现出的祥瑞"图式"。

汉画像中祥瑞文化的图式表现，可上溯到遥远的古代。在史前时代，人类要生存，必须要认识自然和掌握自然，当人类认识到对自己的生存有利的征兆时，祥瑞文化就开始了。吉祥文化的内容来源于远古先民的自然崇拜、图腾崇拜、祖先崇拜等观念。简单地说就是人类对"天地祖"的崇拜和祭祀。早期儒家吸收了中国古代的思想文化观念，逐渐形成一种"天人合一"的世界观，到了汉代，儒家学说得以复兴，"天人合一"就归属于董仲舒的"天人感应"思想体系。中国民族思维方式就是在天人合一的前提下，以系统、循环、神话、直觉这四种思维为主轴，从而展现种种的特色。① 而谶纬就是以阴阳五行学说为骨架、天人感应为主体的神秘主义思想体系，这种系统思维深化了人们的吉凶观念。确切地说这种思维方式是以天人感应为基调，借以阴阳五行之系统思维与类比推理的神话思维方法的组合。就谶纬发展早期是以"预知"和"先验"为目的，以隐晦的符号、文字以及神秘的仪式为媒介的"诅咒"和"祈求"。这种透过语言、文字或是图像符号以表现心中愿望的行为，其实与先民们受原始宗教的巫术观念影响，有着不可分割的血缘关系。② 八年的楚汉相争结束了秦王朝暴政，西汉中早期实行休养生息，尤其是文、景之时以黄老道家的清静无为为政策主轴。武帝时期，国力昌盛，这一时期也是中国封建王朝第一个发展高峰，必然要求政治思想的统一。武帝雄才大略、好大喜功，变保守为进攻，以儒家的天下观为尊，因此孔子备受尊崇，许多假借孔子名义的说法纷纷出炉，纬书更是依托圣

① 殷善培：《谶纬思想研究》，台湾花木兰文化出版社2008年版，第113页。

② 林政言：《谶纬学研究》，台湾花木兰文化出版社2009年版，第5页。

人之名与正统儒学分庭抗礼，号为"内学"。谶纬的运用在政治斗争中颇有见效，东汉是谶纬活动最频繁的时候，上至帝王公卿，下至儒生循史，对于谶纬更多的是接受与学习。[①]汉代人趋吉避凶的观念很强，不论在生老病死的意识中还是日常生活中，都喜欢图个"吉利"。在汉画像中的表现就是大量"祥瑞图"的流行。

第二节　巫术与天人感应

"天人感应"是中国哲学中解释天人关系的一种神秘学说。古人从事农业生产时，由探索"天"的奥妙到顺从"天意"，进而想象出一整套的"天神"，在意识中形成一个高于人间的"天界"。"天"能干预人事，人的行为也能感动天，自然界的灾异和祥瑞就是天对人的责罚和嘉奖。[②]中国古代掌管礼仪宗教祭祀的归"天官"管理，如管理祭祀的"祝"、负责世系的"宗"、管占卜的"卜"和管记事的"史"一类官，他们的来源都是"巫"。[③]

一、巫与中国古代民族心理

古代方士和儒生是两股势力。方士的遗产在道教，儒生的遗产在取仕。[④]"方士"是"有方之士"，"道士"是"有道之士"，在早期文献中有差不多的意思，只是道教在正式成立后，才有了新含义。[⑤]"有方之士"的方士主要以占星候气、寻仙访药求媚于上。

中国土生土长的道教是由黄老学说、民间鬼神信仰和民间方术构成的十分驳杂的宗教体系。道教从一开始创立就包含了大量的巫术因素。《后汉书·襄楷传》曾记载有《太平清领书》，"其言以阴阳五行为家，而多巫觋杂语。"[⑥]早期道教在人们的眼里与巫觋没什么区别，五斗米教教徒当时被称为"米巫"。[⑦]

① 殷善培：《谶纬思想研究》，台湾花木兰文化出版社2008年版，第2页。

② 张道一：《吉祥文化论》，重庆大学出版社2011年版，第92—95页。

③ 李零：《中国方术续考》，中华书局2006年版，第59页。

④ 李零：《中国方术续考》，中华书局2006年版，"前言"第11—13页。

⑤ 陈国符：《道藏源流考》下，中华书局1963年版，第258页。

⑥ （南朝）范晔撰，（唐）李贤等注：《后汉书》，中华书局1999年版，第728页。

⑦ 吴荣曾：《镇墓文中所见到的东汉道巫关系》，《文物》1981年第3期。

道士一直把驱鬼降魔、祈福禳灾视为自己的使命，把追求长生不死当作宗旨，他们的追求目标是，肉体成仙，生命不灭。葛洪在《抱朴子·释滞》中指出，修仙者"其事在于少思寡欲，其业在于全身久寿。"① 刘勰引《三破论》曰："道家之教，妙在精思得一，而无死入圣。"② 这些都说明道士受巫术意识影响之深。

先秦时，巫觋就开始研究长生不死的法术。《山海经·海内西经》曰："开明东有巫彭、巫抵、巫阳、巫履、巫凡、巫相，夹窫窳之尸，皆操不死之药以距之。"③ 由此更能看出使人不死是巫觋的本职工作。秦汉时的徐福、卢生、李少君、少翁、栾大等，实际上都是大巫。道教把追求长生成仙当作基本教义就是继承了巫师的传统。中国民众对于能够立竿见影的巫术很有好感，汉画像中几乎没有出现天帝、元始至尊等至上神，却有很多雨师、门神、风伯等具有具体职能的自然神，体现一种实用和功利。巫术之所以在中国的土壤扎根、生存并影响了道教，与中国人的原始思维方式是分不开的。这种原始思维可以发出自身的神秘力量，又可以接受外来的神秘力量，列维·布留尔称之为"互渗律"。他认为巫术行为大多与这种原始思维有关。中国群经之首——《周易》原为筮占之书，包含有巫术智慧。在中国古人的心里这是一本代表最高智慧的神书。"巫术易"始于周文王演易，透过一套既设仪式筮法求得卦爻之象，再据象以演说易道，并用于占断人事吉凶，这也是文王借神道以设教，沟通天地鬼神，据以为行事之指导原则，为神道思想时代的产物。④ 书中一至九这九个自然数经抽象简化演变为阴爻阳爻，构成八卦的基本筮符。青铜器铭文与汉代墓葬竹简上都可见到这种"数字卦"始终与某些神秘的事物、物象纠缠在一起。这种"象数互渗"就是布留尔所说的"神秘的互渗"，它往往与原始巫术智慧联系在一起。⑤《易传》所谓"鬼神"，是指古人心目中所虚构的叫人惧怕的、力图讨好之的鬼怪神灵。鬼神并不

① （晋）葛洪著，张松辉译注：《抱朴子内篇》，中华书局 2011 年版，第 265 页。

② （清）严可均辑：《全梁文》，《全上古三代秦汉三国六朝文》，商务印书馆 1999 年版，第 662 页。

③ 方韬译注：《山海经》，中华书局 2011 年版，第 278 页。

④ 江婉玲：《易纬释易考》，台湾花木兰文化出版社 2010 年版，第 17 页。

⑤ 王振复：《大易之美》，北京大学出版社 2006 年版，第 13 页。

存在，但在巫术智慧中，人们却迷信宇宙万物千变万化的总根源是"鬼神"，《周易》既能通晓天地万物之理，又能洞彻"鬼神之情状"，是一种与神秘观念和互渗律保持密切联系的智慧。"五行"文化智慧，是将复杂多变的万物相生相胜关系即运动变化关系，经过人脑思辨而产生的简化模式，即将这种万物之间彼此制约、互生的运动关系简化为"木胜土、金胜木、火胜金、水胜火、土胜水"的形态。巫术从功能上可以分为黑巫术（Black Magic）、白巫术（White Magic）两类。黑巫术即"恶的巫术"，通过所谓的"同能致同"的"交感定律"直接或间接使对方遭受灾难、痛苦与死亡，具有积极的攻击性性质。白巫术亦称"善的巫术"，具有消极的防御性质，这类巫术企图将人生之"苦""恶"统统禁绝在人生域限之外，所以具有人生欢乐和从善的智慧情调。《周易》可以说是一种典型的白巫术、"善的巫术"，它的全部意义是趋吉避凶，这与汉画像"驱邪除祟"的主题是相符的。而巫师与"天"的沟通是依靠一定的神灵观念为中介的。万物有灵是史前时代的信仰形式之一。普列汉诺夫认为"万物有灵论是宗教思想发展的最初阶段"。"灵"字古作"靈"，从王霝声，许慎《说文解字》曰："巫也，以玉事神"。[1] 楚人呼"巫"为"灵"。《楚辞·九歌·少司命》有"灵保"。[2] 在汉代人的思维中，靈可以指灵气，也可以指神灵，这是源于古代巫文化的灵魂信仰和崇拜仪式。在汉代人的思维中，靈可以指灵气、精灵、灵魂、神灵，正是源于古代巫文化的灵魂信仰和崇拜仪式。"灵"在古文字中有几种写法，见图 1-1。

① （清）段玉裁撰：《说文解字注》，中华书局 2013 年版，第 19 页。

② 李零：《中国方术续考》，中华书局 2006 年版，第 49 页。

| 1 | 2 | 3 | 4 | 5 | 6 | 7 | 8 | 9 |

1—5. 甲骨文　6、7. 金文　8、9. 篆文

图 1-1　古文中的灵字

这些字反映了殷商时期的巫术信仰。1—9 上部均由"雨"组成，"雨"代表天；1—6 下部由"龟"组成，殷商迷信龟卜，奉龟为神灵，龟为大地上的神物，人（巫）通过龟纹的变化与天通灵，得到天的启示，而第 7 字下部的确变成了"示"，"示"在古文字中写作如图 1-2：

后上一、二　　　　　　　　甲二八二　　　　　　　　说文

图 1-2　古文中的示字

等形。《说文》曰："示，天垂象，见吉凶，所以示人。从二，三垂，日月星也。观乎天文，以察时变。示神事也。"段玉裁注："言天悬象，箸明以示人。"①《三国演义》第八十回："此是上天示端，魏当代汉之天象也。"②说明，古文"示"有天显征象，垂示福祸休咎，人（巫）则是沟通天地的使者，传达天的意旨。

　　古人认为，天上的神祇与地上的民众是无缘往来的，只有巫觋可以通天达地。群巫缘灵山陟降天地，灵山当然就是架设在天地间的天梯。③《山海经·海外西经》云："巫咸国在女丑北，右手操青蛇，左手操赤蛇，在登葆山，群巫所从上下也。"④郭璞注曰："在登葆山，群巫所从上下者也。"《淮南子·地形训》："巫咸在其北方，立登葆之山。"⑤灵山就是架设在天地间的天梯。除灵山外，建木也是巫觋通天的依凭。

　　　　有木，其状如牛，引之有皮，若缨、黄蛇。其叶如罗，其实如栾，其木若蓲，其名曰建木。郭璞注：建木，青叶紫茎，黑华黄实，其下声无响，立无影也。⑥

　　　　　　　　　　　　　　　　　　　《山海经·海内南经》

　　　　建木，百仞无枝，有九欘，下有九枸，其实如麻，其叶如芒，大暤爰过，黄帝所为。⑦

　　　　　　　　　　　　　　　　　　　《山海经·海内经》

① （清）段玉裁撰：《说文解字注》，中华书局 2013 年版，第 2 页。

② （明）罗贯中：《三国演义》，人民文学出版社 1979 年版，第 683 页。

③ 冯时：《中国天文考古学》，中国社会科学出版社 2010 年版，第 73 页。

④ 方韬译注：《山海经》，中华书局 2011 年版，第 244 页。

⑤ （汉）刘安著，陈广忠译注：《淮南子》，中华书局 2012 年版，第 225 页。

⑥ 方韬译注：《山海经》，中华书局 2011 年版，第 269 页。

⑦ 方韬译注：《山海经》，中华书局 2011 年版，第 355 页。

① 陆玖译注：《吕氏春秋》，中华书局 2011 年版，第 373页。

② （汉）刘安著，陈广忠译注：《淮南子》，中华书局 2012 年版，第 204 页。

③ （清）董诰等编纂：《全唐文》卷一百六十六，中华书局 1983 年影印版，第 1689页。

白民之南，建木之下，日中无影，呼而无响，盖天地之中也。①

《吕氏春秋·有始》

建木在都广，众帝所自上下。②

《淮南子·地形训》

建木耸灵丘之上，蟠桃生巨海之侧。③

《病梨树赋》

与原始宗教互为表里的巫术，是谶纬纬书的主要资料来源，借由运用这些神秘的巫术行为，谶纬的思想由显示异象到传达观念，更进一步可以由巫术仪式来表现对于天意的体认，或是改变一些不好的厄运，这对于谶纬的流行具有极其正面的意义：因为如果谶纬只能让人先掌握到一些未来将发生事件的先兆，但是却没有办法去改变这些事实的话，那么在心态上只是徒增人们的恐惧，但是当这些可以趋吉避凶的巫术方法加入后，人们虽仍然对所预知的事物恐惧，但是至少已经知道有避免的可能性。所以，一些表达异象的事物被赋予了某一程度的灵性，这是承继自原始宗教的"万物有灵"观念。④

④ 林政言：《谶纬学研究》，台湾花木兰文化出版社 2009年版，第 29 页。

巫在先民社会中的地位的取得和巩固，并不在于他是否能够依靠自己的简单劳动为部族获取功能更多的物质产品，而取决于他在观象授时的活动中，通过寻找天象与人间祸福的某种联系而作出预言的正确程度。⑤

⑤ 冯时：《中国天文考古学》，中国社会科学出版社 2010年版，第 97 页。

大多数思想家和学者都相信天人相通、相信人类等级秩序和伦理道德与宇宙原则相一致。天人相类、天人感应、天人合一学说和巫术的精神十分合拍。巫师们最相信这种"天人感应"，他们求雨、祭祀、驱鬼，正是基于"巫术法则与天体活动存在一致性"的信仰。⑥孔子曰："凤鸟不至，河不出图，洛不出书，吾已矣乎！"⑦凤鸟在先秦一直是吉祥的象征，《管子》中将"河出图""洛出书""地出乘黄"称作"三祥"。（图 1-3）

⑥ 胡新生：《中国古代巫术》，山东人民出版社 2010 年版，第 81—91 页。

⑦ 陈晓芬、徐儒宗译注：《论语·大学·中庸》，中华书局 2015 年版，第 101 页。

图1-3 河图（左）、
洛书（右）

传说中，《河图》是黄河中一只龙图，《洛书》乃洛水之龟书。汉代人认为河图本身是一种有天文星象、有地理划分并且有文字说明的地图。不过汉代人非常重视这些文字说明，把它们作为帝王受命的谶言。《尚书·顾命》篇中的《河图》当是黄河流域的地形图，成为帝王受命的祥瑞，并因此产生了有关龟、龙的种种神话。① 对龙、龟的崇拜使得古人将龙、龟的纹饰视为吉祥之符。孔子认为这些祥瑞都没有出现，是因为当时礼崩乐坏，政治黑暗。麻天祥在《中国宗教哲学史》中说："河图洛书是预示古代圣人即将受天命出来治理国家的易代之征，是沟通天、人，人、神之际的中介，是天人感应的象征。"② 这就是典型的神学天人感应思想。《中庸》说："国家将兴，必有祯祥；国家将亡，必有妖孽。"③ 这主要是对人君进行警诫，意即国家强盛，天就降下祥瑞，反之，如果天降不祥的妖孽，那么国家很可能灭亡，这正是中华原始巫术的基本概念。

从《易经》的符号排列到《河图》《洛书》的文字排列中我们可以看到，中国文化是十分重视从"图式"上来认识世界与表现世界的。在早期人类文明的发展史上，先民往往把复杂的世界图式化，并建造一个文字符号的，或者以图形的模式来象征表现。这是中国文化的象征，也是艺术设计中的中心所在。汉画像石中的祥瑞图式，也是建立在这种模式之上的。

① 李申：《易图考》，北京大学出版社2001年版，第196页。

② 麻天祥：《中国宗教哲学史》，人民出版社2006年版，第111—112页。

③ 陈晓芬、徐儒宗译注：《论语·大学·中庸》，中华书局2015年版，第337页。

二、天人感应

祥瑞观念在中国早已萌芽，它的理论来源是天人感应思想。祥瑞一般都具有以下特点：一、出现在事实发生之前，带有一定的前瞻性或预言性；二、必须寄托于特定的标志物，如天瑞、嘉应等；三、标志物的出现肯定代表着天意，是纯粹的"受命之符"，而绝非任何人为因素所能招致。① 天人感应思想在夏商时期就已开始流行，到春秋战国时期已经非常普遍。"天人合一"是儒家思想的重要基石，董仲舒的"天人感应"论可以说是"天人合一"的形式之一，他认为："人之受命于天也，取仁于天而仁也。"② 在他看来，天人之所以有感应，是因为人禀天而生，人与天无论在作用上还是数量上，都是相互配合的：

> 为生不能为人，为人者天也。人之人本于天，天亦人之曾祖父也。人之形体，化天数而成；人之血气，化天志而仁；人之德行，化天理而义。人之好恶，化天之暖清；人之喜怒，化天之寒暑；人之受命，化天之四时。人生有喜怒哀乐之答，春秋冬夏之类也。③

"天"在董仲舒的思想体系里有着极为重要、非常突出的地位，甚至可以说，整个《春秋繁露》就是一部关于天的哲学著作。④ 在《王道通》，他说：

> 春气暖者，天之所以爱而生之；秋气清者，天之所以严而成之；夏气温者，天之所以乐而养之；冬气寒者，天之所以哀而藏之。⑤

董仲舒借由天象四的变化与人的喜怒哀乐情绪之结合来说明"天"的意志。他认为，天是有意志的，天是万物的主宰，而人是万物中居特殊地位的最贵重者。"人，下长万物，上参天地。"天人关系构成了高于其他关系之上的一种关系。《春秋繁露·阴阳义》说："以类合之，天人一也。"⑥《春秋繁露·人副天数》说："于其可数也，副数；不可数也，副类。皆当同而

① 余治平：《董仲舒的祥瑞灾异之说与谶纬流变》，《吉首大学学报》2003 年第 6 期。

② （汉）董仲舒著，（清）苏兴撰，钟哲点校：《春秋繁露义证》，中华书局 1992 年版，第 329 页。

③ （汉）董仲舒著，（清）苏兴撰，钟哲点校：《春秋繁露义证》，中华书局 1992 年版，第 318 页。

④ 余治平：《唯天为大——建基于信念本体的董仲舒哲学研究》，商务印书馆 2003 年版，第 85 页。

⑤ （汉）董仲舒著，（清）苏兴撰，钟哲点校：《春秋繁露义证》，中华书局 1992 年版，第 318 页。

⑥ （汉）董仲舒著，（清）苏兴撰，钟哲点校：《春秋繁露义证》，中华书局 1992 年版，第 341 页。

副天，一也。"①"类"与"数"成为天人相应的原则，即同类可以互相感应，同数也可以互相感应。以此原则，配合上各种复杂的自然现象与人事变化，一方面找到了合理的相关性，另一方面也预测了未来的发展。国家政治清明，则天降祥瑞；反之，国家施政不当，则天降灾异。

五行思想建立起贯通宇宙、社会与人类自身的庞大体系，成为实际控制渗透于生活世界的意识形态。②《易经·说卦传》曰："昔圣人之作《易》也，将以顺性命之理。是以立天之道曰阴与阳，立地之道曰柔与刚，立人之道曰仁与义。兼三才而两之。"即认为天、地、人三才统一起来看表示乾（—）坤（—）两两相即，所以天人是一体的。③董仲舒吸取了战国以来的阴阳五行的思想，虚构了一个世界图式，来说明自然和人类的秩序及其变化的规律。照这个图式，宇宙是一个有机的结构；天地是这个结构的轮廓；五行是这个结构的间架；阴阳是运行于这个间架中的两种势力。④将儒学与阴阳五行、祥瑞灾异、天人相感等观念相组合，巧妙地将君主的地位与天意结合起来，建立起一个君权神授的天意帝国，取得了武帝的支持独尊儒术。儒家也有了神学化的天人感应思想。

阴阳五行思想，实际上是中国古代影响最大的关于世界"图式"的理论。它把宇宙中的势力分为阴与阳两种力量的相互依存与相互转化，并用"金、木、水、火、土"五种物质的运动来说明世界上最基本的物质转化。阴阳五行学说，实际上是艺术设计的哲学基础。

春秋战国时期，祖神分离是祖先道德化的结果，同时也是"天"和"神"的道德化的开始。⑤"人"透过"德"来呼应天意。"德"是"礼"的范畴。儒学，以"礼"为核心，具体落实与日常生活的道德科目与科仪祭祀之中。人的行为如果出自自我道德心性，又符合天意或天命，就会达到"天人合一"的境界。这对于拥有人间生杀大权的君主的权力限制和制衡，或者具备了劝

① （汉）董仲舒著，（清）苏兴撰，钟哲点校：《春秋繁露义证》，中华书局1992年版，第357页。

② 葛兆光：《中国思想史（第一卷）七世纪前中国的知识、思想与信仰世界》，复旦大学出版社2004年版，第276页。

③ 汤一介：《论"天人合一"》，《中国哲学史》2005年第2期。

④ 冯友兰：《中国哲学史新编》第三册，人民出版社1992年版，第54—55页。

⑤ 叶舒宪、唐启翠编：《儒家神话》，南方日报出版社2011年版，第377页。

① 叶舒宪、唐启翠编:《儒家神话》,南方日报出版社2011年版,第386页。

② 江晓原:《天学真原》,译林出版社2011年版,第9页。

谏的功能意义。①

所有天人合一与天人感应的大道理,最终都可归结为一点:人如何与天共处,即如何知天之意、得天之命,如何循天之道,邀天之福。②

与原始宗教互为表里的巫术,也是谶纬书中的主要资料来源,借由运用这些神秘的巫术行为,谶纬的思想得以由显示异象到传达观念,更进一步到可以由巫术仪式来表现对天意的休认,或是改变一些不好的厄运,这对于谶纬的流行具有极其正面的意义。

第三节　谶纬天命与汉画像的设计理念

一、谶纬与天命

汉代人迷信前兆与人的命运之间存在着牢不可破的关联,"前兆"成了人之命运的权威预示,当某种前兆一旦出现,必然会导致一种可确定的结果,这造成了一种巫术思维。董仲舒的理论或可视为谶纬之学的基本理论,它不是通过宗教的手段来扮演巫师的角色,而是将其理论化、系统化。

古代的帝王,都自称为奉天之命的"天子"。为了说明政权转移以及政权正当性的问题,在天人感应的思维方式下便出现了"受命"的概念。《说文》云:"命,使也。从口令",③"口"指语词或诅祝,"令"指"发号也"。"命"是"令"的孳乳字,强调"口",由天所令。最朴素的"受命"观点就是天命之。人受之,得命者昌,失命者亡,所回应的是天命为何转移的问题。④"命"是天(神)的意志表现,"受命"就成为政权兴亡最合理的解释。天命如何转移就成了如何证明其"受命"的问题了。预言以谶的名义出现起于秦穆公的一个梦,他在梦中梦见天帝,天帝告之曰:"晋国将大乱,五世不安,其后称霸,未老而死。"这段话载于《史记·赵世家》。秦穆公

③ (清)段玉裁撰:《说文解字注》,中华书局2013年版,第57页。

④ 殷善培:《谶纬思想研究》,台湾花木兰文化出版社2008年版,第160页。

醒后，说了那番话，大夫公孙支"书而藏之，秦谶于是出矣"。秦、汉之世，谶语流行不绝。秦始皇时有亡秦者胡之文。①《竹书纪年》曰黄帝时："《龙图》出河，《龟书》出洛，赤文篆字，以授轩辕"。②帝尧时"龙马衔甲，赤文绿字，临坛吐甲图"。③舜时"黄龙负卷，舒图出水，坛畔赤文绿错"。④禹时见河伯"白面长人鱼身。出曰：'吾河精也。'授禹河图而还于渊"。⑤"周文王为西伯，季秋之月甲子，赤雀衔丹书入丰鄗，止于昌户"。⑥武王时"赤龙临坛，衔玄甲之图，吐之而去。"这些谶纬都是帝王受命的符谶。⑦这些帝王一般都有着不同寻常的身世：

燧人之世，大迹出雷泽，华胥履之，生伏羲。⑧

《太平御览·庖牺母》

殷契，母曰简狄，有娀氏之女，为帝喾次妃。三人行浴，见玄鸟堕其卵，简狄取吞之，因孕生契。⑨

《史记·殷本纪》

周后稷，名弃。其母有邰氏女，曰姜原。姜原为帝喾元妃。姜原出野，见巨人迹，心忻然悦，欲践之，践之而身动如孕者。居期而生子，以为不祥，弃之隘巷，马牛过者皆辟不践；徙置之林中，适会山林多人，迁之；而弃渠中冰上，飞鸟以其翼覆荐之。姜原以为神，遂收养长之。初欲弃之，因名曰"弃"。⑩

《史记·周本纪》

孔子母徵在游于大泽之陂，睡，梦黑帝使请与己交。语曰："汝乳必于空桑之中。"觉则若感，生丘于空桑之中。⑪

《春秋纬·演孔图》

其先刘媪尝息大泽之陂，梦与神遇。是时雷电晦冥，太公往视，则见蛟龙于其上。已而有身，遂产高祖。⑫

《史记·高祖本纪》

这些帝王还有着异于常人的外表：

① 吕思勉：《秦汉史》，上海古籍出版社 2005 年版，第738 页。

② 张元济等辑：《竹书纪年》，《四部丛刊史部》，上海涵芬楼 1912—1948 年影印天一阁刊本，第 2 页。

③ （宋）李昉等编纂，夏剑钦校点，《太平御览》第八册，河北教育出版社 1994 年版，第 163 页。

④ （宋）李昉等编纂，夏剑钦校点，《太平御览》第一册，河北教育出版社 1994 年版，第 694 页。

⑤ （宋）李昉等编纂，夏剑钦校点，《太平御览》第一册，河北教育出版社 1994 年版，第 542 页。

⑥ （宋）李昉等编纂，夏剑钦校点，《太平御览》第一册，河北教育出版社 1994 年版，第 208 页。

⑦ 周保平：《汉代吉祥画像研究》，天津人民出版社 2012 年版，第 97—198 页。

⑧ （宋）李昉等编纂，夏剑钦校点，《太平御览》第二册，河北教育出版社 1994 年版，第 296 页。

⑨ （汉）司马迁著，韩兆琦译注：《史记》，中华书局 2010 年版，第 144 页。

⑩ （汉）司马迁著，韩兆琦译注：《史记》，中华书局 2010 年版，第 199 页。

⑪ （汉）司马迁著，韩兆琦译注：《史记》，中华书局 2010 年版，第 783 页。

⑫ （汉）司马迁著，韩兆琦译注：《史记》，中华书局 2010 年版，第 783 页。

黄帝者，少典之子，姓公孙，名曰轩辕。生而神灵，
弱而能言，幼而徇齐，长而敦敏，成而聪明。①

《史记·五帝本纪》

高辛生而神灵，自言其名。②

《史记·五帝本纪》

虞舜者，名曰重华。③

《史记·五帝本纪》

可见，一个人成为受命的帝王，要有一个完整的程序，依
次是感生→异表→符应→改制→祥瑞，每一过程环环相扣，从
而结合成可供验证的理路。④祥瑞是受命过程中天人相应的展
现，即出现在明君圣王即将受命之际，也出现在明君修德天下
太平之时。

二、谶纬与汉代儒学

秦始皇统一中国后，为了中央集权的巩固，制造了"焚书
坑儒"事件，烧光了儒家典籍。秦亡后，汉武帝"罢黜百家、
独尊儒术"，在全国范围内征收儒家经典著作。西汉时，朝廷
设置"五经博士"，所有经文都是根据儒生口述记录，用当时
通行的文字隶书书写，称为"今文"。汉景帝时，鲁恭王刘馀
从孔子的故宅墙壁中发现用汉之前文字书写的"五经"，称为
"古文"。于是儒家经书就有了今古文之分，并因此而形成两大
学派，在这两大学派内部，引发了今古文之争。稍后又出现了
谶纬之学，这是儒家哲学从分派到玄学化的过程。⑤如今已经
证明谶纬与西汉今文经学关系密切，都以天人相应、天人一
体为特征。⑥纬书从形式到内容在很大程度上都受到汉代儒家
思想董仲舒《春秋繁露》的影响。⑦《四库全书总目提要·易
类六·附录易纬·案语》竟然把《春秋繁露》当作纬书。这
样，在中国思想史上就进入到经学统一的时代。儒学在天学
上，吸取了阴阳五行的神秘思想；在人学上，以儒学的伦理、

① （汉）司马迁著，韩兆琦译注：《史记》，中华书局2010年版，第3页。
② （汉）司马迁著，韩兆琦译注：《史记》，中华书局2010年版，第18页。
③ （汉）司马迁著，韩兆琦译注：《史记》，中华书局2010年版，第46页。
④ 殷善培：《谶纬思想研究》，台湾花木兰文化出版社2008年版，第162页。
⑤ 翦伯赞：《秦汉史》，北京大学出版社1983年版，第493、494页。
⑥ 殷善培：《谶纬思想研究》，台湾花木兰文化出版社2008年版，第21页。
⑦ 余治平：《董仲舒的祥瑞灾异之说与谶纬流变》，《吉首大学学报》2003年第6期。

政治思想为中心，又吸取了法家驾驭臣下及统治人民的方法；在哲学上，建立了天人合一的神学目的论；谶纬成为汉代儒学的重要组成部分，在西汉末年形成一股社会思潮，到东汉盛极一时，与经学平起平坐，居于统治地位。①光武帝宣布"图谶于天下"，使谶纬形成定本。其主导思想、理论基础是董仲舒的天人感应神学目的论，本质是以《公羊》学为核心的今文经学的衍生物。②

言灾异、重谶纬是两汉学术界的普遍现象，从西汉中晚期起，社会上开始流行谶纬之风，并对社会政治生活产生重大影响。在统治者的积极提倡下，众多经生儒士很快认同了谶纬之学，争相趋从，侈谈纬候，妄言图谶，所谓"典学孔子七经、河图、洛书，内外艺术，靡不贯综。"③他们往往以"博通五经，尤善图纬之学"④而受到统治者的赏识与重用。在当时，谶纬被尊为"秘经"⑤，号为"内学"，⑥成为法定的经典，其权威性甚至在五经之上，成了当时儒士尤其是今文经学家的共同风尚和特色。《后汉书·张衡列传》云："自中兴之后，儒者争学图纬，兼复附以妖言。"⑦《后汉书·方术列传·序》云："及光武尤信谶言，士之赴趣时宜者，皆骋驰穿凿，争谈之也。故王梁、孙咸名应图箓，越登槐鼎之任。郑兴、贾逵以附同称显，桓谭、尹敏，以乖忤沦败。自是习为内学，尚奇文，贵异数，不乏于时矣。"⑧

孔子之系易也，曰："天垂象，见吉凶，圣人象之，河出图，洛出书，圣人则之"，是即谶纬之滥觞。⑨"河"为黄河，"图"即"龙马负图"，是龙马身上的图像；"洛"为"洛水"，"书"即"神龟负书"，龟背上的纹像。圣人从这些图像和纹饰中得到启发，作了八卦和九畴。河图和洛书的图式是儒家最早的谶纬。

谶纬，贯通天人，是一个无所不包的庞大的统一的天人思想体系。就"天文"而言，谶纬在早期的"图纬"阶段，其本

① 钟肇鹏：《谶纬论略》，辽宁教育出版社 1991 年版，第 1 页。

② 钟肇鹏：《谶纬论略》，辽宁教育出版社 1991 年版，第 89、98 页。

③ （南朝）范晔撰，（唐）李贤等注：《后汉书》，中华书局 1999 年版，第 633 页。

④ （南朝）范晔撰，（唐）李贤等注：《后汉书》，中华书局 1999 年版，第 1846 页。

⑤ （南朝）范晔撰，（唐）李贤等注：《后汉书》，中华书局 1999 年版，第 700 页。

⑥ （南朝）范晔撰，（唐）李贤等注：《后汉书》，中华书局 1999 年版，第 1826—1827 页。

⑦ （南朝）范晔撰，（唐）李贤等注：《后汉书》，中华书局 1999 年版，第 1291 页。

⑧ （南朝）范晔撰，（唐）李贤等注：《后汉书》，中华书局 1999 年版，第 1826 页。

⑨ 姜忠奎：《纬史论微》，上海书店出版社 2005 年版，"序"。

质即为"天文"，这一本质充分表现在谶纬篇名以及几乎无篇不有的"天文话题"中，"天文"正是谶纬思想本质意义上的主体。谶纬思想的主轴是"天文"和"受命"，"天文"和"受命"是最适合鼎革之际援天命以为"合法性"之证，所以一旦天下初定，禁毁谶纬也就成了当务之急，光武宣布图谶于天下其实也是另一种形式的禁毁。[①]谶纬继承了董仲舒的天人感应说，最后发展成为占统治地位的官方意识形态。《春秋繁露·天地阴阳》说："天意难见也，其道难理。是故明阴阳出入实虚之处，所以观天之志；辨五行之本末顺逆小大广狭，所以观天道。"[②]天意、天志、天道，都是广义的天命。

谶纬借由儒家经典的躯壳来填充以实现个人的现实需求；甚至对受命符瑞和天人感应的讨论，也都只是把个人政治利益转化为上帝和孔子的旨意而已。据《史记·秦始皇本纪》载："燕人卢生使入海还，以鬼神事，因奏录图书曰：'亡秦者胡也'。"秦始皇因此发兵击胡。除此之外，还有"楚虽三户，亡秦必楚"的谶语。[③]借由天命或神事来推测朝代的兴替，并刺激政权的转移。西汉之所以成为西汉，是因为王莽篡夺政权改国号为"新"。王莽面对这样的社会心理与政治气氛，以利用谶语的手段，成为信史中不流血革命的第一人。汉成帝时，齐人甘忠可诈造《天官历》、《包元太平经》，预言："汉家逢天地之大终，当更受命于天，天帝使真人赤精子，下教我此道。"[④]成哀之际，朝政败坏，人心动摇，夏贺良却以师说为王莽所用，胁迫哀帝"再受命"。之后，大量谶语、谶图出现于民间，王莽终于顺应天命即位。经过这种谶言纬语造说的影响，加深了社会共同心理的信仰，谶纬之学在东汉时期发展到极致。

三、汉画像的设计理念

汉画像石带有综合艺术的特色，最能体现汉代的一种设计理念。我们认为汉代人的设计理念通过其整体性思维、图像的

① 殷善培：《谶纬思想研究》，台湾花木兰文化出版社2008年版，第11页注15。

② （汉）董仲舒著，（清）苏兴撰，钟哲点校：《春秋繁露义证》，中华书局1992年版，第467页。

③ （汉）司马迁著，韩兆琦译注：《史记》，中华书局2010年版，第549页。

④ （东汉）班固：《汉书》，中华书局1999年版，第2386页。

配置、图像意象构成与技法的综合四个方面体现出来。

（一）整体观：作为存在世界的图式

汉画像石的设计理念首先表现为一种整体观，这种整体观表现为汉画像石的设计是一种带有整体性特征的系统性思维，是汉代人世界观在艺术设计上的表现。

今天我们在博物馆中看到的汉画像石往往是单幅的，其实这是汉画像石在发现、保存、展览方式上造成的误会。我们知道，汉代所有的汉画像石都是依附于当时的建筑的，是整个墓葬文化的一部分。汉画像石的图像往往是整体性设计的，因此离开对汉画像石构思的整体性认识，我们很难真正理解汉画像石。

图1-4　武氏祠堂石阙（作者摄）

学术界对山东嘉祥武梁祠的复原研究就说明了这一点。武梁祠实际上是由石狮、石阙（如图1-4）、武氏诸碑、武氏祠堂、武氏墓地所组成的一个整体性的建筑。但其中的武梁祠可以看作是一个独立的建筑。我们通过沙畹、关野贞、费慰梅、蒋英炬与吴文祺[①]、巫鸿[②]对武氏祠堂汉画像的复原研究看到整体性设计对汉画像石的重要性。汉画像是按照建筑的不同构建组合而成的。好在经过近二千年，还有一些汉画像墓与汉代的祠堂完整地保存着，如山东沂南汉墓、徐州白集汉墓等，从中我们可以看到汉画像石设计的整体性。

除了汉画像石作为建筑的构件具有设计的整体性以外，对

① 蒋英炬、吴文祺：《武氏祠画象石建筑配置考》，《考古学报》1981年第2期；《汉代武氏墓群石刻研究》，山东美术出版社1995年版。

② ［美］巫鸿：《武梁祠——中国古代画像艺术的思想性》，岑河、柳扬译，生活·读书·新知三联书店2006年版。

汉画像石的图像内容的设计也有整体性。实际上汉画像石的图像体系，是汉代人对生死世界的全面理解的产物。

汉代人认为，人首先要活在这个现实的世界上，现实的世界是由天地人组成的。人们仰望天空，俯察大地，认识到人是居住在天地之间的。生命终有一死，死后的世界是不可知的，由于汉画像石就是为死亡服务的，因此汉画像石的世界，实际上是汉代人对死后世界的幻想产物，所以汉画像石的设计，就是建立在汉代人对现实世界的理解与对死后世界的想象基础上的。我们在汉画像石的整体设计构思中看到一种"宇宙象征主义"，①就是这种文化观念的产物。

汉画像的总体设计思想表现在两个方面。一方面是把人类生活的现实世界的形式构造通过设计的图式表现出来。人的生命存在总依附于自然，对世界的理解和形象的呈现，构成人赖以存在的基础。对汉墓、祠堂、棺椁、汉阙等的设计，就是以此为设计理念，设计者力图把这些建筑设计成人类存在世界的象征体。另一方面指人是有生命的个体，人不仅仅生活在现实的物理世界中，还生活在一个文化创造的世界中，在汉画像石的图像上就设计成了这一人文创造的空间。

在汉代，天人关系一直是学术探讨的对象与政治信念的支撑。汉画像石的设计图式，往往包含天地人神等构成的不同世界。地下的墓室，往往设计成死后存在的世界，地上的祠堂，则设计成与祖先神沟通的场所。甚至于棺椁，也是设计成一个独立的世界。在这些世界中，有天地，有日月星辰等天象图，也有包含文化上的英雄世界，与历史故事等构成的人文世界。还有那些四象图、庖厨图、乐舞图、祥瑞图、升仙图、狩猎图也是作为汉代人文化观念的一部分而存在的。汉画像不仅仅表现一个充满汉代谶纬观念下的表示美好的象征世界，而且也表现了那些对人类不好的，带有异化的丑恶的世界。所以汉画像不仅刻画了美好的吉祥物，而且还有种种怪物。

① 朱存明：《汉画像的象征世界》，人民文学出版社 2005 年版，第 76 页。

设计是一种"造物"的创造活动,[①]是按照人对世界的理解在有限的时空中创造出的一个世界。

（二）配置观：图与图的关联

汉画像石设计理念虽然是整体性的,表现形式上却是具体的。汉代的陵墓有些是在山崖上凿成的,更多的则是石头砌成的。用石头来造墓室、祠堂、棺椁、石阙等,就有个设计观念。汉画像石研究专家信立祥先生认为："在本质意义上汉画像石是一种祭祀性艺术",[②]汉代的墓葬建筑是对死后世界的建构,就要考虑其形状、图像的象征意义。[③]一般来讲,墓葬建筑的顶部,往往是天的象征,如武梁祠画像（如图1-5）,上方首先刻画日月星辰、飞鸟走兽。其下是汉代民俗信仰中的神仙世界。汉代盛行神仙信仰,人们幻想羽化成仙。在汉画像石中,表现这种升天成仙题材内容的比比皆是,而且一般以组画的形式出现。其基本组合形式一般有：门阙、建筑、车骑、迎谒、庖厨、宴飨、舞乐、百戏,四灵、仙人、珍禽、异兽、西王母等。这些内容的组合出现,表达了两个方面的含义：一是送迎墓主人进入天国仙界,二是以西王母为主神的天国仙界的生活景象以及墓主人在此过着美好的生活。

在汉画像石的设计理念上,图像配置是有一定模式的,这个模式以民间工匠的传承形式而得以流传。我们举个例子来看此。20世纪80年代,山东省兰陵县发现了一座汉画像石墓,上刻了一篇三百多字的题记,详细记录了该墓设计时的图像搭配理念。这对于我们理解汉画像的设计图式有重要意义。作者曾经考察了此汉画像石十一幅,在《中国汉画石全集》第三卷中也收录了这些石头,结合题记,我们可以看到当时汉画像石的刻画者的设计观念：首先汉画像石设计时是分区分层次的。其次在不同的层次有不同的主题。一方面有表示天象的汉代人思想中的上天世界,如天上的星星与神物；其下便是由历史人物与英雄故事组成的文化世界,如寄托道德寓意的历史故事；

① 《张道一选集》,东南大学出版社2009年版,第231页。

② 信立祥：《汉画像石综合研究》,文物出版社2000年版,第4页。

③ [美]巫鸿：《黄泉下的美术——宏观中国古代墓葬》,施杰译,生活·读书·新知三联书店2010年版,第15页。

图 1-5 武氏祠堂左石室屋顶前坡西段画像（中国画像石全集编辑委员会编，俞伟超主编：《中国画像石全集（第1卷）山东汉画像石》，山东美术出版社 2000 年版，图八八）

再往下便是想象中的死后的日常生活的世界，是刻画者根据自身的日常生活，想象出来死后的生活的模仿之作；最后还有都死后世界的幻想刻画。如墓主死后所进入的世界，死后世界中的怪物。死后的人接受自己亲人的拜谒等。

我们从设计学的观点来看待汉画像的图式设计，不难看出当时的工匠已经有了自己的一些设计的理念，有些工匠可能是以此为业，或者有一定的帮会的性质，他们有设计好的模板供使用者选择。因此，我们从大量的汉画像的图式上，可以研究不同图像的配置观念。我们看到，根据不同的需要与财力，汉画像石的图像搭配有的极其简约，有的却相对复杂。但其设计图式却是大体统一的。

（三）意象观：作为一个创造想象的世界

汉代人在设计汉画像石时，十分重视意象的创造。自《易经》开始，中国就十分重视意象，《诗经》以来，就十分重视兴象，中国美学的传统就是意象创造的传统。[①] 不仅诗是意象的创造，绘画也处处表现为意象的创造。汉画像石的意象创造就是这种思维特征的表现。汉画像石通过空间与时间的视觉图像设计，把人们带到对死后神秘世界的感受中。通过图像的刻画，不仅构造了一个现实世界的意象，而且还构筑了一个升仙的意象世界。这巩固了汉代人的宗教信仰。

汉画像石内容极其丰富，设计者刻画了汉代人普遍神异的信仰世界，这种观念依附于墓室、祠堂、棺椁的图像搭配，以图式和符号的形式存在于汉代艺术视觉的意象中，表现汉代人的审美幻想。汉画像的意象符号，有些来源于原始社会的岩画、陶器上的彩绘、青铜礼器上的符号，有一部分来源于神话与巫术时代的信仰。作为表现了死亡世界的汉画像石，其设计理论离不开本民族深层次的民俗信仰。

汉代的石刻图像之所以被称为"画像"，即是因为其是"图像"的。汉画像石实际上是一种石刻艺术，有些类似线刻，有些类似浮雕，其观看方式却是图像的。艺术设计出的图像世界是一个值得研究的课题，是一个尚待开发的研究视域，因此显示了"汉画像"图像的巨大的张力。"画像"包含有"形象"、"图像"、"图画"、"图形"等意义，而图像总是直觉、感性、神秘的。对汉代那些文化水平不高的普通百姓来看，图像的描绘是宗教灵感的源泉（图1-6）。

从这个意义上看，汉画像石的设计理念就不仅包含有各种汉画像的图像的内涵的设计，而且有这种图像呈现的设计以及制造出来以后，怎样被观看的意义。汉画像的设计者实际上是在建造一个神圣的空间。中国文化是一种"美学传统"，汉文化是一个连续不断的文化叙述而不是各种可孤立理解的知识体

① 叶朗：《美在意象》，北京大学出版社2010年版，第57页。

图 1-6 铺首衔环·伏羲女娲（顾颖摄 原石藏徐州汉画像艺术馆）

系，它构成了一种审美的形态。这一形态可以用"龙"这个意象来表达，它是一个精心构造的意象，表现了中国文化的多种来源。抽象的知识和永恒的价值，需要意象的叙述，这是文化的一个特征，也是人类视觉生存的重要表现。因此，研究汉画像石的意象性就有了文化探源的价值和揭示民族生存方式的意义。

（四）技法观：基于材料与工艺的综合运用

汉画像石的设计理念，同其他任何一种艺术形式一样，也是从前代各种艺术设计的形式中孕育出来的。在它产生之前，当时的匠人们已经掌握了塑、雕、刻、画的技能。《武梁碑文》曰："良匠卫改，雕文刻画"。① 可见汉代人认为在石头上刻"画像"，是一种"雕刻"。从汉代到宋一般不用"画像"指称墓石壁画或石刻，而用"镌刻"、"制作"、"图其像"等词称之。从这些历史记载可知，画像有"画形"之意，即图画其形象的简称。所以汉画像石的雕刻，与现在的绘画还是有很大区别的。但是，汉画像石的制作一般又是先把图案绘在石材上的，因此也是一种绘画（如图1-7）。陕北等地的汉画像石出土时仍然保持着绘画的底色，还有未完成的雕刻部分。汉画像石是刻画在石材上的，石材是建筑的一部分，因此汉画像石的艺术设计，是集建筑、绘画与雕刻于一体的综合艺术。所以汉画像石的研究不能仅仅从单幅图像入手，还要考虑其在建筑中的位置，因此要从汉画像石存在时的原位性考虑汉画像石的图像意义。有些图像，石材很大，图像却很小；有些图像占的空间很小，周围的装饰图案占得空间却很大；有的图像在设计时是为了表现特定的文化观念，因此必须从建筑的空间与方位的图像呈现出发来考虑设计的内容与形式。有些汉画像石是平面线刻的，有些是浮雕的，有些根据建筑的需要是透雕的。

作为建筑材料砖石的使用，与一定的地理条件相关。如山东、苏北地区多山及丘陵，石材良，故多汉画像石流传。陕北、四川成都、河南郑州的一些地方，石材不易得，故多流行烧制的画像砖（如图1-8）。

① 信立祥：《汉代画像石综合研究》，文物出版社2000年版，第22页。

图1-7 乐舞·饮宴图（徐州白集汉墓汉画像）

图 1-8　车马出行图（顾颖摄　徐州汉画像艺术馆藏石）

今天汉画像石的研究往往根据原石模拓的汉画像石拓片，已是汉画像石的艺术再创作了。其性质类似于版画艺术，艺术图像的质地发生了改变，色彩也发生了变化，脱离了汉画像石墓的依附性，还逐渐变成独立的单幅画像。汉画像石在艺术欣赏中完成了向艺术作品的转移。张道一先生在他的《汉画像鉴赏》一书中，就把汉画像石拓片看成"带有大型版画艺术的拓印绘画"。[①] 这种艺术形式的变化对中国绘画艺术产生了极其重要的影响。

汉画像石的设计理念体现了中国汉代的一种造物的美学。作为有灵性的人，人们按照自己的现实世界来营造一个想象的世界，在这样一个设计的世界中寄托自己的理想，创造一个有文化符号的图式形成的意象时空，借此人类获得生命的存在意义，即从祥瑞观念到在"天—地—人"相统一的宇宙结构体系获得了逻辑化的论证。人是"天、地"之间的能动的主体，"天"和"人"皆以"仁"为性。"天"化生万物，体现天之"仁"，而"人"是"天"的一部分，"人之始生，得之于天"。所以"人"的本性就不能不"仁"，故有"爱人利物之心"，所以人与天、地并列为三才。

① 张道一：《汉画像鉴赏》，重庆大学出版社 2009 年版，第 1 页。

第 二 章

汉代谶纬观念与汉代天文图式

中国古代思想中，有关于天、地、人"三才"的思想。《周易·系辞下》曰："有天道焉，有人道焉，有地道焉，兼三才而两之。"[①]《易·说卦》曰："是以立天之道，曰阴与阳；立地之道，曰柔与刚；立人之道，曰仁与义；兼三才而两之，故《易》六画而成卦。"[②]汉代《易》学很发达，两汉传《易》的有施雠、孟喜、梁丘贺、京房四家。西汉传《易》主要讲阴阳、灾异与谶纬；东汉传《易》主要讲象数、消息以论人事吉凶。从今天的观点看，人活着必须存在于世界之中，这个世界是由"天地神人"四维构成的。头上有天，脚下有地，信仰中有神，人是一个存在者，仰观俯察，人才能知道天地变化，顺应变化，才知道吉凶。

古人对所处环境的关注，使得天地之境界一直以来都是中国传统文化精神的精髓所在，在汉画像艺术中更是形成了一种以天—地—人为核心的宇宙观。在汉代人的心里，许多天文现象与祥瑞有关，所谓"天不言，玄象以示吉凶"。"天文"一词出自《易·系辞传》的"仰观天文，俯察地理"，"天文"说的是天的纹样，即花样的意思。"地理"则意味着地的条理、模式。

天象、地物对应并互相感应的理论是先秦两汉时期宇宙思想的一个基本原则。强调"因为地上有，所以天上有"。汉代人凡谈及天文必涉及人事，日月星辰的运行与分布在人们意识中构建了一个理想的超自然的有序的天界社会，建立了天人学说，根据这一学说编制了天上世界。天上世界是地上存在的具象中所有精华所描绘的形象世界。天上的诸神世界，也是神格化的人格世界。

汉代人的天空观认为，天上是各种神兽和仙人的神秘世界。一切星象和气象都是天上的神仙和仙兽的影像，天上的云朵是有灵性的神兽在空中曼舞嬉戏。风吹云散也是神物的能力所致，是天界的活动；而风雨雷电是神兽的各种无穷能量的爆发。这些神仙异兽不仅是星象和气象的管理者，更是汉代人精神信仰中神秘观念的象征。

第一节　汉画像中的星象图式

现代考古学证明，中国早在一万年前就出现了农业。对季节和气候的认识是农业生产的先决条件，决定了我们的祖先必须通过"观象授时"来制定历法，而确定季节和农时的唯一方法就是观天象。大约从春秋末开始，中国天文学上试图论证人间帝王统治的合法性，即用天象反映人间社会的等级制度。因此这期间的天文学把星都叫作"星官"，凡星都是"官"。《史记·天官书》唐司马贞《索隐》曰："星座有尊卑，若人之有官曹列位，故曰天官。"① 所以汉画像中的天文图像既是自然性的，又是人文性的。

一、太一

中国古代的天文学发展有两条主线，即历法和星占。汉画像中有大量天文内容，星象图则是其中重要内容。汉画像星图出现在墓葬中，是富有哲理意味的精神产品，具有反映汉代社会意识的人文科学性质，并不是客观反映天象，而是明确寄寓某一人文观念为目的的文物。汉代人认为，人间的万事万物都由上天主宰，而上天的意志是由日、月、星辰的位置变化、光亮强弱的程度来表示的，所以，通过对天象的观察能知道人世间的吉凶。《河图帝通纪》曰："云者，天地之本也。雨者，天之施也。风者，天地之使也。雷者，天地之鼓也。彗星者，天之旗。"② 汉代人相信，日月五星失常就会引起灾难。故《淮南子·精神训》曰："日月失其行，薄蚀无光；风雨非其时，毁折生灾；五星失其行，州国受殃。"③

太一图像是星象图中重要而又神秘的内容。目前以"太一"

① 章启群：《星空与帝国》，商务印书馆 2013 年版，第 59 页。

② （清）纪昀、永瑢等编撰：《文渊阁四库全书》第 680 册，台湾商务印书馆 1982 年版，第 391 页。

③ （汉）刘安著，陈广忠译注：《淮南子》，中华书局 2012 年版，第 339 页。

① 20世纪30年代钱宝琮在论文《太一考》中认为"太一"在先秦时期只是哲学概念，到汉代才演变为星名，然后再发展为至尊者。李零在《中国方术续考》中依据与"太一"有关的考古发现，指出"太一"在先秦时代就已经是一种兼有星、神和"道"三重含义的概念。萧兵从神话学角度分析认为"太一"相当于"道"或者"太极"，它的母型是"混沌"、"太阳或北极物"，作为"天地母"，它"生"水并通过水生成天地万物。葛兆光认为太一之神在战国时期已经出现，太一之名表示中国古代天文学、神话学、哲学及巫术的四个基本概念：北极、北极之神、道和太极。参见《钱宝琮科学史论文选集》，科学出版社1983年版，第207—234页。李零：《太一崇拜的考古研究》，《中国方术续考》，东方出版社2000年版，第207—238页。葛兆光：《众妙之门——北极与太一、道、太极》，《中国文化》1991年第3期，第46—65页。萧兵：《"太一生水"的神话学研究》，《华中师范大学学报》2003年11月，第18—24页。

② 殷善培：《谶纬思想研究》，台湾花木兰文化出版社2008年版，第98页。

③ 荆门市博物馆撰：《郭店楚墓竹简》，文物出版社1998年版，第125页。

④ 李零：《中国方术续考》，中华书局2012年版，第158页。

⑤ 李零：《中国方术续考》，中华书局2012年版，第158页。

为专题的研究已有不少，学者们从多个角度结合文献材料对太一图像进行解读，取得了一定的成果。①虽然各自研究角度不同，但在认为太一为汉代人思想体系中的"至尊神"这一点上是达成共识的。目前学者们争议的中心是"太一"在汉画中是否有统一的形象表现。本节就针对这一问题，以期确认汉画像中的太一图像。

汉画像图式是汉代人根据自己的理想建构的一个死后世界，这个死后世界与现实世界是完全一样的万物的世界。②如前人述，汉代人用天—地—人三才的宇宙构建了一个理想的超自然的有序的天界社会，地上世界会投影在天界上。天上的诸神世界，也是神格化的人格世界。天象、地物对应并互相感应，强调"因为地上有，所以天上有"。这种思维方式构成汉代人的"世界图式"观。

汉代人把"太一"作为宇宙生成的根源。

《太一生水》曰：

太一生水。水反辅太一，是以成天。天反辅太一，是以成地。天地（复相辅）也，是以成神明。神明复相辅也，是以成阴阳。阴阳复相辅也，是以成四时。……天地者，太一之所生也……③

太一，又作"大一"、"太乙"、"泰一"、"泰壹"，中国古代传说中的天神、天帝的别称，"太一"崇拜在古代的神祇崇拜和宗教仪式中地位很突出。④关于太一的记载最早见于战国晚期文献，但只是只言片语，眉目比较清晰的还是汉代文献，如《淮南子》中的《天文》《精神》等篇，《史记》中的《武帝本纪》《礼书》等篇，《汉书》的《礼乐志》《郊祀志》以及汉代的各类纬书。⑤《易纬乾凿度注》："太一者，北辰之神名也。曰天一，或曰太一。"《史记·天官书》："中宫天极星，其一明者，太一常居也。"① 天极即北极、北辰。司马贞《索隐》引《文耀钩》曰："中宫大帝，其精北极星。"② 《淮南子·天文训》曰："太微者，太一之庭也，紫宫者，太一之居也。"③ 《春秋·元命苞》曰："北者，高也，极者，藏也。言太一之星，高居深藏，故名北极也。"④ 这些思想应该来源于古人对于万物之始的"一"的理解。⑤ 葛兆光先生指出"北极"和"太一"、"道"、"太极"之间有着源出于"一"的互训关系，北极几乎可以替代"天"。⑥ 可见太一是居住于北天极的至高无上的神，所有其他神力都从属于太一。

在汉代人的心里，许多天文现象与祥瑞有关。《周易·贲传》曰："观乎天文以察时变，关乎人文以化成天下。"⑦ "人文"是从"天文"中推导出来的，观天文是为了"德化天下"。"仰则观象于天，俯则观法于地"的圣人的目的是"以通神明之德，以类万物之情"。"上揆之天，下验之地，中审之人"的目的是"治乱存亡"、"寿夭吉凶"⑧，"观天文以极变，察人文以成化；然后能经纬区宇，弥纶彝宪，发挥事业，彪炳辞义。"⑨

华夏民族最看重中央思想。冯天瑜认为华夏先民由于自身所处的地理位置以及一以贯之的文化发展系统的影响，把自身当作世界的中心，形成"自我中心意识"。⑩ 《鹖冠子·泰鸿》："中央者，太一之位，百神仰制焉。"⑪ 他们非常崇拜"中"的方位，以"父长制"为中心把"天神"作为"天地君亲师"五位一体的崇拜之首。北极因天轴独有的特性和强大的联系成为得到宇宙法则授权的中国君主在天上的原型。⑫

祭祀太一的活动始于春秋战国时期。《屈原赋注》曰：

> 古未有祀太一者，以太一为神名殆起于周末，汉武帝因方士之言立其祠长安东南郊……盖自战国时奉为祈福

① （汉）司马迁著，韩兆琦译注：《史记》，中华书局 2010 年版，第 2052 页。

② （汉）司马迁著，（南朝）裴骃集解，（唐）司马贞索隐、张守节正义：《史记》，中华书局 2005 年版，第 1289 页。

③ （汉）刘安著，陈广忠译注：《淮南子》，中华书局 2012 年版，第 122 页。此处指狮子座和室女座之间的太微垣，这是天上的朝廷；紫宫指紫微垣，指北极附近的紫微宫。

④ [日] 安居香山、中村璋八：《纬书集成》，吕宗力译，河北人民出版社 1994 年版，第 649 页。

⑤ 冯时：《中国古代的天文与人文》，中国社会科学出版社 2006 年版，第 233 页。

⑥ 葛兆光：《众妙之门——北极与太一、道、太极》，《中国文化》1991 年第 3 期。李零在《中国方术续考》中也认为太一与中国哲学的本体概念——"道"、"太一"等密切相关。

⑦ 周振甫译注：《周易译注》，中华书局 2018 年版，第 107 页。

⑧ 陆玖译注：《吕氏春秋》，中华书局 2011 年版，第 362 页。

⑨ 王志彬译注：《文心雕龙》，中华书局 2019 年版，第 9 页。

⑩ 冯天瑜：《中国古文化的奥秘》，湖北人民出版社 1986 年版。转引自陈江风：《天文与人文》，国际文化出版公司 1988 年版，第 82 页。

⑪ 《鹖冠子》，国家图书馆出版社 2004 年版，第 18 页。

⑫ [美] 班大为：《中国上古史实揭秘——天文考古学研究》，徐凤先译，上海古籍出版社 2008 年版，第 332 页。

神，其祀益隆。①

《史记·封禅书》曾经记载汉武帝祭祀太一的故事：

> 亳人谬忌奏祠太一方，曰："天神贵者太一，太一佐
> 曰五帝。古者天子以春秋祭太一东南郊，用太牢，七日，
> 为坛开八通鬼道"。于是天子令太祝立其祠长安东南郊，
> 常奉祠如忌方。②

汉武帝亲临太一坛祭祀，之后三年一郊祀成为定制。每逢战事出征之前也要祭祷太一佑护，称为"兵祷"。之后郊祀太一的礼仪还被用于封禅。由于帝王奉祀天神太一，西汉时流行的各类阴阳、数术、兵占等类的书，不少是冠以"太（泰）一"的名称。③可见汉代对太一的信奉非同一般。

1960年，湖北荆门市漳河车桥战国墓出土了"兵避太岁"戈，戈为巴蜀式，长22厘米、宽5—6.8厘米，无胡，援部中间起脊，近阑处有二穿，锋呈三角形，内带T形穿孔。援部纹饰为浮雕，作一"大"字形戎装神物，头戴分竖双羽的冠冕，疑似"鹬冠"，④双手和胯下各有一龙。"大"字形神物左足踏月，右足踏日。内部穿孔的两侧刻铭文"兵避太岁"⑤（图2-1左）。湖南长沙马王堆3号汉墓出土的"太一辟兵"帛画是目前发现的唯一一幅有"太一"题名的汉画像（图2-1右）。据题记可知是以"太一"循行的方位来避兵。

这幅帛画长43.5厘米、宽45厘米。画面由赤、黄、青、白、黑五色组成，画面中间上方绘有一正立大人，大人头部右侧有墨书题记"太一将行，□□神从之……"。从这幅画像里，我们看到"太一"的形象与"兵避太岁"戈上的大字形神人高度相似，头部都戴冠（由双羽变异为波磔形），身体半蹲，两腿叉开。图下部有三龙，太一上身肩部两侧各有一神物，题记曰"雷公"（左）和"雨师"（右）。太一下身两侧共四个"武弟子"。这四神有的戴"山形冠"，有的与"太一"所戴的冠相似。由此，我们认为"兵避太岁"戈上的神物也是"太一"，它是马王堆

① 陈子展：《楚辞直解》，复旦大学出版社1996年版，第463页。

② （汉）司马迁著，韩兆琦译注：《史记》，中华书局2010年版，第2236—2237页。

③ 罗世平在《关于汉画中的太一图像》一文中总结了《汉书·艺文志》著录的书目中，如《泰一阴阳》《太壹兵法》《泰一杂子十五家方》等8种，计200余卷。《美术》1998年第4期。

④ 李零：《湖北荆门"兵避太岁"戈》，《文物天地》1992年第3期，第22—25页。

⑤ 俞伟超、李家浩：《论"兵避太岁"戈》，《出土文献研究》，文物出版社1985年版，第138—145页。

图 2-1 戈与帛画中的"太一"画像

左:"兵避太岁"戈上的"太一"

右:马王堆帛书"避兵图"

① 上古时,兵器可与四方四时相对应,如《管子·幼官》以矛、戟、剑、盾配春、夏、秋、冬。尹荣方:《社与中国上古神话》,上海古籍出版社 2012 年版,第 15 页。

② 冯时:《中国古代的天文与人文》,中国社会科学出版社 2006 年版,第 96 页。

③ 郭丹、程小青、李彬源译注:《左传》,中华书局 2012 年版,第 1863 页。

"太一辟兵"图的简化图式。在帛画"太一"的左腋下题有"社"字,说明天神太一与社神合一。"神从之",即太一神下方的四个神人,他们是四方之神,四神手中执有兵器。①冯时在《中国古代的天文与人文》中提到古人为建立适应于五方五位观念的完整的神祇体系,就必须建立一个与天帝同处中央之位但次一层面,并与四方之神并列的神祇,他与天帝具有同样化育万物的权能,这就是社神。②《左传·昭公十八年》:"大为社,祓襀于四方。"③"大"即"太"。在这幅帛画里,太一与社神是合二为一的,将四方神体现的四时化育万物使社神具有的生育权得到明确表现。前文提到太一乃"北辰"的神名,所以,太一具有星相学意义,是居于中宫的总管阴阳的至尊神。在汉画像里,太一形象应该也是与社神形象重合的,即太一(社神)总是与四方之神同时出现,并且体现阴阳和谐、化育万物这个职责功能。

2003 年，定边郝滩东汉墓出土一幅《西王母宴乐图》（图2-2），整个壁画内容十分丰富，包含昆仑仙境、"太一座"字样、神兽奏乐和鱼云车、鹿云车和龙云车仙等内容。居于整个壁画最上部就是标有"大一座"（"太"、"大"相通）字样的云气船。此云气船分为上下两层，上有葆盖，下为红色方形物，"大一座"即"太一座"。红色方形物和云气船相连接起来，有四位仙人居于云气船中。整个画面中央一条饰有红、黑、绿三色的彩龙在翩翩起舞，十分醒目突出。2005 年，靖边县杨桥畔的一座东汉墓中发现一幅与定边郝滩东汉墓相似图式的壁画（图2-3）。画面右上端也有形制相似的"云气船"。细分之下，靖边县壁画墓中华盖代替了定边郝滩的红色方形物，船内也有三仙人居于其中。除此之外，画中还有龙云车、虎云车、仙人骑龙、仙人骑鹤等元素。

定边、靖边壁画中的"太一座"为我们研究"太一"图式提供了确切的图像资料。1993 年，湖北荆门《郭店楚墓竹简》

图 2-2 定边郝滩东汉墓"太一座"像

徐光翼主编：《中国出土壁画全集·陕西（上）》，科学出版社 2012 年版，第 64 页。

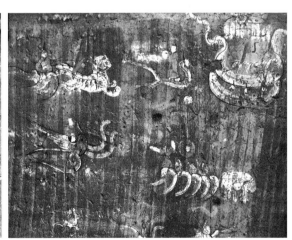

图 2-3 靖边县杨桥畔东汉壁画墓"太一座"墓

徐光翼主编：《中国出土壁画全集·陕西（上）》，科学出版社 2012 年版，第 76 页。

的出土为"太一座"的解读提供了新的资料。《郭店楚墓竹简》可以说是古代中国人的宇宙论。《郭店楚墓竹简》在注释中，引用了《淮南子·天文训》中记录"共工与颛顼争为帝"①的神话，这则神话与《太一生水》的宇宙论密切相关。在这则神话中，群星如江河般流过天宇至西北，与古代中国人所谓的地下之水黄泉汇合。《太一生水》首字为"太"，太（大）是"先"一或"大"一——先天地生的最早的始祖。而《太一生水》中特别提到"大（太）一"是"万物之母"，艾兰在《郭店楚墓竹简〈老子〉与〈太一生水〉》一文中提出，如果神有性别的话，它应该是女性，用英文翻译，应该是"give birth to"。这个女性的性别非常重要，因为在《老子》中不同寻常地主张雌性品质的优越性，总是把"道"描述为雌性。《老子》之"道"与阴阳学说中的阴性的品质相联系：它是神秘的、幽暗的、柔软的和虚弱的，并与雌性的隐喻相连，诸如玄妙之门与繁殖生育。②艾兰还认为，就宇宙论而言，"大一"被看作北极星，水则是银河，北极星隐于银河之中，"大一"不是生水，而是变化形态，融入水中。③"一"和"道"即可等同为一，水辅佐大一生成天，从而天在水中孕育出大地，而定边、靖边的壁画中都有云气船和彩龙、龙云车等物，无论是"龙"还是"云"还是"气"皆和"雨"有关，而雨乃天上之水，常以"气"的形态跨越宇宙中物质与精神的界限，构成世间万物。定边、靖边壁画中的"大一"以无形的形态隐于水中，隐于"气"中，居于华盖之下形成太一的第一个图式。

依据定边、靖边壁画和太一戈及马王堆帛书中的太一，我们可以在汉画中非常容易发现其他太一形象。河南南阳麒麟岗墓前室及北主室、中主室的墓顶与其壁面构筑了天上景象，图像内容包括了日月星辰、天文神话和羲和、常羲、四象等天界神灵，是迄今为止墓室中发现的最完整的汉代天象

① （汉）刘安著，陈广忠译注：《淮南子》，中华书局2012年版，第104页。

② ［美］艾兰：《水之道与德之端——中国早期哲学思想的本喻》，张海晏译，商务印书馆2010年版，第207—208页。

③ ［美］艾兰：《水之道与德之端——中国早期哲学思想的本喻》，张海晏译，商务印书馆2010年版，第207—208页。

图（图 2-4）。

图 2-4 三幅画像的内容格局相同，中部为居于中宫天极星的太一，两边分别为阴阳主神羲和、常羲、北斗七星和南斗六星，构成了完整的阴阳五行表达图式。在这三幅汉画中，墓前室（图 2-4 上）中部的太一为人形，墓北室和中室中部（图 2-4 中和图 2-4 下）的太一为虎形神人。在河南偃师辛村墓主室前隔梁横额迎面的梯形画面中（图 2-5），中间绘制一个蹲踞的虎头怪兽，瞠目鼓鼻，阔口锯齿，头两侧和颌上生有尖刺的长毛，其左右两侧分别是举日的伏羲和托月的女娲。这个巨大的

图 2-4　河南南阳麒麟岗天象图

上：墓前室画像

中：北主室画像

下：中主室画像

黄雅峰主编：《南阳麒麟岗汉画像石墓》，三秦出版社 2008 年版，第 205 页。

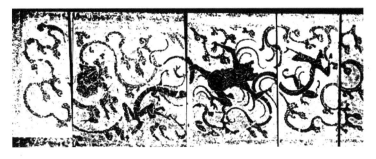

图 2-5　河南偃师辛村墓主室前隔
梁横额迎面画像

神兽伸出双臂，分别拥住伏羲女娲。这个虎形神应该和麒麟岗
北主室和中主室中部的虎形兽是同一物，即太一神。我们在汉
画像中发现很多太一神的画像，典型的图式就是太一双臂分
别拥抱伏羲女娲。太一图像在山东地区比较多见，河南也有出
现。河南唐河针织厂汉墓北主室北壁西端（图 2-6），左上为
斗牛图，左下为龙虎斗，右下方的一巨人，头梳高髻，正面而
立，他双臂各拥手执仙草的伏羲与女娲，试图将他们连接在一
起。有人将这个巨人与山东嘉祥纸坊镇敬老院出土的东汉早期
画像石上的神人解释为"高禖神"①（图 2-7·1）。

　　这种说法目前看来是不成立的，因为，在整个画像中除了
被巨人拥在两臂中的代表阴阳的伏羲女娲之外，还有表示方位
的朱雀和玄武，汉代人认为"朱雀玄武顺阴阳"，说明这个神
人就是掌管阴阳的神。伏羲女娲在远古是三皇之一，能掌握他
们的肯定是最权威的至高神——太一，所以这个巨人应该是太
一而不是高禖神，而高禖神很可能就是女娲本身。微山县南
阳镇出土的一块汉画像石（图 2-7·2）长 60 厘米，高 180 厘

① 《中国画像石全集》第 6 册
图一六与第 2 册图一一五上
部图像，编者认为是"高禖
神"。

图 2-6　河南唐河针织厂汉墓北主
室北壁西端画像

① 马汉国主编:《微山汉画像
石选集》,文物出版社 2003
年版,第 76 页。

② 张道一:《汉画故事》,重庆
大学出版社 2006 年版,第
228 页。

米,画面也是一个神人双臂拥抱伏羲女娲。有人把这个画像里
的神人解释为东王公,这显然更不合常理。① 东王公是汉代造
仙运动中作为西王母的配偶造出来的神,本身没有什么神力,
只是作为西王母的陪衬而存在。另外,我们在山东沂南汉墓
石墓门东侧立柱上可以看到太一和东王公共在同一个画面的
情景(图 2-7·3),画面上部刻一巨人,以强壮的双臂拥抱人
身蛇躯的女娲,巨人肩后有一规一矩。下方刻东王公肩生双
翼坐于山形座上,左右各跪有一仙人捣药,一条龙穿行于座
位间,这就证明,这个神人不可能是出现在同一画面里的东
王公。

嘉祥县城东南花城村出土的一块画像石上,也有类似的神
人双臂拥伏羲女娲的画面(图 2-7·4),在这幅图中,神人左
侧刻有九头人面兽,九头兽的左边上部是头尾都有一人头的怪
兽,下部是双头兽。头尾各一头的怪兽和双头兽应该是高阳
氏——蒙双民。蒙双民是兄妹婚,传说蒙双氏为黄帝之孙,即
“五帝”之一颛顼,汉画像中常在西王母的身边。② 而在我们发

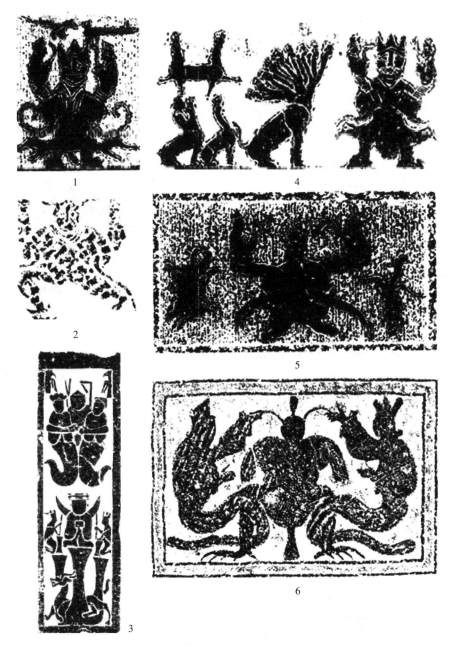

图2-7　山东出土的太一画像

1.山东嘉祥纸坊镇敬老院出土　2.山东微山南阳出土　3.山东沂南汉墓墓门东立柱画像　4.山东嘉祥县城东南花城村出土　5.山东皇圣卿东阙南面画像　6.滕州市龙阳镇顾庙村出土太一画像

现的这些汉画中，神人都是拥抱伏羲女娲，伏羲和女娲就是兄妹婚。至于九头兽很容易让人联想起远古三皇的传说，"人皇九头"，那么这个九头兽很可能是与"太一"并称"三皇"的"人皇"。李发林先生曾否认九头兽为"人皇"之说，认为这样的九头兽应释为"开明兽"，开明是西王母守门的神兽。① 无论是"人皇"还是"开明兽"或者是"蒙双民"，它们都是与三皇五帝相关的大神，具有与太一一起生活在天庭的中枢位置的资格。我们有理由相信，这个拥着伏羲女娲的神人很可能就是天皇太一。

山东皇圣卿东阙南面画像分上下五层，第一层中间一神人，双手拥抱人身蛇尾、手执规矩的伏羲、女娲。左边是玄武，右边是朱雀（图 2-7·5）。1960 年，滕州市龙阳镇顾庙村曾出土一方东汉晚期画像石（图 2-7·6），横 132 厘米，纵 91 厘米，中间一神物正面蹲踞，足有蹼，左右伏羲女娲人首蛇身，手提神怪头上的角，尾分别与神怪双腿交缠。

比较这些画像，我们发现，"太一"图式有固定模式，即太一坐在正中心，双臂拥抱着伏羲和女娲。同时在同一个画面大多还会有四象中的两个或四个动物同时出现，有时还会有象征阴阳和谐或者生育寓意的图像如鱼纹、鸟啄鱼图像或者穿璧纹、十字穿环等图像。太一作为居于中宫北天极的主神，和其他四宫一起出现，构成"五神"，协调阴阳，顺应五行，建立有序和谐的宇宙秩序。运用这种图式分析的方法，我们可以快速识别其他的图像，这对汉画像的解读不失为一种方法。

二、北斗七星

汉代墓葬中，我们常会看到北斗星的画像，"北斗"一名经常在汉代解注文中提到。它是北天拱极星中最突出的星官，终年常显不隐，观测十分容易，主要功能是授时和指引方向。② 汉代，道教有拜北斗的仪式。道门的重要标志之一七星

① 李发林：《汉画像中的九头人面兽》，选自新疆天山天池管理委员会编纂、迟文杰主编：《西王母文化研究集成论文卷》上卷，广西师范大学出版社 2008 年版，第 244 页。

② 冯时是较早通过考古遗迹探讨北斗信仰的天文学意义的学者，在《中国天文考古学》多部著作中论及北斗，通过对河南濮阳西水坡 45 号墓遗迹的分析，确立了以北斗与四象为代表的五宫体系已构建起雏形，中国传统天文学的主体部分已经形成。陆思贤和李迪在《天文考古通论》一书中对于北斗研究的重要看法是史前遗迹中出现的旋涡纹到后世的太极图都是北斗绕太极在旋转。这种看法视角比较独特，给学界后来研究北斗有一定的启发。葛兆光在论文《众妙之门——北极与太一、道、太极》一文中，将北斗作为北辰信仰的分支进行了讨论。还有一些论文也都谈到了北斗，几乎都肯定北斗在授时和指向中的作用。

旗就是运用北斗七星等视觉符号为图案。汉武帝攻伐南越前敬祷太一神，祈愿平定南越，首祭"日月北斗登龙旗"，最终于元鼎六年大获全胜，收复南越。[1]汉代谶纬盛行，北斗主杀的观念在东汉开始萌芽，纬书中有大量论及。汉元年十月，天空出现"五星连珠"瑞象，此时北斗斗柄恰指向亥位，于是长安又名"斗城"，象征人间政权要运于中央，临制四方。

　　但是在汉代，北斗图像的意义并不仅仅如此。东汉明帝以至魏晋时期，陕西、河南洛阳等地出土的一些陶制器皿，瓶内常装有朱砂、雄黄、曾青、磁石、礜石等五石，有的瓶内会用其他结晶形态的矿石如方解石、石英等替代其中一两种。瓶腹多绘有星象符箓，尤以北斗图案居多，符箓常写有"北斗"、"北斗君"、"黄神北斗"等字样。这类陶瓶叫"镇墓瓶"，也叫"解除瓶"或"解注瓶"。[2]瓶上的解注文和符箓意义更主要的是专司人间寿数，主管死生大事，"上自天子下及黎庶……幽冥之事，无不属于北斗之总统也。"[3]还见有表现幽冥官司的"上司命、下司禄"字样。[4]证明了北斗是一个极其重要的、与人生死吉凶密切相关的星神，具有解除注祟、护佑生人的功用。

　　解注瓶中大量出现的北斗图像和符号是早期道徒用来镇压各种凶邪鬼魅的重要神物，对于我国古代早期道教的研究是有积极意义的。解注瓶在东汉时期开始出现在墓葬中，王充在《论衡·解除篇》中记有"世信祭祀，谓祭祀必有福；又然解除，谓解除必去凶"。[5]"解除"在这里是一个具有宗教意义的术语，具有巫术的驱除、摒除功能。另《太平经》曰："生亦有谪于天，死亦有谪于地。"[6]谪的意思是过失、罪责，把犯罪（错）之人所犯的过错和罪责解除掉就是解谪。"注"同"祝"，"掌肿疡、溃疡、金疡、折疡之祝药"，[7]郑玄注曰"祝"当为"注"，在这里是敷药的意思，虽然并不是指某种疾病，但是很明显只有得了病，才会敷药。汉代刘熙《释名·释疾病》："注病，一人

① （东汉）班固：《汉书》，中华书局1999年版，第1022页。

② 为了行文方便，本文统称其为"解注瓶"。

③ 《道藏》，文物出版社、上海书店、天津古籍出版社1988年版。

④ 《长安县三里村东汉墓发掘简报》，《文物参考资料》1958年第7期。

⑤ "解逐之法，缘古逐疫之礼也。昔颛顼氏有子三人，生而皆亡，一居江水为虐鬼，一居若水为魍魉，一居欧隅之间主疫病人。故岁终事毕，驱逐疫鬼，因以送陈迎新内吉也。世相仿效，有解除。"（东汉）王充著，袁华忠、方家常译注：《论衡全译》，贵州人民出版社1993年版，第1551页。

⑥ 杨寄林译注：《太平经》，中华书局2013年版，第262页。

⑦ 徐正英、常佩雨译注：《周礼》，中华书局2014年版，第108页。

① （宋）李昉等编纂，夏剑钦校点：《太平御览》第六册，河北教育出版社1994年版，第789页。

② 万方：《古代注（疰）病及禳解治疗考述》，《敦煌研究》1992年第4期。

③ 易守菊、和中浚：《解注文之"注"与注病——从解注文看古代传染病》，《四川文物》2001年第3期。

④ 李朝阳：《咸阳市东郊出土东汉镇墓瓶》，《考古与文物》2012年第1期。

⑤ 刘昭瑞：《谈考古发现的道教解注文》，《敦煌研究》1991年第4期。

⑥ 郭晓涛：《河南偃师出土的"天符地节"朱书陶罐文字考释》，《洛阳考古》2016年第3期。

⑦ 马新：《两汉乡村社会史》，齐鲁书社1997年版，第352页。

⑧ 吴荣曾：《镇墓文中所见到的东汉道巫关系》，《文物》1981年第3期。

死，一人复得，气相灌注也。"①说明注病是具有传染性的疾病，如果某人得了注病死去，那么这种具有传染性的疫气就会转注到其他活着的人身上，致使其传染上同样的疾病。②尸注、鬼注、注下等注病是一种传染病，在古代一些多发性、地区性、季节性烈性疾病如蛊注、疡注、寒热注、泄注等常常被人们误认为是可怕的传染病。③洛阳西郊东汉墓所出的解注文，是巫、道术士利用人们的迷信心理进行禳解注病活动的一种文字。记录关于解除的注病共有百种以上，一般又以道教符文图箓附在一旁，非常明显这类解注文就是道教禳除解谪的符文。④这种解除活动后来成为道教科仪的重要内容之一——表奏上章。⑤《赤松子章历》曰："为某解除亡人复连之气，愿令断绝。……生人上属皇天，死人下属黄泉，生死异路……"所以，在汉代，墓葬里就出现了一些刻画在解注瓶等器皿上的解注文和符箓，目的是将生者与死者之间的关系斩断，不要打扰在世的亲人，将注病邪毒之气驱出体外，退归已病死者之身。⑥把有很大几率降临到死者或其家人身上的疫病驱出体外，转移到他处，离自己的家人越远越好，最好切断其与在世亲属的接触。

注病不仅能将人置之死地，还能将疫病转注给与死者有瓜葛和连属关系的人，从出土的解注瓶上的解注文可以总结出墓主人几乎皆是非正常死亡，于是会变成一种心存不甘的厉鬼，会侵扰在世的亲人，有很大的可能会把自己的死亡原因复制（重复）到在世的亲人身上，引起亲人的死亡，这在古人看来当然是十分可怕的，所以要用巫、道手段禳解。

就两汉情况而言，仍是巫与巫术的黄金时代。⑦解注文和符箓带有明显的道教习俗，不过这个时候的巫术，更多的已经是道教巫术，沿袭了民间巫术的思维，人们以鬼巫之术来看待它。东汉诸如解除、泰山治鬼以及画于解注瓶上的灵符，都是和巫术有关的民间迷信，这些灵符信仰被广泛应用于墓葬中，与镇墓文一同出现，可见早期道教与巫术是有一定关联的。⑧弗雷泽运用"交感巫术"原理分析巫术得以成立的原因时，认为物体和物体之间通过一种叫"以太"的看不见摸不着的神秘的交感发挥作用，巫师会利用这种交感施法，认为可以支配无生命的自然界的运转，把推动力从此物体传输到彼物体上。① 这里的"以太"非常类似于造成"注"病的各种原因，使得非正常死亡的人的鬼魂可以通过某种并不需要肢体接触的方式，因为一些相似的状况，将注病传染给在世亲人。这在解注文里常用"重复"两字来表示这种相似的状况，比如后死者同前死者因患同样的疾病死去，或者后死者与前死者的生死的年月日时四个干支相重，或者就是因为生前相亲相识关系亲密，都会返回阳间作祟，致使生者灾病死亡。就必须以解注的仪式与文字来除忌。②

东汉时期，巫觋之风在民间依然盛行，企图借助巫术的神秘力量施加的法术，以咒语和符注的形式书在解注陶瓶中，在墓葬中大量出现有了合理的原因。无论是道士作法还是巫师通神，他们的目的都是希望邪祟祛除，避开疾病和灾疫。汉代人认为都是因为阴阳二气的失衡导致自然界的一切变化和瘟疫等传染疾病的发生。③ 在古人看来只有阴没有阳是阴阳失调，丧葬是阴事，就不能在阴天下雨时办理，必须在天晴出太阳的日子进行。秦汉时期阴阳观念的形成，使得太阳成为光明、生命、旺盛的象征。汉代一年中要举行三次驱傩仪式，这种驱逐手段就有巫术的意义，目的就是根据太阳的运行规律使阴阳二气在对立中达到调和。一年中，不同的季节太阳照射的程度也是不同的，阳气不足的时间和空间，就需要增强太阳的光辉与能量，这种周期性、时令性的主动巫术仪式就会举行。④ 汉傩仪中的主持者方相氏的"黄金四目"象征太阳和光明，辟除邪秽和黑暗。列维-斯特劳斯在《面具的奥秘》一书中认为这种具有太阳寓意的眼睛具有将病人的游魂捕捉归来，并将其禁锢，之后再重新注入病人的躯体之中的作用。⑤ 这与解注文意义不谋而合。陕西户县出土的一件陶瓶上写有："太阳之

① [英] 乔·弗雷泽：《金枝精要》，汪培基等译，上海文艺出版社 2001 年版，第 16 页。

② 刘增贵：《禁忌——秦汉信仰的一个侧面》，《新史学》2007 年第 4 期。

③ 顾颖：《论汉画像中的傩舞》，《河南社会科学》2008 年第 7 期。

④ 萧兵：《傩蜡之风——长江流域宗教戏剧文化》，江苏人民出版社 1992 年版，第 128 页。

⑤ [法] 列维-斯特劳斯：《面具的奥秘》，知寒等译，上海文艺出版社 1992 年版，第 128—130 页。

精，随日为德，利以丹沙，百福得，如律令。"四行朱书解注文，文字上右上方绘一朱红色太阳（图2-8）[1]。正是这种具有巫术意义的道教法术的应用。

图2-8 陕西户县出土陶瓶摹本

① 王育成：《洛阳延光元年朱书陶罐考释》，《中原文物》1993年第1期。

除了太阳的图像之外，最有神力可以解除注病的就是北斗七星，北斗具有压胜的威力，北斗在汉人心中是主管死人和注鬼的主神，所以解注瓶中出现了大量的以北斗解禳和压镇的文辞和图像。[2] 解注瓶中常常装有的五石，王莽经常极度迷信北斗，视北斗为其皇权和生命的保护神，曾用五种石药与铜铸造了长二尺五寸的"威斗"在南郊敬祀天帝，并将其随身携带，以厌胜众兵。[3] 北斗图像成为汉代也是早期道徒用来镇压各种凶邪鬼魅的重要神物。

② 李朝阳：《咸阳市东郊出土东汉镇墓瓶》，《考古与文物》2012年第1期。

③ 《汉书·王莽传》记载："是岁八月，莽亲之南郊，铸作威斗。威斗者，以五石铜为之，若北斗，长二尺五寸，欲以厌胜众兵。"（东汉）班固：《汉书》，中华书局1999年版，第3046页。

在道教信仰中，认为北斗的超凡神力主要体现在能够解除几十种灾厄上，包括三灾、四煞、五行、六害等。[4] 2001年8月，陕西咸阳窑店出土了一件用朱砂绘制的星图、符咒陶瓶（图2-9），瓶身朱书有"……生人前行，死人却行。死生异路，毋复相干"字样。[5] 陶瓶左部图像为三颗星组成的一等腰三角形，应该是心宿，形内经仔细辨认，为天心星三字，心宿左右分别写有"右贼史"和"左贼史"，有防止盗贼盗墓之意，具有镇

④ 《太上玄灵北斗本命延生真经》，《道藏》第11册，上海书店等影印本1994年版，第346页。

⑤ 刘卫鹏、李朝阳：《咸阳窑店出土的东汉朱书陶瓶》，《文物》2004年第2期。

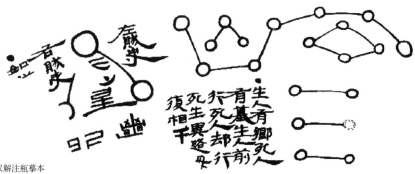

图2-9 咸阳出土东汉解注瓶摹本

墓作用。其右上部绘有短线与圆点连接而成北斗图像，魁内有三颗星，同样由短线连成等腰三角形形状，代表天一星，天一星主神灵，驱恶鬼；斗柄下有四颗星，呈菱形，代表鬼宿。右侧有六颗星，两两相连，相互平行相连，代表的是三台六星。魁下六星又称三能，《史记·天官书》记有"三能色齐，君臣和；不齐，为乖戾。"[1] 所以三台六星在汉代人的思想中占有比较重要的地位和丰富的寓意。解注陶瓶中呈现的这种组合图式在东汉墓葬中流行很久，盛而不衰，历经魏晋延续至明清。[2] 王育成在《中国古代道教奇异符铭考论》一文中提到的明代墓葬中的阴阳圹镇墓灵符砖，就是这一习俗的延续。[3] 这是一种非常典型的北斗压鬼宿的天象，窑店解注瓶所绘制的符箓图像表达厌胜驱邪、分隔人鬼的思想宗旨。非常相似的图像在华阴西岳庙东汉张文材镇墓瓶中也可以看到（图 2-10）。

考古发现的汉代解注文要求防止地下死人作祟于地上生人，完全断绝亲人之情。证明墓主一般都属于非正常死亡，对于这种不能善终的死亡都要举行禳解活动。陕西长安县东汉墓曾出土一件绘有北斗七星符箓的陶瓶（图 2-11），上面书有"主乳死咎鬼，主白死咎鬼，主币死咎鬼，主星死咎鬼"四行朱书文字。王育成解读"乳死"是指夭折的婴儿转化成的厉鬼；"白死"则是"自死"误写，指的是自杀而死变成一种厉鬼；"币死"是在军事战争中不幸战死而变成的鬼；"星死"是因为犯了刑法被处以肉刑而死转化成的恶鬼。[4] 这四大鬼都是非正常死亡，

① （汉）司马迁著，韩兆琦详注：《史记》，中华书局 2010 年版，第 257 页。

② 张军政：《华阴西岳庙东汉张文材镇墓瓶考释》，《文博》2017 年第 2 期。

③ 王育成：《中国古代道教奇异符铭考论》，《中国历史博物馆馆刊》1997 年第 1 期。

④ 王育成：《略论考古发现的早期道符》，《考古》1998 年第 1 期。

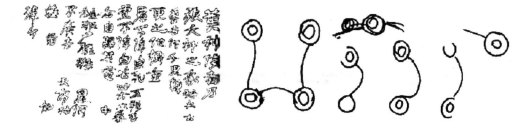

图 2-10　华阴西岳庙东汉张文材解注瓶摹本

所以都带有一定的冤屈和不甘，势必要回来加害活着的亲人。它们均由"北斗君"所主，所以时人要想解决咎殃，就要祈求北斗君举行压制厉鬼的驱逐仪式。在禳除仪式上要对非正常死亡的人施厌镇之法，断绝其想与在世亲人来往的途径，将之发送到它本该归去的处所——鬼宿，使"鬼有所归，乃不

图 2-11　陕西长安县三里村东汉墓"北斗君"朱书摹本

为厉"，在汉代墓葬中，墓顶常绘有天象图，北斗常绘于中，代表通往天国仙境的法门。①

三里村陶瓶上的符文在汉画像石图像中有非常形象化的对应表现，武梁祠前石室屋顶前坡西段刻有"北斗帝车"画像（图2-12），图中北斗君头戴高冠面南坐于北斗七星车中。四人跪拜于他的面前，为首一人怀抱婴儿跪拜，后面三人或是恭敬肃立或是虔诚跪拜，这不由得让我们联想起三里村陶瓶解注文上的四种咎鬼。活着的人希求多子多孙，受尾宿保护。而死去的人受鬼宿管理，各得其所，不能错位。武氏祠该画像中北斗帝车前的这四人就是管理鬼宿的天官，他们的职司就是将死鬼驱

① 朱磊：《谈汉代解注瓶上的北斗与鬼宿》，《文物》2011年第 4 期。

图 2-12　武氏祠前石室屋顶前坡西段画像（局部）

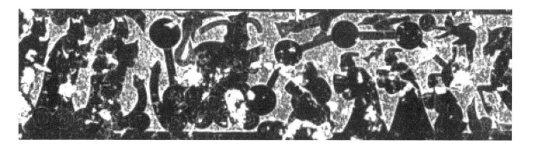

图 2-13　山东滕州出土北斗星象画像石

赶到鬼的住所去。为首抱婴儿跪拜的很有可能就是管理"乳死"咎鬼的天官，后面三人应该就是管理"白死"、"币死"和"星死"咎鬼的各位天官。

滕州市汉画像石馆藏有一块东汉晚期北斗星象画像石（图2-13），浅浮雕雕刻，三角形状，中部刻一斗口向下的北斗七星，魁内刻有相交的似镰刀与斧头状武器，一执杖者立于天权与玉衡连线上。道教吸取并发展了北斗信仰，编制了一整套完备的以北斗星神为主神的天庭世界，依照北斗七星运行的轨迹，模拟出步罡踏斗的法术在道教系统中应运而生。

这种献祭行为的效果具有双重性，一种是在被施加的和被期望这样行动的目标对象上面形成一种理想效果，比如陶瓶符文中非正常死亡的人，因不甘心，化作的四种咎鬼，希望它们能够回到鬼的处所，安处于鬼宿之中；另一种是施加到期望得到和实现那一效果的施行者身上，比如安排仪式的有德之人。献祭的作用非常功利性，也是唯一性的，就是务必达成这样的双重效果。①七盘舞作为墓葬文化的一种普遍而又有特殊寓意的图式（图2-14、图2-15），就是受到这种巫术思维的影响，

① ［法］马塞尔·莫斯、昂利·于贝尔：《巫术的一般理论：献祭的性质和功能》，杨渝东等译，广西师范大学出版社2007年版，第180页。

① 顾颖：《汉画像中巫舞的表现形式及文化意义》，《徐州工程学院学报》2008 年第 9 期。

仪式的施加者希望通过对神的献祭，取悦神灵，得到神灵的恩泽，满足他的祈求，即使死去的亲人能够早日得道飞升，庇佑在世的亲人长宜子孙。① 汉代人知道只有伟大的神秘的外在力量才能帮助自己实现愿望，这种外在力量就是看不见的至尊之

图 2-14　四川彭县盘舞画像

图 2-15　南阳许阿瞿墓盘舞画像

神，要像人间的规矩一样，给至尊神奉献最好的牺牲，才能使之愉悦，从而得到想达到的回报。这些牺牲一般都是放置在贵重的器皿中的带血的动物，也曾发生过以人充当祭牲献于神的情况，商汤王以身祷雨，以自己作为牺牲，放在器皿中，敬奉给神灵，从而这些器皿不再平凡，成了尊贵的礼器。① 人被神灵吞食，在另一种意义上，也是达到了自我与神性的合一，从而得到神的庇佑，祈祷的愿望就会实现。道教模拟北斗运行轨迹的踏罡就是这种神人合一的思想的体现，"又思作七星北斗，以魁覆其头，以罡指前。"② 滕州画像馆的这幅北斗画像所表现的正是死者的魂灵归附于斗极之际，一老者按照北斗的排列以禹步除道，画地作法，祈求借助北斗的神力辟兵除道的观念。③ 禹步的功能主要是消灾祛病、驱除鬼魅、禁御毒蛇猛兽等。④ 在行步时按照当时天罡所在以定方位，然后步履轨迹有如斗形，含有随斗运转之意。

北斗以人格化的司命神出现，汉代的纬书中常把北斗与黄帝联系起来。⑤《河图始开图》："黄帝，北斗神也……北斗黄神之精。"⑥ 多篇纬书对北斗神奇能力大加附会，将黄帝奉为北斗之神。认为北斗"帝车"下压着鬼宿，在非正常死亡者的禳除解注葬仪中得以广泛应用，⑦ 由于汉人把北斗看作掌管人生死的神灵，迷信北斗星与人的死生凶吉有密切关系，于是常向北斗祭祷以求延长性命。⑧ 尤其在道教中有专门参拜北斗的科仪，向北斗禳祈以延寿，寄托了人们美好的长生的理想，后来便成了道教中一项传统性的重要宗教仪式。⑨ 汉画像中频现北斗图像，说明两汉人非常信崇北斗，尤其是道家更是信奉北斗。解注瓶上的解注文与星象图像是一种特殊形式的思想沉积物。通过天帝使者举行仪式活动，为死者驱注逐疫，解除鬼邪咎殃对死者造成的伤害；用人参、五石、神药等压镇墓葬，希望死者保佑后人长寿、富贵。最强调"生死异路，勿复相干"，并且以"如律令"结尾，设置成诏书或者檄文性质结尾来加强

① 马昌仪编：《中国神话学文论选萃》（上册），中国广播电视出版社 1994 年版，第 191 页。

② （晋）葛洪著，张松辉译注：《抱朴子内篇》，中华书局 2011 年版，第 503 页。

③ 朱磊等：《山东滕州出土北斗星象画像石》，《文物》2012 年第 4 期。

④ 李远国：《大禹崇拜与道教文化》，《宗教研究》2012 年第 1 期。

⑤ 顾颖：《汉画像祥瑞图式研究》，《中国博士学位论文全文数据库》，2015 年。

⑥ [日] 安居香山、中村璋八：《纬书集成》，吕宗力译，河北人民出版社 1994 年版，第 1105 页。

⑦ 朱磊：《中国古代北斗信仰的考古学研究》，山东大学博士学位论文 2011 年，第 57 页。

⑧ 吴荣曾：《镇墓文中所见的东汉道巫关系》，《文物》1981 年第 3 期。

⑨ 盖建民：《道教与中国传统天文学关系考略》，《中国哲学史》2006 年第 4 期。

执行的合法性。

综上所述，汉魏墓葬中的解注文是汉代民俗信仰的产物，带有巫术的性质，是对那些非正常死亡的人解除罪过为地下神灵世界的主宰者写的"解注书"。目的是保护在世的亲人长寿与富贵，使死去的人与活着的人各走自己的道路，不再往来，表现的是人对死后世界鬼魅世界的恐惧。在道教流行之后，解注文成了道教信仰与法术的一部分，这在道教对"黄神北斗"的信仰中可以得到证明，这在汉魏时代的解注文与北斗有关的星象图像中有明显的表现。

三、二十八星宿与四象

（一）二十八宿

中国天文学的传统星象体系为四象二十八宿，中国古人把太阳的周年运动轨迹称为黄道，黄道和赤道附近的两个带状区域内，分布着二十八个星座。二十八宿是古人为了天文观测的需要而在天赤道附近选择的二十八个星座，并根据每个星座的形状给予了命名。[1] 二十八宿被用来分度周天，作为标志日躔月离的坐标框架，成为推算历法的基础。[2] 二十八宿又叫二十八舍、二十八次。"宿"、"舍"和"次"含有留宿、旅居的意思，《论衡·谈天》："二十八宿为日月舍，犹地有邮亭为长吏廨矣。邮亭著地，亦如星舍著天也。"[3] 中国二十八宿自殷周开始，最迟成熟于春秋战国之交。最早的文献记录应该是《周礼》二十八星。《周礼》记载二十八星共有以下三处：

> 冯相氏掌十有二岁，十有二月，十有二辰，十日，二十有八星之位。郑玄注称"岁谓太岁，岁星与日同次之月，斗所建之辰。"[4]
>
> 《春官》
>
> 菙蔟氏掌"二十有八星之号"。[5]
>
> 《秋官》

① 冯时：《中国天文考古学》，中国社会科学出版社 2010 年版，第 374—405 页。

② 胡维佳：《唐籍所载二十八宿星度及"石氏"星表研究》，《自然科学史研究》1998 年第 2 期。

③ （东汉）王充著，袁华忠、方家常译注：《论衡全译》，贵州人民出版社 1993 年版，第 672 页。

④ 徐正英、常佩雨译注：《周礼》，中华书局 2014 年版，第 555 页。

⑤ 徐正英、常佩雨译注：《周礼》，中华书局 2014 年版，第 802 页。

盖弓二十有八，以象星也；龙旂九斿，以象大火也；鸟旟七斿，以象鹑火也；熊旗六斿，以象伐也；龟蛇四斿，以象营室也；弧旌枉矢，以象弧也。①

《考工记》

这三处提到"二十八星之号"和"二十八星之位"而并没有提到"二十八宿"或"二十八舍"之名。在之后的《吕氏春秋》中，又有多处记载二十八宿的资料。

《吕氏春秋·圜道》：

月躔二十八宿，轸与角属，圜道也。②

在这里，第一次提到二十八宿之名。《吕氏春秋·有始览》曰：

何谓九野？中央曰钧天，其星角、亢、氐；东方曰苍天，其星房、心、尾；东北曰变天，其星箕、斗、牵牛；北方曰玄天，其星婺女、虚、危、营室；西北方曰幽天，其星东壁、奎、娄；西方曰颢天，其星胃、昴、毕；西南方曰朱天，其星觜巂、参、东井；南方曰炎天，其星舆鬼、柳、七星；东南方曰阳天，其星张、翼、轸。③

这里的二十八宿中各星已与后世完全相同。可以确定至迟在春秋中期，文献中二十八宿星名全部出现，并且有了星分度和距星。西安交通大学东汉墓就有一幅二十八宿星象图（图2-16）。古人把二十八宿分为四大星区，每区七个星座，根据各星区的像状，形成四种动物，代表四神。

在《淮南子》和《吕氏春秋》等古籍中有对二十八宿各宿名称的完整记述。长沙马王堆3号墓出土的帛书《五星占》用完整的二十八宿作为背景描述了从秦始皇元年（公元前246年）到汉文帝三年（公元前177年）凡70年间，岁星（木星）、镇星（土星）和金星（太白）三大行星在一个会合周期里的动态。④前文提到的湖北战国早期的曾侯乙墓出土的大漆箱上绘有一幅标有二十八宿文字的北斗天象图，说明早在战国时

① 徐正英、常佩雨译注：《周礼》，中华书局2014年版，第907页。

② 陆玖译注：《吕氏春秋》，中华书局2011年版，第90页。

③ 陆玖译注：《吕氏春秋》，中华书局2011年版，第368页。

④ 刘云友：《中国天文史上的一个重要发现——马王堆汉墓帛书中的〈五星占〉》，《文物》1974年第11期。

图 2-16　西安交通大学东汉墓二十八宿星象图

期，至少在秦汉之际天文占星家已经普遍使用二十八宿。

《五星占》中提到岁星（木星）和镇星（土星）的运转周期，其中土星的周期是二十八周年，令人不免联想到二十八宿。《淮南子·天文训》云：

> 镇星以甲寅元始建斗，岁镇行一宿。当居而弗居，其国亡土。未当居而居之，其国益地，岁熟。日行二十八分度之一，岁行十三度百一十二分度之五，二十八岁而周。[1]

又《史记·天官书》记载：

> 历斗之会以定填星之位。曰中央土，主季夏，日戊、己，黄帝，主德，女主象也。岁填一宿，其所居国吉。未当居而居，若已去而复还，还居之，其国得土，不乃得女。若当居而不居，既已居之，又西东去，其国失土，不乃失女，不可举事用兵。其居久，其国福厚；易，福薄。其一名曰地侯，主岁。岁行十三度百十二分度之五，日行二十八分度之一，二十八岁周天。[2]

土星每年行一宿，一个完整的周期结束，恰好周行二十八宿一遍，而其行一宿相当于地上的一年。这个也成为后世道教模拟周天过程，成为乘斗、"历度天关"存思修炼模式。[3]汉代人非常崇拜土星的这种运转模式，他们也希望自己死后能够超越这种周天之限，实现升仙的终极目的。

① （汉）刘安著，陈广忠译注：《淮南子》，中华书局2012年版，第116页。

② （汉）司马迁著，韩兆琦译注：《史记》，中华书局2010年版，第2089—2090页。

③ 姜生：《汉帝国的遗产——汉鬼考》，科学出版社2016年版，第267页。

（二）四神

四神就是四象。四神是一组产生于商代、形成于西周初年
并在春秋战国时期广泛流行的具有思想体系性质的神灵。[①]一
般汉代墓葬中的"四神"是指青龙、白虎、朱雀、玄武。作为
汉代人极为崇拜的一组祥瑞动物，这四种神灵的形象经常以
一种较为固定的组合图式出现在汉代画像石、砖、壁画、铜
镜、陶器等物质载体上。"四神"不仅是一组祥瑞动物，更是
二十八宿天文体系中的"四宫"，是天空东南西北四个方位的
星宿名称，具有固定的方位意义，是动物神和天文神。

四神是由我国古代的祥瑞动物崇拜、方位观念、阴阳五行
思想和天文、神话等因素相互融合，在"四灵"——龙、凤、
龟、麟这四种动物的基础上改造演变而来的。汉代人塑造四神
形象时所遵循的思想原则，一是依据动物分类观念或动物物种
观念，即鳞、毛、羽、介四类动物，称为"四灵"[②]。古人选
择龙凤龟麟作为"四灵"，首先是基于动物的分类法和人类在
饮食方面对动物的需求，古人起初将四灵视为鸟兽鱼鳖之长具
有鲜明的实用功利目的，那就是希望能在敬奉四灵的过程中，
让四灵引来更多的禽兽，以丰富庖厨所用的食物。[③]二是依据

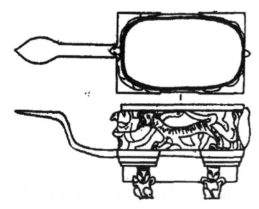

图 2-17　西安国棉五厂汉墓出土的
一件西汉早期铜温酒炉

① 王小盾:《四神:起源和体
系形成》,上海人民出版社
2008 年版,第 20—21 页。

② 王小盾:《四神:起源和体
系形成》,上海人民出版社
2008 年版,第 5 页。

③ 牛天伟:《汉代"四神"画
像论析》,《南阳理工学院学
报》2013 年第 3 期。

① 王小盾：《中国早期思想与符号研究——关于四神的起源及其体系形成》(上)，上海人民出版社 2008 年版，第 101—105 页。

② 牛天伟：《汉代"四神"画像论析》，《南阳理工学院学报》2013 年第 3 期。

③ 呼林贵、孙铁山、李恭：《西安东郊国棉五厂汉墓发掘简报》，《文博》1991 年第 4 期。

④ (东汉)班固：《汉书》，中华书局 1999 年版，第 231 页。

⑤ 何清谷撰：《三辅黄图校释》，中华书局 2005 年版，第 160 页。

⑥ 李学勤主编：《春秋左传正义》，《十三经注疏》，北京大学出版社 1999 年版，第 27 页。

⑦ 李学勤主编：《春秋左传正义》，《十三经注疏》，北京大学出版社 1999 年版，第 27 页。

古代天体崇拜和黄道分区观念。作为天文神，他们被看作四方星宿的神性代表，所以又被称为"四象"、"四星"、"四灵"。①汉代是"四神"演变的重要时期，不仅表现在名称上的混乱，同时还体现在形象上的不稳定。但汉代人选择四神动物时是有一定原则性的，一是动物本身的阴阳属性要符合阴阳五行思想；二是这些动物的外形特征尽可能与"四宫"二十八星辰连线所组成的图案有某些相似性，这样才便于与"天人感应"思想相符。②考古发现最早的最完备的四象图像是西安国棉五厂汉墓出土的一件西汉早期铜温酒炉上镂刻的四灵纹（图2-17)③。汉茂陵附近出土的一块空心画像砖上，四灵俱全，玄武为蛇缠龟状。同一出土地点还发现有一件巨型玉铺首，四灵按照方位设置在兽面周围。

《汉书·天文志》中记载：

> 星也者，体生于地，精成于天，列居错峙，各有逌属。紫宫为皇极之居，太微为五帝之庭。明堂有房，大角有席，天市有坐。苍龙连蜷于左，白虎猛据于右，朱雀奋翼于前，灵龟圈首于后，黄神轩辕于中。六扰既畜，而狼蚖鱼鳖罔有不具。在野象物，在朝象官，在人象事，于是备矣。④

《三辅黄图·未央宫》卷三曰：

> 苍龙、白虎、朱雀、玄武，天之四灵，以正四方，王者制宫阙殿阁取法焉。⑤

晋朝杜预《春秋左氏传·序》卷一曰：

> 麟凤五灵，王者之嘉瑞也。⑥

孔颖达疏：

> 麟、凤与龟、龙、白虎五者，神灵之鸟兽，王者之嘉瑞也。⑦

《礼记·礼运》：

> 何谓四灵？麟、凤、龟、龙，谓之四灵。故龙以为

畜，故鱼鲔不淰。凤以为畜，故鸟不獝。麟以为畜，故兽
不狘。龟以为畜，故人情不失。[①]

四宫二十八宿的形成是天文学与阴阳学相互作用的结果。[②]
《礼记·曲礼上》：

> 行，前朱鸟而后玄武，左青龙而右白虎，招摇在上，
> 急缮其怒，进退有度，左右有局，各司其局。[③]

郑玄注曰：

> 以此四兽为军阵，象天也。[④]

这段话表现的是周秦时期的仪仗，这种行军布仗的方法就
是效仿天之"四象"。

《周礼·冬官·辀人》：

> 辀之方也，以象地也。盖之圜也，以象天也。轮辐
> 三十，以象日、月也。盖弓二十有八，以象星也。龙旗九
> 斿，以象大火也；鸟旟七斿，以象鹑火也；熊旗六斿，以
> 象伐也；龟蛇四斿，以象营室也；弧旌枉矢，以象弧也。

这段话是讲天子辀车上旌旗的垂旒数目，四象分布在天空的东
南西北，起着"定四方"的作用。除了定方位，汉画像四象中
的青龙、白虎、朱雀、玄武在汉代还被赋予了一些其他神圣的
功能和意义。如神木大保当彩绘汉画像石墓出土的 M16 画像
石（图 2-18）。M16 画像石全部为墓门构件，组合完整，物象
均为减地平面阳刻，并涂彩勾绘。门楣上栏西王母、日月仙
境，门楣下栏刻画"荆轲刺秦"与"完璧归赵"等历史故事。
下栏画面隔棱与边框左右两侧分别蔓草纹与门柱图案相连接。
右门柱下栏方框内刻玄武，左门柱最下方刻骏马图。右门扉画
面分为三个部分。上为一只顶翎肥大的朱雀，含着仙丹，展翅
翘尾，左爪立于衔环的兽头之顶，右爪腾空而起。中为铺首衔
环，铺首"山"形额，双耳齐平，方眼怒睁。最下端为白虎，
张口暴齿，怒目偾张，口吐长舌，肩生双翼，长尾弯曲翘起，
作奔走状。虎下墨书"白虎在右"四字。左门扉画面构图与右

① 胡平生、张萌译注：《礼记》，中华书局2017年版，第435页。
② 倪润安：《论两汉四灵的源流》，《中原文物》1999年第1期。
③ 胡平生、张萌译注：《礼记》，中华书局2017年版，第48页。
④ 胡平生、张萌译注：《礼记》，中华书局2017年版，第49页。

图2-18　神木大保当M16墓门画像石

门扉基本相似，只是下端刻画的是青龙。青龙面左，曲颈卷尾，张口吐芯，肩生双翼，亦作奔走状，胯下有墨书"青龙在左"四字。陕西的画像石墓门构图基本都是这种图式，还有的时候仅仅是朱雀与铺首的组合。无论是让朱雀镇守墓门，还是在镶有铺首的墓门上，安排朱雀与怪兽、朱雀与白虎、朱雀与青龙的搭配，朱雀总是居于上方地位，[1]处于阳的位置。

1.门户的防御卫士

青龙可以辟不祥。汉铜镜中常有"青龙白虎辟不祥，朱雀玄武顺阴阳"的铭文。《论衡·解除篇》云："宅中主神有十二焉，青龙、白虎列十二位，龙虎猛神，天之正鬼也，飞尸流凶，安敢妄集？犹主人猛勇，奸客不敢窥也。"[2]西汉瓦当上也常刻

① 王小盾：《四神：起源和体系形成》，上海人民出版社2008年版，第34页。

② （东汉）王充著，袁华忠、方家常译注：《论衡全译》，贵州人民出版社1993年版，第1556页。

图 2-19　四神画像

左：西汉瓦当上的四象画像　右：千秋万代长乐未央四象画像

画四象图像（图 2-19 左）。汉画像石墓经常刻有龙（图 2-20）、虎（图 2-21）的画像。此类画像中的青龙具有驱除恶鬼、保护墓主人不受侵害的寓意。

虎是古人从事狩猎、接触自然界时所认识的最强猛兽，是山地之王。在汉代的民间信仰中，驱邪成为老虎的主要神能和责任，虎因此成为门神。还会在青铜兵器上铸上虎的形象（图 2-21），希望战士在战场上可以借助虎的勇猛来威慑敌人，取得胜利，保护好自己和家人的生命安危。

《风俗通·祀典》云：

> 虎者，阳物，百兽之长也。能执搏挫锐，噬食鬼魅。今人卒得恶悟，烧虎皮饮之。击其爪，亦能辟恶。此其验也。[1]

《周礼》：

> 方相氏葬日入扩驱罔象。罔象好食亡者肝脑，人家不能常令方相立于墓侧以禁御之。而罔象畏虎与柏，故墓前立虎与柏。[2]

[1]（东汉）应劭撰，吴树平校释：《风俗通义校释》，天津古籍出版社 1980 年版，第 368 页。

[2]（东汉）应劭撰，吴树平校释：《风俗通义校释》，天津古籍出版社 1980 年版，第 428 页。

图2-20　汉画像中龙的图像
1.四川富顺石棺龙画像　2.曲阜城关镇出土　3.四川长宁画像砖龙画像　4.山东沂南北寨村汉墓出土

图2-21 汉画像中虎画像

1.四川富顺石棺虎画像 2.四川乐山柿子湾崖墓虎画像 3.四川简阳三号石棺虎画像

4.山东武氏祠东阙正阙蜀柱北面虎画像 5.山西三十六号汉墓出土虎画像砖

《搜神记》曰：

今俗法，每以腊终除夕，饰桃人，垂韦索，画虎于门，左右置二灯，象虎眠，以驱不祥。[1]

虎在汉代画像中的形象主要是天上的白虎和十二时辰中的寅，负责驱鬼护门，汉人认为鬼祟是导致不祥的原因，于是画虎于门以驱鬼辟邪。在《南阳汉代墓门画艺术》一书中，共收录91幅墓门画像，刻有虎的墓门多达42幅。[2] 可见虎在汉代人的心目中占据非常重要的地位（图2-21）。

朱雀，亦称"凤凰"，《春秋演礼图》曰："风为火精，在天为朱雀"，可见，凤凰和朱雀是同一种禽鸟。是传说中凤凰在天空中的形象，传统认为凤凰是王朝更迭以及和平繁荣时期即将到来的先兆。[3] 汉代因为"雀"与"爵"相通，所以朱雀

① （晋）干宝著，黄涤明译注：《搜神记全译》，贵州人民出版社1991年版，第426页。

② 周保平：《汉代吉祥画像研究》，天津人民出版社2012年版，第272页。

③ ［美］班大为：《中国上古史实揭秘》，徐凤先译，上海古籍出版社2008年版，第313页。

图 2-22　汉画像中凤鸟画像

1.滕州马王村出土　2.新野樊集出土凤鸟图　3.临沂白王庄出土凤鸟衔绶带　4.滕州千里庄出土凤鸟画像

5.徐州交颈鸟图像　6.新津画像砖双雀画像

被视为象征官运亨通的瑞鸟（图 2-22）。它常出现在汉画像中的建筑上，有的时候衔着绶带和琅玕，象征加官晋爵之意；还有与猴子一起出现在汉画像中的树上，有"侯爵"之意；当它出现在墓门上的时候，往往与铺首和龙虎在一起，就有辟邪驱凶之意。"雀"本身与"却"相通，"却"有退避、退除、拒绝等意，所以朱雀和龙、虎一样，是辟邪的祥端。"凤"与"风"是相通的，在古人的想象中，天上是充满各种神兽的，一切天象都是神兽的活动，而作为"风"的同义，凤鸟具有吹风的含义，其实就是管理天上的神兽秩序，让合理合法的神兽各司其职，对违纪的兽类或者异端给予惩治和摒除。

玄武在汉画里有两种说法，一种是龟（图 2-23）。"玄武，龟也，龟有甲，能御侮用也。"俞琰曰："玄武即乌龟之异名。

图 2-23 汉画中的龟图像

1、2、3、4.四川宝兴县子母龟 5.南阳麒麟岗仙人乘龟画像 6.四川南溪 1 号石棺鱼、雀、龟画像

1　　　　　　　　　　　　2　　　　　　　　　　　　3

图 2-24　汉画中的玄武图像
1.绥德墓门左立柱玄武画像
2.绥德刘家沟墓门右立柱玄武画像
3.米脂墓门楣玄武画像

① 俞琰：《席上腐谈》上，商务印书馆 1936 年版，第 11 页。

② （宋）洪兴祖：《楚辞补注》，中华书局 1983 年版，第 171 页。

③ （汉）司马迁著，韩兆琦译注：《史记》，中华书局 2010 年版，第 1112 页。

④ 方韬译注：《山海经》，中华书局 2011 年版，第 325 页。

龟，水族也，水属北，其色黑，故曰玄；龟有甲，能捍御，故曰武。其实只是乌龟一物耳。"① 另一种是龟蛇合体（图 2-24）。洪兴祖《楚辞补注·远游》亦曰："玄武谓龟蛇，位在北方，故曰玄；身有鳞甲，故曰武。"② 玄武常刻画在墓门下方，陕西汉墓墓门中玄武画像很多，玄武都是刻在下方，这个图式在汉画中是固定的。龟是水神、冥神，职责之一就是把冥界的太阳护送到东方。

2. 飞升天界的使者

龙的形象是虫蛇之体，但是具备飞行能力，自古以来，龙的信仰就和再生羽化的理想有关。汉代人深信神龙是将圣人接往天界的引介者。乘龙可以帮他们把死后的灵魂带入仙人的世界，《史记·封禅书》曾记载黄帝曾经乘龙升天：

> 黄帝采首山铜，铸鼎于荆山下。鼎既成，有龙垂胡髯下迎黄帝。黄帝上骑，群臣后宫从上龙七十余人，龙乃上去。余小臣不得上，乃悉持龙髯。龙髯拔，堕黄帝之弓。③

文献中也有很多记载神仙驯龙和驾驭龙的记载：

> 西南海之外，赤水之南，流沙之西，有人珥两青蛇，乘两龙，名曰夏后开。开上三嫔于天，得《九辩》与《九歌》以下。④

《山海经·大荒西经》

呼子先者，汉中关下卜师也。老寿百余年，临去，呼酒家老姬曰："急装，当与汝俱。"夜有仙人持二茅狗来呼子先，子先持一与姬，姬得而俱骑，骑乃龙也。①

《列仙传》

乘雷车，服驾应龙，骖青虬，援绝瑞，席萝图，黄云络，前白螭，后奔蛇，浮游消摇，道鬼神，登九天，朝帝于灵门，宓穆休于太祖之下。②

《淮南子·览冥训》

龙的这种仙圣象征的信仰从新石器时期就一直存在于华夏文化之中。有学者对中国龙文化的形象来源进行过研究，认为中国的龙在实际上更接近古埃及信仰中的另一种崇拜对象——金龟蜣螂（Scarabaeussacer，甲虫）。③ 这种甲虫也就是俗称的屎壳郎，住在土穴中，把粪便带到地穴中作为食物，将卵产在土穴中埋葬的尸体之内。卵变成幼虫，继而成长飞天。古埃及将这种甲虫读为"Hepri"，翻译成汉语就是"势能"的意思，表示太阳和死人再生而升天的势能。埃及人造了很多 Hepri 雕像作为护身符使用，更多的是在丧葬中应用，非常明显，古埃及人是希望倚赖 Hepri 这种自在自生的能力，能够达到死后飞升的目的。这和我国出土的龙山文化将龙形玉器放在死者胸口的信仰有异曲同工之妙，都是希望死后会有类似这种神物能够像金龟蜣螂一样蛰居在逝者的尸体之中，然后携带尸体的灵魂羽化升天。其实这种思路很能给人以启发，对于"虫"具有飞天的神能，《庄子》里面曾经有过描述："鸟飞兽走，能虫也；蛛网蜗丸，能天也。"④ 在《大礼记·易本命》中，提到了朱雀、玄武、青龙、白虎四灵的飞仙神力："有羽之虫三百六十，而凤皇为之长。有毛之虫三百六十，而麒麟为之长。有甲之虫三百六十，而神龟为之长。鳞之虫三百六十，而蛟龙为之长。有倮之虫三百六十，而圣人为之长。"⑤ 从这里可以看出汉代人认为四灵是具有天神性质的神祇，四灵在汉代墓葬中被大量绘制，更充分说明汉代人坚信四灵具备携带逝者灵魂破土而出飞升仙界的能力。

① （宋）李昉等编纂，夏剑钦校点：《太平御览》第八册，河北教育出版社 1994 年版，第 463 页。

② （汉）刘安著，陈广忠译注：《淮南子》，中华书局 2012 年版，第 323—324 页。

③ 郭静云：《巫觋信仰与传统思想渊源——天神与天地之道》，上海古籍出版社 2016 年版，第 37 页。

④ 郭庆藩辑：《庄子集释》，《诸子集成》卷三，中华书局 1985 年版，第 813 页。

⑤ （西汉）戴德选编，（清）王聘珍解诂：《大戴礼记解诂》，中华书局 1983 年版，第 259—260 页。

这种虫的飞升神力与胚胎的象征有一定的关联。《诗·国风·周南》："螽斯羽，诜诜兮。宜尔子孙，振振兮。螽斯羽，薨薨兮。宜尔子孙，绳绳兮。螽斯羽，揖揖兮。宜尔子孙，蛰蛰兮。"昆虫在中国古老文化中一直具有胚胎的象征，远古先民对蚕神的崇拜、蝉在丧葬中的应用无不体现出这种胚胎生育、羽化再生的信仰。中国龙的起源应属于同类的崇拜对象，只是后期的龙已经逐步从早期巫觋文化里的小虫升华，而产生了后来的神龙信仰。[①]

湖南长沙子弹库楚墓出土帛画"人物御龙图"（图 2-25）是神龙引导墓主人灵魂升天的典型图式，画面上一佩剑男子侧身面左立于巨龙之上，衣带向后方飘拂，表明正在乘龙升天成仙，反映了我国古代"引魂升天"的迷信思想。汉画像中龙大多作为神仙的驾乘出现。四川彭州义和乡蒐集出土有"龙车星辰"画像砖（图 2-26），宽 25 厘米、长 44 厘米。画面为一驭者驾驶一辆三条飞龙拉着云车飞驰在天空，车上坐着墓主人，车周围布有五颗星辰，表现的正是驾龙车升天的情景。汉代人相信"骑龙乘虎，周游天下"，相传女娲补天后就是乘着龙车归去的，车上的涡纹是云雷的象征。类似的图像在 1959 年山东省安丘市董家庄和山东省费县垛庄镇潘家疃出土的汉画像石中也可以看到。龙是运载人们到达天界的常见神物。徐州汉画像石艺术馆藏有一根汉画像石立柱，柱

① 郭静云：《巫觋信仰与传统思想渊源——天神与天地之道》，上海古籍出版社 2016 年版，第 40—41 页。

图 2-25　人物御龙图
[美] 巫鸿著，郑岩、王睿编：《礼仪中的美术——巫鸿中国古代美术史文编》，郑岩等译，生活·读书·新知三联书店 2016 年版。

图 2-26　四川彭州出土龙车画像

身雕有两条精美的神龙盘旋而上，这根龙柱子在墓室中的作用很显然不仅仅是起到支撑作用，它更具有一柱擎天的寓意。汉代墓室穹顶象征天，地面象征四方大地，龙柱贯穿上下无疑代表了通天的建木，龙作为东宫星宿，指导民事生产的授时星象转变为古人的自然崇拜偶像，最终成为社神的象征。到了社神守护的地方还必须攀登高大的建木才能到达，而建木如此高大，唯有借助飞龙的帮助才能升入天堂，达到成仙目的。[①]

　　虎也是升仙的辅助工具。《抱朴子·杂应》说："若能乘蹻者，可以周流天下，不拘山河。凡乘蹻道有三法：一曰龙蹻、二曰虎蹻；三曰鹿卢蹻。"[②]这段话反映了虎来往于天地之间，是人们升仙的辅助工具之一。张光直教授曾经说道："龙、虎、鹿的作用，是道士可以用它们为脚力，上天入地，与鬼神来往。"[③]四川简阳鬼头山崖墓三号石棺左侧刻有"天门图"，图中正刻双阙式天门，门左侧刻一虎，上有题榜曰："白虎"（图2-21·3），可见白虎为天界神物，如果得到它的帮助，升仙一定会顺利许多。汉画中常常出现龙虎座，一般有两种情况，一种是西王母端坐于龙虎座上；另一种是建鼓的底座为龙虎座。

① 顾颖：《汉画像中"树—鸟"图像分析》，《江苏师范大学学报》2013 年第 6 期。

② （晋）葛洪著，顾久译注：《抱朴子内篇全译》，贵州人民出版社 1995 年版，第 500 页。

③ 张光直：《濮阳三蹻与中国古代美术上的人兽母题》，《文物》1988 年第 11 期。

西王母为汉代主神，掌握不死之药，龙虎作为她的坐骑，其具备的神性非同一般。而建鼓更是通神的工具，通过鼓声沟通天意，在龙虎的协助下达到神仙的境地。

龟背穹窿像天，腹甲像地，艾兰女士曾在《龟之谜》中提出龟是商代宇宙观模式，大地被理解为亞形，即东、南、西、北四方连缀在中间的一个方块上。① 人立足于大地，只有立于环形之轴或者四个方向的中央，最易取得和谐之感。龟总是和长寿联系在一起，代表的是时间总体，而非空间，所以龟能助人成仙，《楚辞·远游》曰："时暧曃其曭莽兮，召玄武而奔属。"王逸注曰："呼太阴神使承卫也。"② 1988年，南阳麒麟岗汉墓出土一方"乘龟升仙"画像石，画面刻一大龟，昂首伸颈向前爬行，一仙人，手执仙草踞坐于神龟背上（图 2-23·5）。山东曲阜韩家铺也出土有类似的画像石。画面刻有一只大龟，一羽人手执仙草立于龟背，龟回首欲食羽人递过来的仙草。2005年，陕西靖边出土的壁画墓上还绘有神龟牵引的云车。

3. 转世与生殖

汉代人信奉龙具有可以使天地交会、万物复生的神能，认为龙可以将天的精神降到大地，使大地充盈生命的精华，使万物萌芽。"天地相合，以降甘露"是天地相合的具体表现和主要方式，而龙则是负责上下沟通助人、连接上下的使者，负责世间万物的死生循环。③

汉画像流行"交龙"图式（如图 2-27），一般是指两条或者多条龙躯干交缠在一起的纹饰，这种交龙纹在商早期就已经出现，春秋晚期到战国早期开始流行。在周代玉器上可以常见到双夔交尾的构图，当时的一些墓葬中出土的玉璜和玉玦也可以见到头尾双首龙或双龙交尾的图式。在汉画像与龙相关的图像里占有相当多的数量，几乎所有的汉代墓葬中都有双龙交尾图，是一种以阴阳结合为基本含义的吉祥画像。山东苍山元嘉元年汉墓出土一方门柱汉画像石，正面刻的就是两条相互纠缠

① ［美］艾兰：《龟之谜——商代神话、祭祀、艺术和宇宙观研究》，汪涛译，商务印书馆 2010 年版，"序言"。

② 林家骊译注：《楚辞》，中华书局 2015 年版，第 175 页。

③ 郭静云：《天神与天地之道——巫觋信仰与传统思想渊源》，上海古籍出版社 2016 年版，第 177—178 页。

的龙，其西侧的立柱上刻有铭文："中直柱，双结龙，主守中雷辟邪殃。"① 在这里，可见交龙具有辟邪的吉祥寓意。徐州铜山韩楼曾出土一方门楣汉画像石，纵 58 厘米，横 216 厘米，刻二龙穿五璧，牛天伟认为这是生育龙子的吉祥之兆，他认为夫妻合葬墓里常常出现的二龙交尾或者二龙穿璧的图式，具有阴阳交合、了孙昌盛、富贵吉祥的象征意义。② 它们的结合体又是另外一个意义的神显，给了世人一个相对概念化的美好天象。汉画像作品中有月亮与东宫苍龙星座中尾宿共处的现象，认为尾宿是代表女性的星宿，其在天为女性保护神，在朝喻后

① 山东省博物馆、山东省文物考古研究所编：《山东汉画像石选集》，齐鲁书社 1982 年版，图 413。

② 牛天伟，《汉墓"伏羲、女娲"画像辩证——与孟庆利先生商榷》，中国汉画学会、四川博物院编：《中国汉画学会第十二届年会论文集》，第 57 页。

图 2-27　交龙画像

1.山东临沂独树头镇西张官庄出土交龙画像　2.滕州市千庄出土交龙画像　3.滕州市官桥镇车站村出土交龙画像

4.山东苍山元嘉元年汉墓出土

妃，在野指主妇，因而它在汉墓画像中经常与表示阴性的月亮同时出现。

葛洪在《抱朴子》中有对四方位神守卫功能的描述，"老君左有十二青龙，右有二十六白虎，前有二十四朱雀，后有七十二玄武……此事出于仙经中也。"①

《诗经》中"凤凰于飞"的诗句使人们了解到凤凰在春秋时期就是夫妻美满恩爱的象征。《左传·庄公二十二年》记载.

> 初，懿氏（陈国大夫），卜妻敬仲，其妻占之曰"吉"，是谓："凤凰于飞"，和鸣锵锵。有妫之后，将育于姜。五世其昌，并于正卿。八世之后，莫之于京。②

这个故事就是形容夫妻恩爱和鸣，后世子孙就能强大无比。汉画像里有很多的凤鸟交喙、交颈画像，这些图像就是夫妻恩爱的隐喻。还有大量的"凤鸟衔鱼"的画像，则象征繁殖后代的寓意以及汉代人希望子子孙孙无穷尽的美好愿望。

玄武作为龟蛇结合体，具有负阴抱阳、阴阳构精的隐喻。东汉许慎的《说文解字》中说：

> 龟，旧也。外骨内肉者也。从它（蛇），龟头与（它）头同。天地之性。广肩无雄。龟鳖之类，以它（蛇）为雄。④

西晋张华的《博物志》中说：

> 大腰无雄，龟鼋类也。无雄，与蛇通气则孕。④

从这两篇记载可以分析出：龟是阴性象征，蛇同龙一样是阳性。玄武从"玄牝"、"玄冥"演化而来。玄牝的玄字的甲骨文是两卵相接象征阳，冥的甲骨文像女子子宫，象征阴。四川简阳鬼头山，伏羲女娲图下面有玄武。在四川简阳鬼头山出土的石棺刻石中，伏羲、女娲分别刻于画面左右，中间为一玄武形象。在这里，玄武的阴阳合体特征不彰自显，非常明显地传达出祖先崇拜与生殖崇拜内涵。

在汉代墓室中，四象一般并不刻画在同一水平线上，而是

① （晋）葛洪著，张松辉译注：《抱朴子内篇》，中华书局 2011 年版，第 493 页。

② 郭丹、程小青、李彬源译注：《左传》，中华书局 2012 年版，第 253 页。

③ （清）段玉裁撰：《说文解字注》，中华书局 2013 年版，第 685 页。

④ （晋）张华撰，范宁校证：《博物志校证》，中华书局 1980 年版，第 45 页。

按照左青龙、右白虎、上朱雀、下玄武的配置规律刻画；在墓门上，一般门额正中刻朱雀，也有墓门刻朱雀与铺首衔环组合在一起，左侧门枋刻白虎，右侧门枋刻青龙，墓道刻玄武。以此来表达四方天地和星宿崇拜的含义。① 四象并不总是一起出现在一个画面上，在四象图像配置的时候，需要配合墓门的形制，所以四神兽的组合有时候会有缺失或是同义替换，它们以不同的方式组合在汉墓中，其中最常见的是青龙和白虎组合，或青龙与朱雀组合。

中国古代星象在四象成形之前，二象一直是中国星象的基本骨架。② 墓葬中的四神往往简化为二神，例如简化为朱雀和白虎，或简化为朱雀与玄武。根据汉代人所说的"鸟龟会，不相害"、"朱雀玄武顺阴阳"，我们知道，这种简化意味着把四神还原为阴阳二气。根据古人以鸟招魂的习俗，我们又知道，这种简化意味着通过阴阳交合而使灵魂超生，然后引导灵魂升天。③

《易传·说卦》以阴阳交合的理念解释宇宙天象的存在：

> 昔者圣人之作《易》也，幽赞于神明而生蓍，参天两地而倚数，观变于阴阳而立卦，发挥于刚柔而生爻……
>
> 昔者圣人之作《易》也，将以顺性命之理，是以立天之道，曰阴与阳，立地之道，曰柔与刚，立人之道，曰仁与义。兼三才而两之，故《易》六画而成卦。分阴分阳，迭用柔刚，故《易》六位而成章。④

在汉画像中"龙虎"图像、"龙凤"图像，正是阴阳交合的表现形式。

（1）龙虎组合

在东汉墓葬中，双龙交尾图式慢慢转化成为龙虎交尾图式，典型代表是1987年在河南省濮阳市西水坡发现的蚌塑龙虎图，这也是目前发现的最早的龙虎二元组合图像。人们把虎作为太阳的居所，代表秋藏，成了火和雷电的化身；与此相对，苍龙作为月亮的居所，代表春生，成了水和云雨的化身。⑤ 张

① 黄佩贤：《汉代四灵图像的构图分析》，陈江风主编：《汉文化研究》，河南大学出版社2004年版，第166—176页。

② 陈江风：《天文崇拜与文化交融》，河南大学出版社1994年版，第131页。

③ 王小盾：《四神：起源和体系形成》，上海人民出版社2008年版，第35页。

④ 李学勤主编：《周易正义》，《十三经注疏》，北京大学出版社1999年版，第323—326页。

⑤ 王小盾：《中国早期思想与符号研究——关于四神的起源及其体系形成》（下），上海人民出版社2008年版，第901页。

2

1

图 2-28　龙虎组合画像

1. 四川江北龙溪乡汉墓青龙、白虎画像　2. 四川郫县新胜场出土青龙、白虎捧璧画像

① （东汉）王充著，袁华忠、方家常译注：《论衡全译》，贵州人民出版社 1993 年版，第 1556 页。

② （东汉）王充著，袁华忠、方家常译注：《论衡全译》，贵州人民出版社 1993 年版，第 1556 页。

③ 王小盾：《四神：起源和体系形成》，上海人民出版社 2008 年版，第 33 页。

④ 王小盾：《中国早期思想与符号研究——关于四神的起源及其体系形成》（下），上海人民出版社 2008 年版，第 894—897 页。

道一认为图中的龙、虎、鹿为《道藏》中的"三矫"。巫师们召唤"三矫"作为与神沟通的工具。

汉代墓室中墓门经常用龙虎图像来修饰（图 2-28），东汉王充《论衡·解除篇》云："龙、虎猛神，天之正鬼也。"①

"飞尸流凶安敢妄集。犹主人猛勇，奸客不敢窥也。"②青龙、白虎刻画于墓门之上一是为了示左右，辨别方位；二是和铺首一同做镇墓之兽，保佑逝者亡灵不被打扰。龙和虎镇守在它的东西两极，代表阴阳的对立和化合。龙虎争璧的形象和龙虎交合的形象都表达了这个世界的基本精神——生命来源于普照万物的太阳，阴阳二气的交流引导出生命的运动，东方和西方构成生死循环的两个端点。③

（2）龙凤组合

在诸多祥瑞图像中，"龙凤呈祥"是最受崇尚的一种（图 2-29）。在汉代，龙和凤具有不同的方位意义。凤象征天庭或天的主宰，龙象征生命或地的主宰。因此，它们是具有阴阳化合之意义的一组神灵。④在古人心目中，凤鸟和龙的结合，是作为天之使者、作为生殖之神这两种神性的结合，它们是在人们心目中的天神世界实现组合的。徐州铜山县出土了一块凤与龙画像石，此石画一巨龙蜿蜒盘旋，一只凤凰长翎翘首，站在龙的身躯上前方远眺，凤凰的天神地位和神龙的生殖作用，被刻画在同一块画像石上，蕴含着天堂的美好和转世再生的寓意。

图 2-29　龙凤组合图像

从今天天文学来看，天是极其高远深厚的。古人没有现代天象的知识，只是在观察的基础上，加上人的想象。人类在掌握世界与表现天象时，便按照自己创造的知识类型来建构一个模式。这个模式是自然与人文传统的结合。从汉画像中的天象图来看，无论是二十八宿还是四灵模式，都是人对外在天象的图式建构，并根据当时的认识水平，建立一套系统结构。所以汉画像中的天象图与其说是天文图，不如说是占星图，它带有星象政治学的色彩。[①] 在图像设计中往往把四方的星宿作为一种动物，又把动物按阴阳二元对立哲学观对应起来，来表现宇宙间的相连、相斗与相生的关系。

四、日月

在《淮南子·天文训》中，关于太阳和月亮是这样论述的：从阳之阳的"积阳"的热气中产生火，火气的精髓（精）就是太阳；从阴之阴的"积阴"的寒气中产生水，水气的精髓就是月亮。从太阳和月亮中溢出来的斑点的（淫）气之"精"，即精髓就成了星辰。日是阳的宗主，月是阴的宗主。同类之物互相感动，本末互相感应，所以阳燧接受日光，燃烧起火，方诸一沐浴月光，受到浸润，就产生水滴，这就是因为太阳和月亮的阳和阴的属性。[②]

在关于太阳和月亮的一些神话传说中，有的和天文学知识

① 龚鹏程：《汉代思潮》，商务印书馆 2005 年版，第 117 页。

② [日] 桥本敬造：《中国占星术的世界》，王仲涛译，商务印书馆 2012 年版，第 35 页。

的发展有关。比如夸父追日的传说。《山海经·大荒北经》中说："夸父不量力，欲追日景，逮之于禺谷。"[1] 这个神话传说其实就是古代天文学开始测量太阳的影子的长度，夸父这个巨人可以说是最早的天文学家。"后羿射日"也是有关太阳传说的故事。《楚辞·天问》说："羿焉彃日？乌焉解羽？"[2] 这是将历的起源和所知晓的太阳黑子这两个要素结合起来。在《淮南子·精神训》曰："尧时十日并出，草木焦枯，尧命羿射十日，中其九日，日中九乌皆死，堕其羽翼，故留其一日也。"[3] 这就是太阳黑子最早的记录，比伽利略等人的发现更古老，这大概和用三足乌来象征太阳是有一定关联的。汉文帝时有记录记载"日中有王字"，指的就是太阳黑子。在之后公元前 28 年（即汉成帝河平元年），《汉书·五行志》又明确记载了太阳黑子："三月乙未，日出黄有黑气，大如钱，居日中央。"在纬书《春秋元命苞》中说："日中有三足乌。"以此我们可以认为这些有关太阳的传说都是从日食观测中产生的。从马王堆帛画里日中有三足乌、月中有蟾蜍可以看出在两汉时期这样的故事流传是很广泛的。

关于月亮的传说也有很多记载。《史记·历书》记载："黄帝考定星历"。[4] 同书《索隐》引《系本》及《律历志》："黄帝使羲和占日，常仪占月……容成综此六术而著《调历》也"。[5] "占"就是观测、计算历法的行为。《山海经·大荒西经》写道："有女子方浴月。帝俊妻常羲，生月十有二，此始浴之。"[6] 这大概就是一年中有十二个朔望月立法的起源。张衡的《灵宪》曰："日者，阳精之宗。积而成鸟，象乌而有三趾。阳之类，其数奇。月者，阴精之宗。积而成兽，象兔蛤焉。阴之类，其数偶。"[7] 这里用阴阳说来解释天体本质。1992 年，山东滕州官桥镇大康留庄出土一方日月星辰汉画像石（图 2-30·3），画面下部刻一月轮，月内有蟾蜍、玉兔，一条龙围绕月轮形成圆环形，两侧为伏羲女娲相向互望；上部为一只巨鸟背负日轮，日中有三足乌。[8]

① 方韬译注：《山海经》，中华书局 2011 年版，第 332 页。

② 林家骊译注：《楚辞》，中华书局 2015 年版，第 83 页。

③ （汉）刘安著，陈广忠译注：《淮南子》，中华书局 2012 年版，第 393 页。

④ （汉）司马迁著，韩兆琦译注：《史记》，中华书局 2010 年版，第 2018 页。

⑤ （清）秦嘉谟等辑：《世本八种》，商务印书馆 1957 年版，第 356 页。

⑥ 方韬译注：《山海经》，中华书局 2011 年版，第 320 页。

⑦ （清）严可均辑：《全后汉文》，《全上古三代秦汉三国六朝文》，商务印书馆 1999 年版，第 566 页。

⑧ 中国画像石全集编辑委员会编，俞伟超主编：《中国画像石全集（第 2 卷）山东汉画像石》，山东美术出版社 2000 年版，第 157 页，图一六五。

图2-30　日月图像

1.陕西绥德出土金乌、玉兔和蟾蜍画像　2.安徽淮北出土日月画像　3.山东滕州出土日月星辰画像　4.安徽淮北出土月亮画像　5.陕西米脂出土金乌和蟾蜍画像

（一）日月同辉、日月合璧

在汉画像中，一般情况下，三足乌象征太阳，被刻在日轮中；玉兔和蟾蜍代表月亮，被刻在月轮中。刘熙《释名·释天》曰："晦，月尽之名也；晦，灰也，火死为灰，月光尽似之也；朔，月初之名也；朔，苏也，月死复苏生也；弦，月半之名也，其形一旁曲，一旁直，若张弓施弦也；望，月满之名也。月大十六日，小十五日，日在东，月在西，遥相忘也。"① 这是汉代人关于朔望更替的认识。人们把这种"日月东西遥相望"的现象叫作"日月同辉"或"日月相望"。汉代墓葬中，一般在一块狭长的画像石的两端分别刻着圆圆的太阳和月亮，中间以缭绕的花纹连接。汉代人认为日月同辉现象为国家大吉大瑞的好现象。《史记·天官书》云："若烟非烟，若云非云，郁郁纷纷，萧索轮囷，是谓卿云。卿见云，喜气也。"② 所以，"日月同辉"是吉祥、人和的象征。1954年，山东济南大观园汉墓出土一方画像石，图像中刻八瓣莲花纹，上下各刻一圆轮，圆轮中各刻有金乌和蟾蜍，圆轮外刻有羽人。③ 河南南阳汉画像中也有很多画像是满天星斗之中，阳乌载日，蟾蜍载月的图像（图2-31上），画面左边为日轮，日中有金乌；右边为满月，月内刻有蟾蜍。云气缭绕在日月之间，月亮右边三星相连日月同辉画像。在陕西的汉墓中日月同辉是非常常见的图像。1996—1998年，神木大保当共发掘26座汉墓，几乎每个墓葬中都有日中金乌和月中蟾蜍画像。而且从保留比较好的汉墓可以看出，日轮都为红色，月轮白色，金乌和蟾蜍都是墨线勾勒再涂蓝色或绿色。

还有一种更少见的现象，叫"日月合璧"。是将两者放在同一个圆环内，或者重叠在一起，日中间被月亮挡住显得黯淡昏晦，而太阳又比月亮大，它的光辉仍从月亮四周射出光芒，好似玉璧，故称："日月合璧"，也就是"日环食"。《诗·小雅》曰："十月之交，朔月辛卯，日有食之。"④ 有人认为日月合璧反映了我们的祖先对日月交食的研究。⑤ 日月合璧是一种

① （宋）李昉等编纂，夏剑钦校点：《太平御览》第一册，河北教育出版社1994年版，第37页。

② （汉）司马迁著，韩兆琦译注：《史记》，中华书局2010年版，第2129页。

③ 山东省文物管理委员会：《济南大观园的一个汉墓》，《考古通讯》1955年第4期。

④ 王秀梅译注：《诗经》，中华书局2015年版，第463页。

⑤ 吴曾德、周到：《南阳汉画像石中的神话与天文》，《郑州大学学报》（哲学社会科学版）1978年第4期。

少见的天文现象，其实它是一种意蕴极为丰富而深刻的祥瑞图。汉人认为这是一种瑞应，日月同璧现象一旦出现，就是四海宴清、天下太平的吉兆。1962 年，南阳东关晋代的一座再用汉画像石墓墓顶有一幅"日月合璧天象图"（图 2-31 中）。图中一只金乌背负一日轮，轮中刻有一蟾蜍，蟾蜍象征月亮，代表月亮与太阳重叠了，这就是日月合璧现象。[①] 汉画像中的日月合璧画像，反映了汉代人对德政的向往。山东滕县黄家岭出土一块日月合璧画像石（图 2-31 下），画面刻了双凤合体对衔双鱼，双凤腹部日轮月轮重合，日轮大于月轮，使得日轮未被遮挡部分形成一块玉璧，重合部分刻有一只玉兔。《易坤灵图》："至德之萌，五星若连珠，日月如合璧。"[②]《京房易传》曰："日月大光，天下和平，上下俱昌，延年益寿，长世无极。"《瑞应图》曰："日月扬光者，人君之象也，君不假臣下之权，则日月扬光。"[③] 韦展的《日月合璧赋》

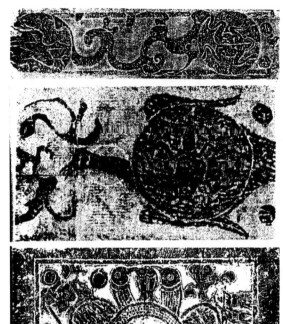

图 2-31　日月同辉、日月合璧画像
上：河南南阳出土日月同辉画像
中：河南南阳西丁凤店出土日月合璧画像
下：山东滕县黄家岭出土日月合璧画像

云："阴阳卷舒，日月居诸。时会而乍离乍合，顺行而匪疾匪徐。徵於颛顼之法，考以轩辕之书。百灵以之肃若，四海由其晏如。推上元之岁，时和气茂；惟南至之辰，日月来就。望乌兔之交集，瞻斗牛而既觏。璧惟圆制，象其圆正之形；玉以贞称，表此贞明之候。可以袭承天意，可以敬授人时。"卢士开《日月合璧赋》曰："圣人在上，与天地广。元德彰于日月，洪

① 王褒祥、刘建洲、周到：《河南南阳东关晋墓》，《考古》1963 年第 1 期。
② （清）赵在翰辑，钟肇鹏、萧文郁点校：《七纬（附论语谶）》（上），中华书局 2012 年版，第 187 页。
③ （唐）欧阳询撰，汪绍楹校：《艺文类聚》，上海古籍出版社 1965 年版，第 4 页。

休备乎瞻仰。合璧之为状也，颖耀相向，圆明比象，丽重光于一轨，开混茫而精爽。其真不迁，其合以两。和阴阳而二仪交泰，辨分至而九服融朗。"都用象征手法把日月合璧这一自然现象与政教哲学联系在一起。把天文人文联系在一起，是汉民族追求"和"的美学思想在丧葬意识中的表现。日月合璧在汉画中，还有另一层寓意，就是以日、月象征"阴阳之分，夫妻之位"，希祈死后世界万物和谐、夫妻和睦。南阳唐河针织厂汉墓是一座夫妻合葬墓，该墓北主室顶部绘有太阳，为男主人墓室；南主室顶部绘有月亮，为女主人墓室（图2-32）。其是五行思想的体现，是"结发共枕席，黄泉共为友"这一现实的抽象化表现，整个汉墓以此为中心，以理想化的方式，建构天地人三位一体的统一和谐的实体。②

① （清）董诰等编纂：《全唐文》，中华书局1983年影印版，卷一百八十九，第1912页；卷四百五十七，第4672页。

② 陈江风：《天文与人文》，国际文化出版公司1988年版，第106页。

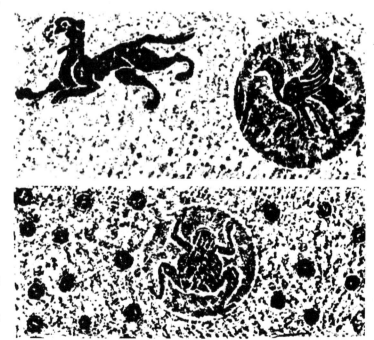

图2-32　日月图像

上：南阳唐河针织厂北主室顶部（男主人墓）

下：南阳唐河针织厂南主室顶部（女主人墓）

（二）十日和幻日现象

自然界有些非常复杂的自然现象让人感到迷惑和不可思议。比如太阳的"幻日"现象，即天空中出现的"假太阳"，现在已被现代科学所解释，就是水汽和冰晶造成的。魏仁华曾经在《南阳汉画像石中的幻日图象试析》中详细说过这种自然现象，是高空中寒冷的大气层有各种形状的冰晶体，这些六角形或者几何形的冰晶体形成的云通过大气缓缓下降时，就会在太阳的周围出现美丽的日晕，并且在相同的高度上会出现一两个亮点，这些亮点就是幻日[①]（图2-33）。东汉的无神论思想家王充就曾经科学地指出："所谓十日者，殆更自有他物"，是"光质如日之状"的假日。[②]

《山海经·海外东经》曰：

> 汤谷上有扶桑，十日所浴，在黑齿北。居水中，有大木，九日居下枝，一日居上枝。[③]

《山海经·大荒东经》又云：

> 有谷曰温源谷，汤谷上有扶木，一日方至，一日方出，皆载于乌。[④]

表现了太阳栖息于扶桑树之上。十个太阳轮流出现在天空，九个太阳在树上休息，一个太阳早晨从东方扶桑树升起，傍晚再从西方若木落下。三星堆的太阳神树，全树共有9只

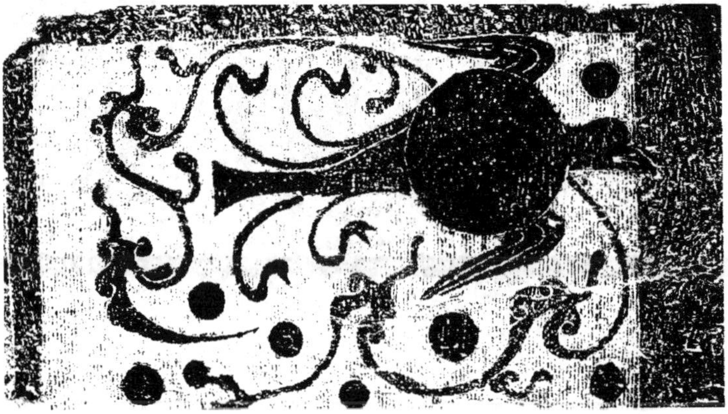

① 魏仁华：《南阳汉画像石中的幻日图象试析》，《中原文物》1985年第3期。

② 韩玉祥主编：《南阳汉代天文画像石研究》，民族出版社1995年版，第61页。

③ 方韬译注：《山海经》，中华书局2011年版，第251页。

④ 方韬译注：《山海经》，中华书局2011年版，第293页。

图2-33 河南南阳英庄出土幻日画像

图2-34　后羿射日画像

① 魏仁华：《南阳汉画像石中的幻日图象试析》，《中原文物》1985年第3期。

② （南朝）刘勰著，詹锳义证：《文心雕龙义证》，上海古籍出版社1989年版，第643页。

③ （唐）徐坚等：《初学记》，中华书局1962年版，第4页。

④ （清）严可均辑：《全后汉文》，《全上古三代秦汉三国六朝文》，商务印书馆1999年版，第566页。

鸟，27颗果实，根据古代十日神话，第十个太阳正在天空。后来传说"尧时十日并出，万物枯焦"，引发了"羿射十日"（图2-34）的故事，所以在古代天文观察中，"数日俱出"为不祥之兆。受谶纬思想的影响，汉代墓室中有这种天象。据《后汉书·仲长统传》记载："沆瀣当餐，九阳代烛。"汉代人认为得道成仙的人，会把露水当饮食，把九个太阳当照明工具，这也就是汉代墓葬中出现九个太阳的原因了。①

（三）嫦娥奔月图式

"嫦娥奔月"是一个流传很广的故事，大约在战国时期已经有了故事的雏形，到了汉代已经成为时人比较熟悉的故事。《文选·月赋》李善注引《归藏》曰："昔嫦娥以西王母不死之药服之，遂奔月为精。"②《初学记》卷一引《淮南子》曰："譬若羿请不死之药于西王母，妻姮娥窃以奔月，托身于月，是为蟾蜍，而为月精。"③张衡《灵宪》曰："羿请无死之药于西王母，姮娥窃之以奔月。将往，枚筮之于有黄，有黄占之曰：'吉。翩翩归妹，独将西行，逢天晦芒，毋惊毋恐，后其大昌。'姮娥遂托身于月，是为蟾蜍。"④从这里看，她和射日的后羿本是夫妻，后羿射死了帝俊的九个儿子——太阳，因此她随后羿被谪贬至人间。后羿向西王母寻得长生不死之药，但嫦娥怀念天上的生活，一个人偷吃了不死之药，却不敢回到天宫，偷偷待在月宫里，与玉兔为伴。河南出土多块"嫦娥奔月"画像石（图2-35），画面内容非常相似，有着共同的图式：画面上都有一轮圆月代表月宫，月宫中一巨型蟾蜍占据月亮的空间，一人首蛇身的女子向着月亮飞去。河南南阳西关出土的一块嫦娥奔月画像石中（图2-35·1），嫦娥人首蛇尾，翘首双手前伸，似

乎看到她充满憧憬和热望的神情，在满布
星光的夜空中坚定地飞向月宫。月宫中有
一个巨大的蟾蜍，这个蟾蜍不言而喻成为
嫦娥的化身。

顾颉刚先生认为"嫦娥奔月"传说是
在"常羲生月"、"常仪占月"的基础上演
变而来的，《山海经》记载常羲是帝俊的
妻子，生有十二月。《山海经·海内西经》：
"海内昆仑之虚，在西北，帝之下都。昆
仑之虚，方八百里，高万仞。上有木禾，
长五寻，大五围。面有九井，以玉为槛，
面有九门，门有开明兽守之，百神之所
在。在八隅之岩，赤水之际，非仁羿莫能
上冈之岩。"①《吕氏春秋·勿躬》载常仪
是舜时占月之官。②"常仪初为月母，继
为舜妃，及其化为羿妻，窃药而奔月，则
又为神矣。"③所以《山海经》中十二个月
亮的母亲常羲，变身为占月之官成为舜之
妃，最后成为后羿之妻嫦娥，偷吃了长生
不老仙药孤独奔向月亮。奔月在这里就有
回归的意涵。《淮南子》中也记载有嫦娥
奔月的故事，《淮南子·览冥训》曰："羿
请不死之药于西王母，恒娥窃以奔月，怅
然有丧，无以续之"。④高诱引注曰："嫦娥，羿妻，羿请不死
之药于西王母，未及服也，嫦娥盗食之，得仙，奔入月中为月
精也。"这与战国至秦汉之际神仙羽化思想及人们对西王母的
崇拜有关。在秦汉人观念中，西王母掌管有不死之药，所以对
于追求羽化升仙的人们来说，西王母成为他们信任的主神，西
王母手中的仙药是人们梦寐以求无时无刻都想得到的。嫦娥服

图 2-35 嫦娥奔月画像

1. 河南南阳西观出土 2. 河南南阳出土局部 3. 河南南阳蒲山汉
墓出土 4. 南阳英庄汉墓出土

① 方韬译注：《山海经》，中华
书局 2011 年版，第 264 页。
② 陆玖译注：《吕氏春秋》，中
华书局 2011 年版，第 594 页。
③ （汉）刘安著，陈广忠译注：
《淮南子》，中华书局 2012 年
版，第 333 页。
④ 《顾颉刚民俗学论集》，上
海文艺出版社 1998 年版，
第 22 页。

了仙药，羽化升仙，飞向"不死"之月，月宫里的蟾蜍也成了不死之蟾蜍，成为在月宫中捣制不死药的角色。嫦娥奔月的故事以及故事中发生的种种取得仙药的行为，直接反映了人们亟求仙药追求不死成仙的终极目标。

（四）月亮—星宿—苍龙图式

这个图式的共同之处就是，其他星宿是可以变的，独有二十八宿东方苍龙七宿中的尾宿不变，总是和月亮一起出现在画像石中。在这个画面的深层结构中，隐含着什么样的文化意义呢？

尾宿在汉代代表女性，是子孙繁衍的象征。《史记·天官书》"尾为九子"，《索隐》引宋均注云："属后宫场，故得兼子"。《春秋元命苞》云："尾九星、箕四星，为后宫之场也。"[①]《史记正义》曰："尾为析木之津，于辰在寅，燕之分野。尾九星为后宫，亦为九子。星近心第一星为后，次三星妃，次三星嫔，末二星妾…大小相承，则后宫叙而多子…金、火守之，后宫兵起；若明暗不常，妃嫡乖乱，妾媵失序。"[②]

所以汉代妇女崇拜尾宿，尾宿还有女性保护神的意思。《白虎通义》在记述汉代妇女崇拜尾宿情况时说："子孙繁息，于尾者何？明后当盛也"。[③]说明尾宿在天为女性保护神，在朝喻后妃，在野指主妇，正因为尾宿与女性的关系，在汉画像中，尾宿总是与表示阴性的月亮在一起。[④]图2-36出自河南唐河针织厂夫妻合葬墓。南为女墓主室，北为男墓主室。男墓主墓顶刻有表阳性的太阳、白虎、三足鸟等；女墓主墓顶刻有表阴性的月亮、尾宿和蟾蜍。男女墓室并列相通，体现"和阴阳而两仪交泰"的思想，反映汉人追求"结

① （汉）司马迁著，韩兆琦译注：《史记》，中华书局2010年版，第2063页。

② （汉）司马迁著，（南朝）裴骃集解，（唐）司马贞索引，张守节正义：《史记》，中华书局2000年版，第1121页。

③ （清）陈立撰，吴则虞校：《白虎通疏证》，中华书局1994年版，第287页。

④ 刘安：《评〈南阳汉代天文画像石研究〉》，《南都学坛》1996年第2期。

图2-36　南阳阮堂月亮—星宿—苍龙画像

发同枕席，黄泉共为友"的夫妻合葬的愿望。

（五）月亮—四星图式

汉画像月亮旁边常刻有四颗星，有人以为那是装饰作用，然而从民俗角度去考察，这种图式都出现在合葬墓中的女主室，是带有浓厚象征意味的符号。南阳英庄汉墓与唐河针织厂汉墓都有此图。《史记·天官书》认为这四星是女宿。女宿，又称婺女、须女。《史记正义》注曰："须女四星，亦婺女"，又曰："须女，贱妾之称。……主布帛、裁制、嫁娶"。[1] 这就是女宿四星在墓室中出现的民俗基础，这种符号图式的潜层意义表现保佑子孙后代婚姻嫁娶、繁衍昌盛、生生不息的精神寄托。

（六）五星连珠图式

汉代人对行星的理解是与五行密切相关的。中国古代的星占将木星（岁星）作为幸运星。在岁星所处的区域范围内，宿有五行的木，所以就草木繁盛、五谷丰穰。和其相对的领域叫"冲"，这一年如在"冲"的领域里，则会发生灾害。此外，应该留居的岁星如果不在其领域内而跨越了出来，君主就要死亡，其国将灭亡。《淮南子·天文训》这样介绍火星："荧惑常以十月入太微，受制而出行列宿，司无道之国，为乱、为贼、为疾、为丧、为饥、为兵，出入无常，辨变其色，时见时匿。"[2] 这说明了火星运行的不规则性。镇星一年中只绕二十八宿中的一宿。也就是说 28 年才行天一周。以此为前提，"当居而弗居，其国亡土"而"未当居而居之，其国益地，岁熟"。所以《天文训》对土星也是根据五行说进行领土和五谷丰穰等与土地有关的占卜。而金星也同样按照五行体系占卜，"当出而不出，未当入而入，天下偃兵；当入而不入，当出而不出，天下兴兵。"[3] 这说明在五行说中金星是与金属结合的武器，与军事有关。水星是管四时运行规律的，是表示以太阳位置决定的春夏秋冬正中央的二分二至来到的记号。水星在五

[1] （汉）司马迁著，韩兆琦译注：《史记》，中华书局2010年版，第2051页。

[2] （汉）刘安著，陈广忠译注：《淮南子》，中华书局2012年版，第115—116页。

[3] （汉）刘安著，陈广忠译注：《淮南子》，中华书局2012年版，第116页。

行中相当于水，也关系到民生，"一时不出，其时不和；四时不出，天下大饥。"

两个以上星星的"合"这种复合运行现象，也是国家级规模事情的先兆。中国占星术最典型特征就是为统治者服务，根据"三统说"和邹衍的"五行相生论"，认为直到秦朝的帝王更替顺序是土（黄帝）、木（夏）、金（商）、火（周）、水（秦）。《汉书·律历志》所见，中国古代王朝更替，其制度或礼服和历都要重新制定。授时与人民是统治者所要做的最重要的事。《汉书·高帝纪》记载："元年冬十月，五星聚于东井，沛公至霸上。"[1]东井属于秦国领域，五星会合属于"易行"，对有德者意味着昌盛，是接受庆事，改立新朝，其恩惠及于四方。对无德者则是惩罚，将会有灾难发生，甚至国家会灭亡。相应于汉的木德的木星，处于秦的领域井宿，这是汉得天下的祥瑞。所以，对于地上的统治者来说，观察天象、理解天象的变化意义，并调整政治是非常重要的，这是古代天文学的最大使命。

而四星聚合的场合，兵乱和死葬同时发生，君子忧患，敌兵入侵，丧失领土；三星聚合，对应的星宿领域的国家内外，也将遭遇兵乱和死葬，将立新公。二星聚合的发生频率比较高，组合丰富，各种各样的占卜也就比较多。比如，木、土合，就发生内乱，形成饥馑，所以对应的领域不得用兵；木、水合，君主应该改变要做的事；木、火合，有旱灾；木、金合，频发葬，发洪水。金星在南，木星在北的状态叫牝牡，谷物丰穰，反之则谷物完全不结实；火、水合叫"焠"，火、金合叫"铄"，都是凶兆，君主不能做事，用兵则大败；水、土合，水闭则军败，对应的国家不能起事，否则则丧失土地，反之则得领土。五星的色、形和运行的状态决定应兆。[2]

天象的观测在巩固统治和战争的应用中有很大的作用。汉兴起初期，周边各国叛乱不断，高祖七年"月戴晕，晕绕出参宿和毕宿七重。"高祖在这一年进攻匈奴，在平城（赵国领域）被匈奴包围七天。"毕和昴之间有天街。街北是胡，昴是匈奴，参是赵地，毕是边境守备兵。"月晕是此事的前兆。

《汉书》中记载了很多这样的事例，景帝元年正月癸酉，金、火两行星集中在婺女星宿（"合"）。这预示着婺女对应的领域有"变谋或兵忧"，婺女星宿对应粤或齐的领域。同年七月，金、木、水三行星聚合于张宿，占文曰："内外有兵丧，改立王公。张乃周之地，现河南，及楚。"《汉志》记载，与天象对应，景帝时汉朝统治出现叛乱，汉诛灭吴楚七国。这就是说，在这里出现的天文现象的占星术中的占卜文，是对汉王朝完成中央集权的统治作出合理的解释。

（七）景星图式

《天官书》中提到"景星"的星星，被认为是德星，它的存在方式是多种多样的，但是只要它出现就能证明国家治理得很好。当赤气和青气相连时，赤气中有两颗黄色的星，三星合一就变成景星。

1. 彗星图式

用各种形状的彗星占卜，长沙马王堆三号墓出土有帛书"彗星图"（图2-37）。和彗星出现相关联来论说各国命运的例子不少。如建元二年四月，"星孛天纪，至织女"。这是天市垣北面的天纪星官出现了和彗星有关的天文现象。"孛星"是表现彗星或新星现象的"客星"这一术语。占文说："织女有女变，天纪为地震。"《汉书》同时记载："至四年十月而地动，其后陈皇后废。"[1]昭公二十六年曾出现过彗星现象，据《左传》记载："齐有彗星，齐侯使禳之。晏子曰：'无益也，只取诬焉。天道不谄，不贰其命，若之何禳？且天之有彗也，以除秽也。君无秽德，又何禳焉？若德之秽，禳之何损？'"[2]昭公听了晏子的话，停止了祓除。这是和彗星现象结合言及统治者的德。

① （东汉）班固：《汉书》，中华书局1999年版，第1073页。

② 郭丹、程小青、王彬源译注：《左传》，中华书局2012年版，第2008页。

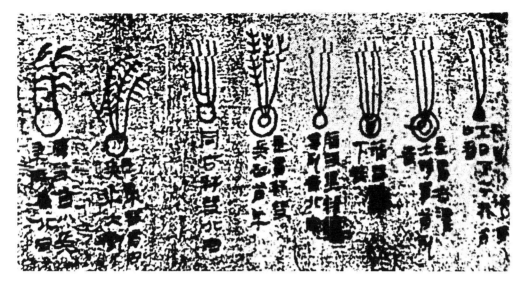

图 2-37　长沙马王堆三号墓出土帛书"彗星画像"

① 张元济等辑：《竹书纪年》，《四部丛刊史部》，上海涵芬楼 1912—1948 年影印天一阁刊本，第 40 页。

② ［日］桥本敬造：《中国占星术的世界》，王仲涛译，商务印书馆 2012 年版，第 44 页。

2. 流星

关于流星最早在《竹书纪年》中有"十年五星错行，夜中星陨如雨"[①]的记载。《左传》中有最详细的记录："鲁庄公七年夏四月辛卯夜，恒星不见，夜中星陨如雨。"这是世界上天琴座流星雨的最早记录。关于流星各种叫法，《史记·天官书》中有天鼓、天狗、格泽星、蚩尤之旗、旬始、枉失、长庚等叫法。其中格泽星、旬始、蚩尤之旗等星按记载应该属于彗星。马王堆的帛书也是把它们作为彗星。天狗落到地上，陨石就会变成狗的形状，被认为是太白之精。[②]

第二节　汉画像中的气象图式

一、风雨雷电

《周礼·春官·大司乐》："以祀天神。"注："谓五帝及日月星辰也。"汉代人认为既然日月星辰是神，管理风雨雷电的也必然是神。于是人们按照神话传说塑造出了水神、河伯、海神以及风神、雨师、雷公、电母等各种神灵的形象。这些神是造神运动的想象与幻想，依据的是人自身的形象。他们各负其责，使农耕生产"风调雨顺"。如山东嘉祥县武氏祠后石室第一石（屋顶后坡）海神出行图（图2-38上）和山东嘉祥武氏祠后石室第四石（屋顶前坡）雷神出行图（图2-38中）以及河南南阳王庄窑厂汉墓出土风雨雷电图（图2-38下）。

（一）云师与风伯

在殷商信仰中，云属于掌雨司电气象神灵，在战国时期，有了"气"的概念，所以，云属于昊天之"气"的脉络，上博楚简《恒先》："气信（伸）神在，云云相生。""气信（神）在"是藉由气的伸张，而衍生出万物的灵魂。[①]云师就是兴云之师，亦即云神。屈原《楚辞·九歌·云中君》："云神，丰隆也，一曰屏翳。"[②]也有说屏翳为雨师。[③]汉代"云"有"瑞云"、"庆云""卿云"等。瑞云，是祥瑞云类的统称。据传舜把王位禅让给禹时，天空中出现五色彩云，视为祥瑞之兆，于是舜和臣僚们唱起《卿云之歌》："卿云烂兮，纠缦缦兮。日月光华，旦复旦兮！"[④]风占也是"天文占卜"的一部分，《史记·天官书》《汉志》等初期的文献就出现了记录天文现象的地方，可以说是"天文占卜"的一部分，或用云的形态或颜色占卜，或用太阳近处的云气或晕占卜。汉画像中云师都是从口中向外吐云[⑤]。江苏铜山县洪楼祠堂屋顶坡面就有一位云师，面向右方踞坐在云朵上，口中吐出扇形的云朵（图2-39左）。汉代人认为包括云气在内的大气、气象现象都属于天的表情，用风或用霓虹等气象现象占卜也十分盛行。纬书《春秋元命苞》曰："阴阳聚而为云气。"按照属性将云气分成五色，既可以用云的形态或颜色占卜，也可以用太阳近处的云气或晕占卜。

风伯即风神。从战国时期到汉代的文献，如《吕氏春秋》的《有始览》，《淮南子》中的《天文训》《地形训》，《史记》的《律书》等认为所谓"八风"及"八正"的八方的风的占卜对统治

① 郭静云：《天神与天地之道——巫觋信仰与传统思想渊源》，上海古籍出版社2016年版，第173—176页。

② 林家骊译注：《楚辞》，引（宋）洪兴祖《楚辞补注》，中华书局2015年版，第40页。

③ 张道一：《汉画故事》，重庆大学出版社2006年版，第200页。

④ 王志彬译注：《文心雕龙》，中华书局2019年版，第349页。

⑤ [日]桥本敬造：《中国占星术的世界》，王仲涛译，商务印书馆2012年版，第46页。

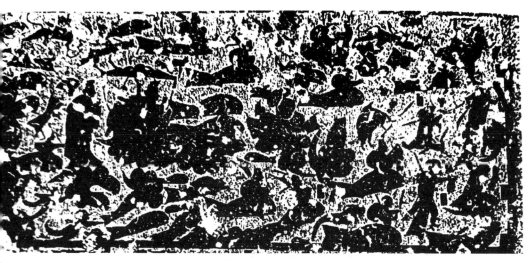

图 2-38　风雨雷电画像

上：海神出行图　中：雷神出行图　下：风雨雷电图

是很重要的。立春吹"条风",春分吹"明庶风",立夏是"清明风",夏至是"景风",立秋是"凉风",秋分是"阊阖风",立冬是"不周风",冬至是"广莫风"。如果刮和其季节不相应的风,那就必须研究应对的措施了。①汉画像上一般表现风伯的图像都是一人面对一座房屋用力吹,并且从嘴中喷出放射状的气流把房柱吹断,房顶掀起来(图2-39右)。《韩非子·十过》曰:"昔者黄帝合鬼神于泰山之上,驾象车而六蛟龙,毕方并辖,蚩尤居前,风伯进扫,雨师洒道,虎狼在前,鬼神在后,腾蛇伏地,凤皇覆上,大合鬼神,作为清角。"②说明风伯所吹出的风气力之大。在山东汶上城关镇先农坛汉墓中和山东嘉祥五老洼汉墓的风伯图中(图2-40),都有风伯吹倒房屋的情景,在图中都有一个或多个羽人在风伯身边和身后,手里或者肩上扛着斧头等工具。《淮南子·本经训》:"(羿)缴(弋射)大风于青丘之泽。"高诱注:"大风,风伯也。能坏人屋舍。羿于青邱之泽缴遮(弋射遮绝),使不为害也。"③在出土的有关风伯的画像中,也并不全是风伯与吹掀屋角的图式。公元前1

① [日]桥本敬造:《中国占星术的世界》,王仲涛译,商务印书馆2012年版,第47页。

② (战国)韩非著,张觉译注:《韩非子全译》,贵州人民出版社1995年版,第129页。

③ (汉)刘安著,陈广忠译注:《淮南子》,中华书局2012年版,第393页。

图2-39 云师与风伯画像

左:江苏铜山洪楼祠堂屋顶坡面云师画像　右:山东嘉祥武氏祠后石室屋顶前坡风伯画像

图 2-40　风伯拔屋
画像
上：山东汶上县城
关镇先农坛出土
下：山东嘉祥五老
洼汉墓出土

世纪前后，还有风伯以箕星的身份与西王母相对的阴阳组合图
式。山东长清孝堂山祠堂东、西侧壁三角形山墙顶部的图像最
为典型。[1]这也说明，风伯被视为阳性的象征，用在东方方位，
与表示阴性、西方方位的西王母相对，揭示了在东王公尚未被
创作出来之前是作为西王母的对偶神存在的。[2]山东微山青山
村出土的一幅西汉晚期的石椁画像上，可以看到端坐在昆仑山
巅的侧面西王母，被三足乌、九尾狐和捣药的玉兔以及跳舞的
蟾蜍拥护着，对面则是一个侧面站立、嘴作鼓风状的男子，这
就是风伯。但也许风伯的神威远不及西王母，所以与她配对在
汉人的心目中有些失衡，为了完美，所以造出了与西王母相匹
配的镜像——东王公，风伯则慢慢从与西王母的阴阳组合中退
出，成为专职的风神。

（二）风神飞廉

飞廉起源于夷人集群的风神，本来是一只大鸟，是凤凰的
卑化，但是有时候它也化形为鹿，兼为"暴风"与"干旱"的

① 信立祥：《汉代画像石综合
研究》，文物出版社 2000 年
版，第 154 页。
② 金军华：《也谈〈神异经〉
之成书年代——兼与李建
国先生商榷》，《南阳师范学
院学报》2009 年第 10 期。

象征，有时候会与鹿结合起来，重构为鸟／鹿混形的"飞廉鹿"。《汉书·武帝纪》云："身似鹿，头如爵（雀），有角而蛇尾"。[①]《文选》司马相如《上林赋》"椎飞廉"旧注引郭璞曰："飞廉，龙雀也，鸟身鹿头。"[②]

《楚辞·离骚》曰："前望舒使先驱兮，后飞廉使奔属。"[③]王逸注曰："飞廉。风伯也。"洪兴祖补注："应劭曰：'飞廉，神禽，能致风气。'"在这里能"飞奔"的飞廉一定是鹿身或者鹿脚，湖北随县曾侯乙墓中曾经出土有"鹿角立鹤"，鹤嘴旁有铭文"曾侯乙作，持用终。"旁边还有一面虎座鸟架悬鼓，很有可能鹤与鼓都有"呼唤神灵，避灾求福，助升阳气"与"助魂升天的功能"。它很可能是鹿角飞廉的变体，司掌风雨，与建鼓相伴，代表"天音"之"雷"。[④]汉武帝时曾在长安见"飞廉馆"，汉明帝时曾铸铜飞廉置上西门外。汉人以此为吉祥。[⑤]河南南阳引凤庄出土"羽人与飞廉"，河南南阳独山汉墓出土"二飞廉"（图2-41）。

① （东汉）班固：《汉书》，中华书局1999年版，第137页。

② 萧兵：《避邪趣谈》，上海古籍出版社2003年版，第14页。

③ 林家骊译注：《楚辞》，引（宋）洪兴祖：《楚辞补注》，中华书局2015年版，第19页。

④ 萧兵：《避邪趣谈》，上海古籍出版社2003年版，第15页。

⑤ 张道一：《汉画故事》，重庆大学出版社2006年版，第209页。

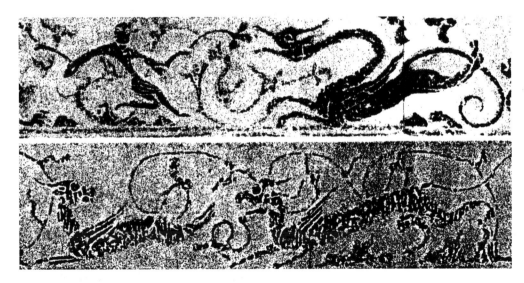

图2-41　风神飞廉画像

上：河南南阳引凤庄出土（局部）下：河南南阳独山汉墓出土（局部）

（三）雷神

雷神在农牧业发达地区备受人们尊崇，在"天""上帝"形成之前被很多民族奉为最大的神。最早的雷神形象为龙或人首龙身。《山海经·海内东经》中记载："雷泽中有雷神，龙身而人头，鼓其腹，在吴西。"[①]《淮南子·地形训》中也记载："雷泽有神，龙身人头，鼓其腹而熙。"[②]然而随着社会和思维的发展，雷神的形象也有所变化，尤其是汉代。汉代人不仅按照神话传说塑造了各种神灵的形象，并且以自己的生活推测那些神灵的活动。譬如听到雷声以为是天神击鼓，或是拉着一串石球在崎岖的路上滚动，发出轰鸣的声音。汉画像石中雷神的形象大多表现为雷公击鼓或者仙人拉着一串石球的情景，可以想象出鼓声如雷。江苏铜山洪楼祠堂屋顶坡面就有"滚石成雷"的画像。《史记·五帝本纪》正义引此经云："雷泽有雷神，龙首人颊，鼓其腹则雷。"《山海经·大荒东经》："东海中，有流波山，入海七千里。其上有兽，状如牛，苍身而无角，一足，出入水则必风雨，其光如日月，其声如雷，其名曰夔。黄帝得之，以其皮为鼓，橛以雷兽之骨，声闻五百里，以威天下。"[③]郭璞注："雷兽即雷神也，人面龙身鼓其腹者，橛犹击也。"可见雷公之"雷"不仅是隆隆之声，还包含着一种力量。这里都描述了雷公的形貌，在《洪范·五行传》中："夫雷，人君象也，入能除害，出能兴利。"[④]这里的人君即是猴。汉画像中可以看到人君（猴子）形象的雷公，马王堆汉墓出土的"神祇图"帛画，东侧绘有雷公形象，图形虽已残缺不全，但雷公头侧的"雷"字清晰可辨。汉画像中的雷公，大多乘坐雷车或云车，出行时常有风伯、雨师、电母及众多神灵相伴，前呼后拥，场面壮观。河南南阳高庙汉墓出土有"雷公击鼓"（图 2-42 上）。1956 年徐州市洪楼出土的一块祠堂顶部画像石，右下角有一熊状的神人坐在三龙驾着的鼓车上出行（图 2-42 下）。传说黄帝就是雷神。《河图帝纪通》载："黄帝以雷精（超）（起）。"①黄帝又号称"轩辕氏"，《春秋合诚图》云："轩辕星，主雷雨之神。"②古代社会，人们发现春雷响后万物复苏，以为雷具有催生万物的功能。《周易·说卦》曰："动万物者莫疾乎雷。"③《说文》中亦云："霆，雷余声铃铃，所以挺出万物。"④这种自然现象使得古人联想到雷是主宰万物生长的保护神。雷电出现后往往会降雨水，雷神的初始形象是龙，使得人们认为雷电是司雨之神。人们还普遍认为打雷是老天爷在发怒要惩罚恶人。《论衡·雷虚篇》："隆隆之声，天怒之音，若人之呴吁矣。"⑤《周易·震》载：

① （宋）李昉等编纂，夏剑钦校点：《太平御览》第一册，河北教育出版社 1994 年版，第 117 页。
② （宋）李昉等编纂，夏剑钦校点：《太平御览》第一册，河北教育出版社 1994 年版，第 116 页。
③ 周振甫译注：《周易译注》，中华书局 2018 年版，第 365 页。
④ （清）段玉裁撰.《说文解字注》，中华书局 2013 年版，第 577 页。
⑤ （东汉）王充著，袁华忠、方家常译注：《论衡全译》，贵州人民出版社 1993 年版，第 395 页。

图 2-42　雷公画像

上：河南南阳高庙出土

下：江苏铜山洪楼祠堂屋顶坡面雷公画像（局部）

① 周振甫译注:《周易译注》,中华书局 2018 年版,第239 页。

② (汉) 刘熙撰,(清) 毕沅疏证,王先谦补:《释名疏证补》,中华书局 2008 年版,第 7 页。

③ 管锡华译注:《尔雅》,中华书局 2014 年版,第 392 页。

④ 何星亮:《中国自然崇拜》,江苏人民出版社 2008 年版,第 239 页。

⑤ 《吕氏春秋·应同》曰:"天为者时,而不助农于下。……平地注水,水流湿;均薪施火,火就燥;山云草莽,水云鱼鳞,旱云烟火,雨云水波,无不皆类其所生以示人。故以龙致雨,以形逐影。"陆玖译注:《吕氏春秋》,中华书局 2011 年版,第 377 页。

⑥ (南朝) 范晔撰,(唐) 李贤等注:《后汉书》,中华书局 1999 年版,第 2113 页。

⑦ (宋) 李昉等编纂,夏剑钦校点:《太平御览》第一册,河北教育出版社 1994 年版,第 102 页。

⑧ (汉) 刘安著,陈广忠译注:《淮南子》,中华书局 2012 年版,第 235 页。

⑨ (汉) 刘安著,陈广忠译注:《淮南子》,中华书局 2012 年版,第 236 页。

⑩ (汉) 刘安著,陈广忠译注:《淮南子》,中华书局 2012 年版,第 236—237 页。

"《象》曰:洊雷,《震》。君子以恐惧修省。"① 在古人眼中,雷神就是专门扶持正义、明辨是非的惩恶大神,因此汉代人会崇拜雷神,认为他的出现是祥瑞之兆。

（四）雨师

雨师就是雨神。汉画像中,雨师多与雷公电母在一起出现。在汉代人的想象中,天上洒一点水,人间就会下一场大雨。汉画中,雨师的形象都是端着一碗水或者是抱着一个水罐的形象。

古人崇拜雷神的原因之一是雷电之后会有雨水相随,在还不知道可以人工降雨只能祈求雨神降雨的汉代,人们对于雨神的崇拜是自然崇拜中最普遍、最经常的,因为雷虽然可以"催生万物",但是万物的生长也离不开雨水的滋润。雨神的观念是在雨崇拜的基础上产生的,这与雨能滋养万物密不可分。《释名·释天》云:"雨者,辅也,言辅时生养也。"② 农作物的生长需要适当的雨水才能够茁壮成长,但若雨水过多成灾反而会起到反作用。《尔雅·释天》曰:"甘雨时降,万物以嘉。"③ 只有适时、适量的雨水才会滋养万物,因此古人才会崇拜雨神,祈求风调雨顺。

龙最初是雷神的形象,在中国古代人们皆以为它主宰雨水,"上古时代的祭龙求雨实质上就是祭雷求雨",④《吕氏春秋·应同》也说"龙致雨",⑤《后汉书·礼仪·中》也记载:"……其旱也,公卿官长以次行零礼求雨。闭诸阳,衣皂,兴土龙……"⑥ 纬书《遁甲开山图》中也说:"绛北有阳石山,有神龙池。黄帝时遣云阳先生养于此,帝王历代养龙之处。国有水旱不时,即祀池请雨。"⑦ 可见,古人将龙作为主宰雨水的雨神形象是有据可依的。《淮南子·地形训》中说"黄龙入藏生黄泉"⑧"青龙入藏生清泉"⑨"赤龙入藏生赤泉"⑩"白龙入藏生白泉"①"玄龙入藏生玄泉"②。这种说法虽然是在五行说产生之后才有的，但是它却明确地表达了在汉代以前"龙能生水"的民间信仰。那么，在汉画像中，崇龙的汉代人是如何把龙和雨神联系在一起的呢？

"神话传说中的应龙，具有呼风唤雨的神性，当是较早的雨水神形象。"③ 据《山海经·大荒东经》记载："……应龙处南极，杀蚩尤与夸父，不得复上。故下数旱，旱而为应龙之状，乃得大雨。"④《大荒北经》中载，黄帝大战蚩尤的时候曾得到应龙的帮助，"蚩尤作兵伐黄帝，黄帝乃令应龙攻之冀州之野。应龙蓄水，蚩尤请风伯雨师，纵大风雨。"⑤"应龙已杀蚩尤，又杀夸父，乃去南方之处，故南方多雨。"⑥ 故应龙应是黄帝的雨神。那么这位雨神的样貌如何呢？《广雅·释鱼》曰："有翼曰应龙。"郭璞注《山海经·大荒东经》云："应龙，龙有翼者也。"⑦ 然而在汉画像中，我们亦可见到带着翅膀的应龙，张道一先生也说过："应龙在龙群中的特点是有翼。"⑧

二、河伯

《山海经·大荒北经》曰：

> 蚩尤作兵伐黄帝，黄帝乃令应龙攻之冀州之野。应龙蓄水，蚩尤请风伯、雨师，纵大风雨。⑨

《楚辞·九歌·河伯》曰：

> 与女游兮九河，冲风起兮横波。乘水车兮荷盖，驾两龙兮骖螭。登昆仑兮四望，心飞扬兮浩荡。日将暮兮怅忘归，惟极浦兮寤怀。鱼鳞屋兮龙堂，紫贝阙兮朱宫。灵何惟兮水中？乘白鼋兮逐文鱼，与女游兮河之渚。流澌纷兮将来下，子交手兮东行，送美人兮南浦。波滔滔兮来迎，鱼邻邻兮媵予。⑩

这是一首祭祀河伯的祭歌，由男巫扮成河伯与女巫一起合唱。歌曲描述的是河伯与洛水女神的爱情故事，是楚人娱神的

① （汉）刘安著，陈广忠译注：《淮南子》，中华书局2012年版，第237页。

② （汉）刘安著，陈广忠译注：《淮南子》，中华书局2012年版，第237、238页。

③ 何星亮：《中国自然崇拜》，江苏人民出版社2008年版，第240页。

④ 方韬译注：《山海经》，中华书局2011年版，第307页。

⑤ 方韬译注：《山海经》，中华书局2011年版，第345—346页。

⑥ 方韬译注：《山海经》，中华书局2011年版，第343页。

⑦ 郭璞注：《山海经》，上海古籍出版社2015年版，第414页。

⑧ 张道一：《汉画故事》，重庆大学出版社2006年版，第299页。

⑨ 方韬译注：《山海经》，中华书局2011年版，第345—346页。

⑩ 林家骊译注：《楚辞》，中华书局2015年版，第68—70页。

图 2-43　河伯出行
图
上：山东邹城北宿
镇出土河伯画像
下：河南南阳王庄
窑厂出土河伯画像

祭词。河伯（图 2-43）是黄河之神，相传大禹治水时将黄河分成九道，所以黄河也称为"九河"。

三、虹神

霓虹是一种自然现象，雨过天晴之后，阳光射入水滴经折射、反射、衍射在雨幕上或雾幕上形成弧形彩带，这就是通常所说的虹。《后汉书·郎颛传》曰："凡日傍气色白而纯者名为虹。"[①]古人将此自然现象看作是吉祥的征兆。如果同时看到两道彩虹出现更是让人感到是美好的征兆。受阴阳学说的影响，两道彩虹可能象征雌雄。《春秋元命苞》曰："虹蜺者，阴阳之精。雄曰虹，雌曰蜺。"[②]虹蜺为帝舜诞生时的吉兆，《诗含神雾》云："握登见大虹，意感而生帝舜。"[③]孙柔之《瑞应图》

① （南朝）范晔撰，（唐）李贤等注：《后汉书》，中华书局1999年版，第714—715页。
② ［日］安居香山、中村璋八：《纬书集成》，吕宗力等译，河北人民出版社1994年版，第608页。
③ （宋）李昉等编纂，夏剑钦校点：《太平御览》第一册，河北教育出版社1994年版，第694页。

曰："大虹竟天，握登见之，意感生帝舜于姚墟。"[1]距今3000多年的甲骨文中就已有象形"虹"字，像龙蛇一类的动物，龙身形如弓状似虹，两端有两个龙头。《说文》释虹曰："虹，螮蝀也。状似虫。"[2]陈梦家先生也讲过："卜辞虹字像两头蛇龙之形。"[3]近现代民族至今仍存有虹即龙蛇能饮水的观念，郭沫若先生就曾说："吾蜀乡人至今犹有虹有首饮水之说。"[4]王孝廉先生也曾指出："以虹为蛇的信仰也是许多民族所共有的，南洋一带的原始民族把虹看作是一条灵蛇，东亚日本、韩国，也有以虹为龙或为蛇的信仰，澳洲的原始民族把虹当作巨蛇图腾，印度阿萨姆一带称虹为地蛇，他们相信虹是守护大地的巨蛇，每当雨停之后，巨蛇的影子投映到天空，就是虹。"[5]人们把虹看作是龙，崇拜虹如同崇拜雨神，都是希冀风调雨顺，作物丰产。但是古人却不知道雨后霓虹这一自然现象产生的原因，皆认为虹是龙蛇状动物，以为雨后出现霓虹是龙在喝水，吸水是为了下次降雨之用，因此人们就把虹视为雨水之神。

因此，虹神必是以龙为形象的雨水神，考古学的资料可以进一步说明龙在古代曾被奉为虹神。除上文所述甲骨文"虹"字外，在安徽长丰县杨公乡出土的战国玉璜"两头龙纹"，双龙首，弧度相对较小，嘴张开，形象生动。汉画像中的虹一般横贯天空，有的两端作龙首状

① （清）马国翰辑：《玉函山房辑佚书》，上海古籍出版社1990年版，第2867页。
② （清）段玉裁撰：《说文解字注》，中华书局2013年版，第680页。
③ 陈梦家：《殷墟卜辞综述》，中华书局1988年版，第243页。
④ 郭沫若：《卜辞通纂》，科学出版社1983年版，第388、389页。
⑤ 王孝廉：《灵蛇与长桥》，《花与花神》，台湾洪范书店有限公司1980年版，第57页。

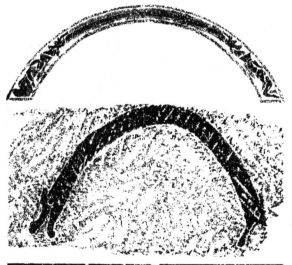

图2-44　龙头彩虹画像

上：山东沂水韩家曲村出土　中：河南唐河针织厂出土　下：江苏邳州占城出土

呈双首拱体龙的形象，与甲骨文"虹"或者古玉璜很像。山东沂水韩家曲村曾出土一方汉画像石，在半圆形的画面边缘刻一虹，虹的两端为龙头，龙头下各有一人举着容器在接水[①]（图2-44上）。

　　1972年河南唐河县针织厂西汉墓北主室顶部的画像石上刻有一长虹，呈半圆形，两端各刻一龙首（图2-44中）。江苏邳州占城出土的一块祠堂顶盖画像石，画面卜部两道龙首彩虹，虹下为三鱼拉车，车舆上有两人，前者为驭者，后者应为雨师，车轮卷状龙蛇纹（图2-44下）。这种头尾双首的龙图式与红山文化中的双首龙造型相似，到商周时期，这种以头尾双首龙为母题的图案是构成礼器图案的主要图式，用在神秘的祭祀礼仪之中。在古人的信仰中，这种头尾双首的龙的身体似乎是一个神秘的通道，死与生，都通过龙体而发生，经过神龙身体的人或物因而与神结合，获得神性。

　　由此可以看出，出现虹的画像其组合内容大多是与降雨以及祈福禳灾有关，可见汉代霓虹的出现是自然现象的吉祥。

　　汉代人认为，虹霓的出现是阴阳交合的象征。在汉画像中，彩虹出现在墓室的盖石上，并与水伯一起出游，也许是"且为朝云，暮为行雨"[②]。

四、水神天吴

　　古代水神很多，左思《吴都赋》曰："讫可休而凯归。揖天吴与阳侯。"天吴与阳候都是传说中的水神。诗人李贺"浩歌"曰："南风吹山作平地，帝遣天吴移海水。"可见天吴的能力在于治水。《山海经·海外东经》："朝阳之谷，神曰天吴，是为水伯。在虫虫北、两水间。其为兽也，八首人面，八足八尾，皆青黄。"[③]《图赞》云："天吴八首，更嬉迭怒是也。"《山海经·大荒东经》："有夏州之国。有盖余之国。有神人，八首人面，虎身十尾，名曰天吴。"[④]山东嘉祥武氏祠石阙上刻有

① 山东省博物馆、山东省文物考古研究所编：《山东汉画像石选集》，齐鲁书社1982年版，图448。

② 张道一：《汉画故事》，重庆大学出版社2006年版，第214页。

③ 方韬译注：《山海经》，中华书局2011年版，第260页。

④ 方韬译注：《山海经》，中华书局2011年版，第302页。

图 2-45　天吴画像

左：山东嘉祥武氏祠石阙东阙南面第四层（选自《金石索》木刻摹本）　右：山东滕州孔集出土（局部）

天吴的形象，山东滕州市孔集出土的画像石上也有天吴的图像（图 2-45）。

　　根据现代人的宇宙观，汉画像中的祥瑞图式，首先表现在汉画像中的天象图上。天象的变化与人的生活密切相关，所以人们把天象给人们带来的灾异与吉祥就特别重视。中国长期的农业社会，使中国古代天文观察有了很大的发展。当这种天象的观念与人的预测思想结合在一起后，就出现了在"天人相类""天人相感"观念上的祥瑞。祥就是对人的生存有价值、有好处，它是一个价值判断；瑞就是瑞应，是"天垂象，见吉凶"给人带来的警示语预告。从东皇太一神的崇拜，到阴阳主神的和谐图式；从北斗帝车的主导天界，到四象神灵的天界分野；从日月同辉、白昼永恒转换到对风雨雷电的神性描述；……汉画像中的祥瑞图式的设计，切合了人文的信仰与传统的观念，在一个墓室结构、祠堂图像搭配，或者一个独立的画面中得到艺术的呈现。中国古代艺术的模式化，图像表现的宏观气势，民俗信仰的原型意象，都在这一图式中得到定位与表现。我们不得不由衷地赞叹汉代工匠艺术家们的创造性。

第 三 章

汉画像中的地物图式

除了天象可以表现祥瑞，地上的物品出现也可以表示祥瑞。《释名》曰："地者，底也，其体底下，载万物也，亦言'谛'也，五土所生，莫不信谛也。"① 《周易》曰："坤也者，地也。"② 《中庸》曰："今夫地，一撮土之多。"③ 在《周礼》中，设有大司徒来掌管土地之事。《周礼》曰："（大司徒）以天下土地之图，周知九州之地域广轮之数，辨其山、林、川、泽、丘、陵、坟、衍、原、隰之名物。"④ 古人把大地作为母亲来崇拜，因为其"厚德载物"，吐育万物。当地上的人君能"光启九有，缉熙八政"时，就能使"坤德以宁，祥符锡庆"。大地上有山川河流、土地桑田等物，又有动物植物孕育出来。在汉代人的祥瑞图式中，有神山信仰，如昆仑山，蓬莱的三神山；在动物中，有虚拟的动物如龙、凤、九尾狐、麒麟等，有真实的动物，如虎、猴、马、龟等；在植物中，有连理木、扶桑、建木、芝草等。

第一节　动物祥瑞

动物在古代人的观念里具有无可替代的作用，动物世界是自然界的一部分，与人的世界相互作用，共同创造一个和谐的人类世界。汉代，受"天人感应""阴阳五行""谶纬神学"以及黄老神仙思想的影响，大量的动物被神化为祥瑞，涂上了一层神秘的色彩。汉代人相信，动物在一定程度上比人更能与神相知。就像瓦尔多为 2005 年版的《宗教百科全书》所撰写的"动物"词条所指出的，宗教甚至可以理解为为动物所创造、为动物所实践的存在。⑤ 据汉代的王延寿的《鲁灵光殿赋》记载：

飞禽走兽，因木生姿。奔虎攫挐以梁倚，仡奋舋而轩鬐。虬龙腾骧以蜿蟺，颔若动而躨跜。朱鸟舒翼以峙衡，腾蛇蟉虬而绕梁。白鹿子蜺于欂栌，蟠螭宛转而承楣。狡

① （宋）李昉等编纂，夏剑钦校点：《太平御览》第一册，河北教育出版社 1994 年版，第 309 页。

② 周振甫译注：《周易译注》，中华书局 2018 年版，第 365 页。

③ 陈晓芬、徐儒宗译注：《论语·大学·中庸》，中华书局 2015 年版，第 341 页。

④ 徐正英、常佩雨译注：《周礼》，中华书局 2014 年版，第 213 页。

⑤ 陈怀宇：《动物与中古政治宗教秩序》，上海古籍出版社 2012 年版，第 11 页。

兔跮伏于柟侧，猿狖攀橡而相追。玄熊舑舚以断断，却负载而蹲踞。①

考古发现西汉满城汉墓出土的动物纹就达 24 种之多。②南阳汉画像石馆的藏石中，动物画像就占 766 幅，占画像石总数的 40% 以上。③全国其他地方的汉画像石中，动物可以分为虚拟的和真实的两大类。动物以其特征而成为祥瑞的表现图式。

一、麒麟

麒麟，也称"骐麟"，简称"麟"，也作"麐"。古代把它看作是王者至德的象征，是圣王的嘉瑞。麒麟实际上是由不同的动物组合成的瑞兽，汉许慎《说文解字》：

"麒，仁兽也。麋身，牛尾，一角。④"麐（麟），牝麒也。⑤段玉裁注："状如麕，一角而戴肉，设武备而不为害，所以为仁也。⑥"

概括起来，麒麟应该具有如下特征：一是麋身，麋即麋鹿，比鹿大，俗称"四不像"；二是牛尾；三是一角。⑦可见麒麟的形象与一般长角的动物有很大区别，不能轻易见到，所以显得珍贵。

据《西京杂记》记载，秦始皇的墓前已经出现了作为墓道驱鬼辟邪的石麒麟，这是麒麟作为雕刻实物形象的最早记载。⑧对于麒麟是否真实存在，众说纷纭。文字学家康殷在《文字源流浅说》中说认为鹿（麐麟）的文字化惟妙惟肖。由此可知商代中原的确是有鹿的，只是在后代文人、画家的笔下变成了怪兽，而在日本，直到现代仍然称鹿为"麒麟"。⑨汉代尊奉儒家思想，"仁"是儒家思想的核心，是一种含义极其广泛的道德范畴。《礼记·中庸》曰："仁者，人也，亲亲为大。⑩"《论语·学而》曰："泛爱众而亲仁。⑪"孔子讲"仁"，包括恭、宽、信、敏、惠、智、勇、忠、恕、孝、弟等。但这些都太抽

① （梁）萧统编，（唐）李善注：《文选》，上海古籍出版社 1986 年版，第 508 页。

② 吴杏全：《满城汉墓出土动物纹装饰艺术初探》，《文物春秋》1995 年第 3 期。

③ 李建：《汉画像石中动物形象的文化寓义》，选自顾森、邵泽水主编：《大汉雄风——中国汉画学会第十一届年会论文集》，高等教育出版社 2008 年版，第 285 页。

④ （清）段玉裁撰：《说文解字注》，中华书局 2013 年版，第 562 页。

⑤ （清）段玉裁撰：《说文解字注》，中华书局 2013 年版，第 562 页。

⑥ （清）段玉裁撰：《说文解字注》，中华书局 2013 年版，第 475 页。

⑦ 张道一：《麒麟送子考索》，山东美术出版社 2008 年版，第 4 页。

⑧ 徐华铛：《中国麒麟艺术》，天津人民美术出版社 2003 年版，第 6 页。

⑨ 康殷：《文字源流浅说》（增订本），国际文化出版公司 1992 年版。

⑩ 陈晓芬、徐儒宗注译：《论语·大学·中庸》，中华书局 2015 年版，第 324 页。

⑪ 陈晓芬、徐儒宗注译：《论语·大学·中庸》，中华书局 2015 年版，第 9 页。

图 3-1　汉山阳麟凤碑（《金石索》木刻摹本）

① （唐）徐坚等：《初学记》，中华书局 1962 年版，第 700 页。

② （梁）沈约：《宋书》，中华书局 2000 年版，第 531 页。

③ 胡平生、张萌译注：《礼记》，中华书局 2017 年版，第 435 页。

象，于是古人就想象出一个"仁兽"——麒麟，把仁厚的所有美德都集中在它身上，形成了一个符号。随着谶纬的兴起，有了"麟吐玉书于阙里"，神化了孔子的诞生。麒麟的形象一直在发展，《广雅》曰：

麟者，含仁怀义，行步中规，折还中矩，游必择土，翔必后处；不履生中，不折生草；不群居，不旅行；不犯陷阱，不罹罜网。①

《宋书·符瑞志》曰：

麒麟者，仁兽也。牡曰麒，牝曰麟。不刳胎剖卵则至。麇身而牛尾，狼项而一角，黄色而马足。含仁而戴义，音中钟吕，步中规矩，不践生虫，不折生草，不食不义，不饮洿池，不入坑阱，不行罗网。明王动静有仪则见。牡鸣曰逝圣，牝鸣曰归和，春鸣曰扶幼，夏鸣曰养绥。②

可见，麒麟的特征由"麇身、牛尾、一角"三个特点发展成了"麇身、牛尾、狼项、一角、黄色、马足"六个特点，并且更有"仁"德了。

古人最初是相信麒麟的存在的，《礼记·礼运》曰：

何谓四灵？麟、凤、龟、龙，谓之四灵。故龙以为畜，故鱼鲔不淰；凤以为畜，故鸟不獝；麟以为畜，故兽不狨；龟以为畜，故人情不失。故先王秉蓍龟，列祭祀，瘗缯，宣祝嘏辞说，设制度，故国有礼，官有御，事有职，礼有序。③

意即麟、龙、龟、凤居于毛、鳞、介、羽各类动物之首。《金石索》刻有"汉山阳麟凤碑"（图 3-1），赞曰：

天有奇鸟，名曰凤凰。

时下有德，民富国昌。

> 黄龙嘉禾，皆不隐藏，
>
> 汉德巍巍，分布宣扬，
>
> 天有奇兽，名曰麒麟，
>
> 时下有德，安国富民。
>
> 忠臣竭节，义以修身，
>
> 闻怨采善，明明我君。①

　　孔子本人也是深信麒麟的存在，并视麒麟为太平盛世的象征。《史记·孔子世家》曰："鲁哀公十四年春，狩大野。叔孙氏车子钼获兽，以为不祥。仲尼视之，曰：'麟也。'取之。曰：'河不出图，雒不出书，吾已矣夫！'颜渊死，孔子曰：'天丧予！'及西狩见麟，曰：'吾道穷矣！'"②看到被打死的麒麟，孔子非常伤心。他正在修撰的《春秋》也因此愤而停作，故后世也称《春秋》为《麟经》或者《麟史》。

　　汉代，西狩获麟被演绎成周灭汉兴的符应。麟为木精，木色苍，乃周王朝的象征，是周王朝的祥瑞，麟死则对周王朝是不祥之兆，预示着姬周的运数终结。但麟又是祥瑞，象征火德的刘汉王朝取而代周。汉初开始，孔子被渐渐神话，甚至成了神仙，并且为汉代统治者服务。翦伯赞说："纬书中之所以收录真的神话，正是为了要把一批新制造的假神话糅杂进去。"纬书的目的就是从侧面捧孔子，"以捧孔子者。捧儒家学说；以捧儒家学说者，捧儒家学说之利用者汉代的统治者。"③

　　据《宋书·符瑞志》载，自汉武帝元狩元年至晋成帝咸和八年的450多年间，祥瑞麒麟出现75起；自汉昭帝始元三年至宋孝武帝孝建元年的530多年间，祥瑞凤凰出现180多起；自汉惠帝二年至宋孝武帝大明元年的650年间，祥瑞龙出现76起。④从这个数字的多寡，可以看出不同时期谶纬的温差。据《符瑞志》记载，汉武帝元狩元年十月：

> 行幸雍，祠五畤，获白麟。作白麟之歌。
>
> 汉武帝太始二年三月，获白麟。

① （清）冯云鹏、冯云鹓同辑：《金石索》，双桐书屋藏版，清道光十六年跋刊（1836年），"石索四"。

② （汉）司马迁著，韩兆琦译注：《史记》，中华书局2010年版，第3829页。

③ 翦伯赞：《秦汉史》，北京大学出版社1983年版，第502页。

④ （梁）沈约撰：《宋书》，中华书局2000年版，第519页。

汉章帝元和二年以来，至章和元年，凡三年，麒麟
五十一见郡国。

汉安帝延光三年七月，麒麟见颍川阳翟。

延光三年八月戊子，麒麟见颍川阳翟。

延光四年正月壬午，麒麟见东郡濮阳。

汉献帝延康元年，麒麟十见郡国。[①]

《金石索·石索四》卷十载有"汉麒麟碑"摹本，上刻麒
麟，并标有榜题"麒麟"二字（图3-2·1）。山东嘉祥武氏祠
有一方画像石，原标号为"祥瑞图一"，画面分上下三层，都
刻有祥瑞图像（图3-2·2）。第一层，一兽面左而立，榜题可
见"刳胎""则至"四字。《山左金石志》曰："次一兽如麟，
左向，在神鼎下，题榜一行，云：'□不刳胎残少则至'，泐一
字。"[②]1982年，徐州燕子埠出土一方墓柱画像石，画面分成
上下四格，第三格刻有福德羊和麒麟，麒麟一角带肉，其旁有

① （梁）沈约：《宋书》，中华
书局 2000 年版，第 531 页。

② 蒋英炬、吴文祺：《汉代武
氏墓群石刻研究》，人民美
术出版社 2014 年版，第 89
页。

图 3-2　有榜题的
麒麟汉画像

1.《金石索》木刻
摹本麒麟画像

2.山东嘉祥武氏祠
祥瑞图中的麒麟木
刻摹本

3.江苏徐州燕子埠
尤村出土（此中榜
题写作"骐麟"）

图 3-3　麒麟画像
1.麐麟图的文字化　2.四川昭觉县汉石阙画像　3.陕西绥德汉墓出土画像　4.江苏睢宁旧朱集出土

榜题"骐麟"二字①（图 3-2·3）。在四川地区的石阙上、陕北地区的墓门上以及苏北地区也可以常见麒麟画像（图 3-3）。到后来麒麟成了象征早生贵子、子孙贤德的吉祥物。一直到现在，谁家生了孩子，一般都称作"麟儿""麟子"。

二、凤凰

　　凤凰是四灵之一，也是众多祥禽中最为显赫的瑞鸟。凤凰亦名朱雀、玄鸟、鸾鸟、皇鸟等，《山海经·大荒西经》曰："有五采鸟三名：一曰皇鸟，一曰鸾鸟，一曰凤鸟。"②是传说中的一种神鸟。它本身是现实生活中很多动物的合体。《尔雅·释鸟第十七》卷十曰：

　　　　"鹠，凤。其雌皇。"郭璞注曰："瑞应鸟。鸡头、蛇颈、燕颔、龟背、鱼尾。五彩色，高六尺许。"③

　　《说文》曰：

　　　　凤之象也，麐前鹿后，蛇头鱼尾，龙文龟背，燕颔鸡啄，五色备举。④

　　《韩诗外传》卷八载黄帝问天老凤凰事，天老对曰：

① 南京博物院、邳县文化馆：《东汉彭城相缪宇墓》，《文物》1984 年第 8 期。

② 方韬译注：《山海经》，中华书局 2011 年版，第 312 页。

③ 管锡华译注：《尔雅》，中华书局 2014 年版，第 616 页。

④ （清）段玉裁撰：《说文解字注》，中华书局 2013 年版，第 149 页。

① （汉）韩婴撰，（清）周廷寀校注：《韩诗外传》，《丛书集成初编》，中华书局 2010 年版，第 102 页。

② （西汉）戴德选编，（清）王聘珍解诂：《大戴礼记》，中华书局 1983 年版，第 259 页。

夫凤象，鸿前鳞后，蛇颈而鱼尾，龙文而龟身，燕颔而鸡喙，戴德负仁，抱忠扶义，延颈奋翼，五彩备明，往即文治，来即嘉成。①

凤凰是百鸟之王，是古人眼里最美的飞禽，在它飞翔时会有百鸟相随，儒家认为这是伦理的体现，是祥瑞的象征。《大戴礼记·易本命》卷十三曰：

有羽之虫三百六十，而凤凰为之长。②

《春秋演孔图》曰：

凤，火之精也，生丹穴，非梧桐不栖，非竹实不食，非醴泉不饮。身备五色，鸣中五音，有道则见，飞则群鸟从之。

《宋书·符瑞志》对凤凰的记载最详细：

凤凰者，仁鸟也。不刳胎剖卵则至。或翔或集。雄曰凤，雌曰凰。蛇头燕颔，龟背鳖腹，鹤颈鸡喙，鸿前鱼尾，青首骈翼，鹭立而鸳鸯思。首戴德而背负仁，项荷义而膺抱信，足履正而尾系武。小音中钟，大音中鼓。延颈奋翼，五光备举。兴八风，降时雨，食有节，饮有仪，往有文，来有嘉，游必择地，饮不妄下。其鸣，雄曰"节节"，雌曰"足足"。晨鸣曰"发明"，昼鸣曰"上朔"，夕鸣曰"归昌"，昏鸣曰"固常"，夜鸣曰"保长"。其乐也，徘徊徊徊，雍雍喈喈。唯凤凰为能究万物，通天祉，象百状，达王道，率五音，成九德，备文武，正下国。故得凤之象，一则过之，二则翔之，三则集之，四则春秋居之，五则终身居之。③

可见凤凰是集大成之美，是最具祥瑞象征的瑞鸟。据《宋书·符瑞志》记载，自汉昭帝始元三年（公元前 84 年）至南北朝宋孝武帝孝建元年（454 年），五百多年间共见凤凰 188 次。④

凤凰在我国古代民间自古就代表着美好与吉祥，是吉庆

③ （梁）沈约：《宋书》，中华书局 2000 年版，第 532 页。

④ （梁）沈约：《宋书》，中华书局 2000 年版，第 532 页。

的象征。《山海经·南山经》云："是鸟也，饮食自然，自歌自舞，见者天下安宁。"① 可见凤凰在时人心中是祥瑞的征兆和舞神的化身。"凤凰"还有和谐的意蕴。"五彩色"是五条社会伦理的象征，即"德、义、礼、仁、信"。如《山海经·南山经》说："（凤凰）首文曰德，翼文曰义，背文曰礼，膺文曰仁，腹文曰信"。② 《山海经·海内经》也说："鸾鸟自歌，凤鸟自儛"，"凤鸟首文曰德，翼文曰顺，膺文曰仁，背文曰义，见则天下和。"③ 凤凰形象不仅表示阴阳之"和"，也表示人类社会之"和"。其实也是一种期盼，希望天下没有分歧和争斗，能够和谐安宁。汉代墓葬中凤凰的图像大量出现。四川梓潼县曾出土一方带有榜题的凤凰画像砖，有"凤皇出"三字榜题（图3-4上）。该画像砖上的凤凰造型简单，但是长冠飞舞，用几根长线表现出羽尾的硕大美丽，神态傲然。

凤凰是帝王的祥瑞，是圣明君主在世的祥瑞，《东观汉记·世祖光武皇帝》卷一记载：

> 帝生济阳时，先是有凤凰集济阳，故宫中皆画凤凰，

① 方韬译注：《山海经》，中华书局2011年版，第16页。

② 方韬译注：《山海经》，中华书局2011年版，第16页。

③ 方韬译注：《山海经》，中华书局2011年版，第343页。

图3-4 汉画砖中带铭文的凤凰画像
上：四川梓潼县"凤皇出"画像砖
下：四川宜宾"善"字画像砖

① （东汉）班固等撰：《东汉观记》，《丛书集成初编》，中华书局 2010 年版，第 1 页。

② （清）马国翰辑：《玉函山房辑佚书》，上海古籍出版社 1990 年版，第 2873 页。

③ ［日］安居香山、中村璋八：《纬书集成》，吕宗力等译，河北人民出版社 1994 年版，第 549 页。

④ （清）陈立撰，吴则虞校：《白虎通疏证》，中华书局 1994 年版，第 541 页。

⑤ （东汉）班固：《汉书》，中华书局 1999 年版，第 1037 页。

圣端始于此。①

孙柔之《瑞应图》曰：

> 凤，王者之嘉应社。

又：

> 人君行步有容，进退有度，祭祀有礼，亲疏有序而至。②

明代孙珏《古微书》辑《尚书考灵耀》曰：

> 明王之治，凤凰之下。

又辑《乐稽耀嘉》曰：

> 国安，其主好文，则凤凰来翔。③

《白虎通》曰：

> 黄帝之时，凤凰蔽日而至，止于东园，食常竹实，栖常梧桐，终身不去。④

因此，昭帝时因凤凰出现而改年号为"元凤"。宣帝时"凤凰集上林，乃作凤凰殿，以答嘉瑞"⑤说明帝王只要有君德，凤凰就能出现，意思就是希望帝王能有仁善之心。而皇权也需要这种"凤凰来翔"的吉兆来宣示政权的稳固和君主的明德和仁善。在四川宜宾出土的一块凤凰画像砖上就有铭文"善"字（图 3-4 下）。

在汉画像里，单独出现的凤凰，除了前一章讲过的凤鸟衔鱼，凤鸟衔绶带，更多的是凤鸟衔珠（图 3-5）。这个"珠"就是汉代从帝王到民众都渴望求得的仙丹。而凤凰头上一般都有冠，"戴胜为凤，含绶为凰"，胜是妇女头上所戴的饰品，西王母头上就有胜，有"胜过"的汉仪，具有祥瑞辟邪的功能（见第四章）。绶则是配印的象征，做官的标志。无论是凤鸟衔着丹还是绶带或是鱼，其寓意都有"长宜子孙"、庇佑后人的祥瑞象征意义。仙丹由玉兔和蟾蜍捣药炼出，再有凤凰衔着，由羽人索取，凤凰在其中成为西王母传播仙药的使者——青鸟。所以，这种羽人—凤鸟的图式在汉画像里比比皆是。

图 3-5　凤鸟衔丹画像

1.山东临沂白庄出土（局部）　2.山东莒县东莞村出土（局部）　3.山东微山两城山出土（局部）　4.山东微山两城山出土（局部）　5.江苏铜山贾江山上（局部）　6.山东滕县大郭村出土（局部）　7.江苏徐州十里铺汉墓出土（局部）

三、九尾狐

九尾狐在汉画像里是比较多见的题材（图3-6），目前为止出土的汉画像中，九尾狐有两种图式，一是尾巴呈树杈状或梳齿状，二是尾巴并不分成九股，而只是一根整体硕大的尾巴，也就是蓬尾，主要是为了突出其非正常性及怪异特质。所以，在汉画中，有些狐并不一定全是九尾，我们在各地的画像石中，可以看到有的狐狸是六尾、七尾或者八尾。"九"在古代数字中具有"多"的意思。《山海经》中曾有多处提到九尾狐：

> 又东三百里，曰青丘之山。其阳多玉，其阴多青䨼。
> 有兽焉，其状如狐而九尾，其音如婴儿，能食人，食者

图3-6　汉画像中的九尾狐画像

1、2.汉代铜镜背部九尾狐画像　3.山东嘉祥洪山出土九尾狐画像　4.河南郑州汉画砖九尾狐、三足乌画像　5.四川郫县竹瓦铺出土九尾狐画像　6.山东临沂出土九尾狐画像

不盡。①

《山海经·南山经》

青邱国在其北，其狐四足九尾。一曰在朝阳北。②

《山海经·海外东经》

有青邱之国，有狐，九尾。③

《山海经·大荒东经》

又南五百里，曰凫丽之山，其上多金、玉，其下多箴石。有兽焉，其状如狐而九尾九首，虎爪，名曰蠪姪，其音如婴儿，是食人。④

《山海经·东山经》

在这些记载里。我们可以看出九尾狐有"食者不蛊"的功效，吃了九尾狐的肉就能远避妖邪，百毒不侵，具有辟邪的作用。日本学者伊藤清司强调《山海经》所描述的世界为"外部世界"，它区别于当时中原人生活的"内部世界"。"外部世界"是野生空间，是"怪物的空间"，九尾狐就是这外部空间中的一个怪物。⑤汉章帝建初四年召开白虎观会议，由班固写成《白虎通义》一书，书中有两处提到九尾狐：

德至鸟兽则凤皇翔，鸾鸟舞，麒麟臻，白虎到，狐九尾，白雉降，白鹿见，白鸟下。

狐九尾何？狐死首丘，不忘本也，明安不忘危也。必九尾者何？九妃得其所，子孙繁息也。于尾者何？明后当盛也。⑥

在这里九尾狐的出现是成就帝王大业、明君在世的吉祥之兆。

《吴越春秋·越王无余外传》卷六的记载中：

禹三十未娶，行到涂山，恐时之暮，失其度制。乃辞云："吾娶也，必有应矣。"乃有白狐九尾造於禹。禹曰："白者，吾之服也。其九尾者，王之证也。"涂山之歌曰："绥绥白狐，九尾痝痝。我家嘉夷，来宾為王。成家成室，

① 方韬译注：《山海经》，中华书局 2011 年版，第 6 页。

② 方韬译注：《山海经》，中华书局 2011 年版，第 250 页。

③ 方韬译注：《山海经》，中华书局 2011 年版，第 290 页。

④ 方韬译注：《山海经》，中华书局 2011 年版，第 121 页。

⑤ [日] 伊藤清司：《〈山海经〉中的鬼神世界》，刘晔原译，中国民间文艺出版社 1985 年版，第 1—16 页。

⑥ （清）陈立撰，吴则虞校：《白虎通疏证》，中华书局 1994 年版，第 284、286、287 页。

① 崔冶译注：《吴越春秋》，中华书局 2019 年版，第 156 页。

② （清）陈立撰，吴则虞校：《白虎通疏证》，中华书局 1994 年版，第 287 页。

③ （汉）司马迁著，韩兆琦译注：《史记》，中华书局 2010 年版，第 2063 页。

④ （梁）沈约：《宋书》，中华书局 2000 年版，第 513 页。

⑤ 袁珂：《中国神话传说》，中国民间文艺出版社 1984 年版，第 345 页。

⑥ 《山海经》（《正统道藏》本，艺文印书馆印行）第 36 册，第 29115 页。

⑦ 张元济等辑：《竹书纪年》，《四部丛刊史部》，上海涵芬楼 1912—1948 年影印天一阁刊本，第 32 页。

⑧ 高永旺译注：《穆天子传》，中华书局 2019 年版，第 17 页。

我造彼昌。天人之际，於兹则行。"明矣哉！禹因娶涂山，谓之女娇。①

《白虎通·封禅》卷三上曰：

> 狐九尾何？狐死首丘，不忘本也，明安不忘危也。必九尾者也？九妃得其所，子孙繁息也。于尾者何？明后当盛也。②

这里可以得知九尾狐还具有象征子孙繁息的吉祥寓意。九尾狐的九尾象征子孙繁息与星宿中的尾宿有关。《史记·天官书》曰："尾为九子。"《索隐》引宋均云："属后宫场，故得兼子。"又引《春秋元命苞》云："尾九星，箕四星，为后宫之场也。"《正义》曰："星近心第一星为后，次二星妃，次三星嫔，末二星妾。"③

传说大禹得天下、周文王得东夷时都曾有九尾狐出现。《宋书·符瑞志》云：

> 有白狐九尾之瑞。

又云：

> 九尾狐，文王得之，东夷归焉。④

九尾狐曾被视为和龙凤龟麟一样的"属于吉祥的生物"⑤，郭璞《九尾狐赞》云：

> 青丘奇兽，九尾之狐。有道祥见，出则衔书。作瑞于周，以摽灵符。⑥

如《竹书纪年·夏纪》：

> 帝杼征于东海，及三寿，得一狐九尾。⑦

《穆天子传》：

> 天子猎于渗泽，于是得白狐玄貉焉。⑧

九尾狐的出现就是上天对仁王施行德政的褒奖。

汉画像石中九尾狐很少单独出现，它大多作为西王母图像系统中的一员和西王母其他配属动物出现在同一个画面中（图3-7）。九尾狐与西王母共同配置在同一画面的图像可分为水平

式与垂直式两种图式。在水平式中，西王母正中端坐，九尾狐
则位于西王母的左侧或右侧，大都与捣药兔、蟾蜍分列相对。
也有一些图中九尾狐是和捣药兔、蟾蜍均在西王母的一侧。在
垂直式中，西王母多与捣药兔位居上层，而九尾狐多居于西王
母座下或下层空间。东汉以后，西王母图像系统中的九尾狐与
其他配属动物间逐渐形成固定的图式。以西王母为中心，九尾
狐多与三足乌或者仙人配对出现，而与捣药兔、蟾蜍形成对立
的关系。① 除了西王母图像系统，九尾狐与蟾蜍玉兔、三足乌
一样还出现在日月图像系统中。一般蟾蜍和玉兔作为阴的特性
处在月亮之中，而九尾狐与三足乌出现在日中，由于九尾狐出

① 高莉芬：《九尾狐：汉画像
西王母配属动物图像及其
象征考察》，(台湾)《政大
中文学报》2011 年第 6 期。

1

3

2

4

图 3-7　西王母世界里的九尾狐图式

1.四川出土画像砖　2.绥德四十里铺墓门楣画像　3.山东邹城高庄乡金斗山出土　4.山东安丘魏丘墓中室封顶画像（局部）

现的比较晚，所以，在很多画像石中，月亮里只有三足乌。在西王母系统中，它是作为伴生形象出现的，有辟邪之意，是一个祥瑞形象；而在日月系统中九尾狐和三足乌出现在日轮中，象征"阳"，伏羲女娲形象的引入更是强化了这种图式。^①东汉晚期山东安丘魏丘墓中室封顶图中，在日轮中刻有九尾狐。

四、羊

"羊"的图像是汉画像比较常见的题材，以山东地区、陕西和山西地区出现的数量为多。目前笔者共搜集到约百幅关于羊的汉画像图片，这些羊图像从东汉早期到晚期一直都有陆续出现。

许慎《说文解字·羊部》释美："美，甘也。从羊大，羊在六畜主给膳也。"^②《春秋说题辞》："羊者，祥也"，"祥，福也"。《释名·释车第二十四》卷七曰："羊，祥也；祥，善也。"毕沅曰：《春秋说题辞》："羊者，祥也。汉碑每以吉羊为吉祥。"^③由此"羊大为美"之说一直影响至今。向祖先灵魂供奉牺牲和祭食是古代祭祀典礼中最重要的仪式。羊在祭祀活动中扮演很重要的角色，被视为沟通天、地的使者，同时作为祭品被供奉给神灵和祖先。汉代，羊成为一种表达美夏国瑞、辟邪的文化符号。徐州汉画馆收藏一块汉画像石，画面上下两层，上层为一鸡首人身的神人，下层为一只羊，鸡同"吉"，羊同"祥"，所以此画像石正是典型的"吉祥图"（图3-8左）。

（一）羊的德行

汉代，深受儒家学说影响的人们，对人的德行尤为重视。羊因其柔顺的自然属性被华夏先民赋予诸多美好品德。古人认为善良、温顺、知礼是羊最大的品德。

如《诗经·召南·羔羊》曰：

召南之国，化文王之政，在位皆节俭正直，德如羊羔也。^④

① 戴璐：《汉代艺术中的九尾狐形象研究》，《民族艺术》2013年第3期。

② （清）段玉裁撰：《说文解字注》，中华书局2013年版，第148页。

③ （汉）刘熙撰，（清）毕沅疏证，王先谦补：《释名疏证补》，中华书局2008年版，第246页。

④ 王秀梅译注：《诗经》，中华书局2015年版，第34页。

图 3-8 "吉祥"画像

左：作者收藏"吉祥图"

右：养老"吉祥图"（局部）

这就是在说王的德政以及善良的品性。汉代吉祥作"吉羊"，清代阮元《积古斋钟鼎彝器款识·汉洗·大吉羊洗》有"大吉羊，宜用"铭文，汉元嘉刀铭有"宜候王，大吉羊"。汉瓦当、铜器中亦多有"大吉羊"字样。[1] 到了汉代，羊被赋予更多的吉祥意义。汉人认为羊是仁义和知礼知孝的象征。《谯周法训》曰：

> 羊有跪乳之礼，鸡有识时之候，雁有庠序之仪，而人取法焉。[2]

再如《春秋繁露》曰：

> 羔有角而不任，设备而不用，好仁者；执之不鸣，杀之不啼，类死义者；羔食于其母，必跪而受之，类之礼者；故羊之为言犹祥与，故卿以为贽。[3]

羊还表示官员大夫的高尚品格，《后汉书》记曰：

> 诗人贤士为大夫者，言其德能，称有洁白之性，屈柔之行，进退有度数也。[4]

汉画像里，自然少不了对羊的品质的刻画，借以"彰显功德"、粉饰自己以及"恶以诫世，善以示后"，教化后人及观者。

① 周保平：《汉代吉祥画像研究》，天津人民出版社 2012 年版，第 277 页。

② （唐）徐坚等：《初学记》，中华书局 1962 年版，第 710 页。

③ （汉）董仲舒著，（清）苏兴撰，钟哲点校：《春秋繁露义证》，中华书局 1992 年版，第 419 页。

④ （南朝）范晔撰，（唐）李贤等注：《后汉书》，中华书局 1999 年版，第 2470 页。

民间习俗中亦有"送羊劝孝"的传统。成都曾家包汉墓后室壁上雕刻的农作、养老图，如图3-8右画面上部为双羊图，下部为养老图。左边是仓房，房外一人双手捧物，仓房的右侧立有一树，一执鸠仗老人踞坐树下；右为一双层带回廊楼房，一人凭栏侧坐，疑为墓主人，一侍女立在其身侧，正在给其递送物品。画面似乎在告诫观者，羊尚有"跪乳之义，何况人乎?"意在教育后人要对父母尽孝，"事死如事生，事广如事存，孝之至也。"①不仅生前要尽孝，死后也要尽孝。江苏邳州燕子埠曾出土一方画像石，画面刻有一只羊，羊身上立一回首的鸟，石上刻有铭文"福德羊"（图3-9·4）。

（二）羊与升仙

升仙，是汉画像所表达的一个永恒主题。汉画像石中充满了对升仙的主题刻画，求取仙丹药，借助珍禽瑞兽引领等，是人们升仙的方式。羊在汉画像里便被刻画成升仙的工具之一。②《春秋命历序》曰：

> 皇神出于淮，驾六飞羊，政三百岁。③

《路史·前纪三》卷三曰：

> 人皇氏没，狟神次之，出于长淮，驾六蜚羊，政三百岁，五叶千五百岁。④

《列仙传》曰：

> 葛由者，羌人也。周成王时，好刻木羊卖之。一旦骑羊而入西蜀，蜀中王侯贵人追之上绥山。绥山在峨眉山西南，高无极也，随之者不复还，皆得仙道。⑤

山东省嘉祥县城南嘉祥村出土的小祠堂西壁汉画像是羊车升仙的典型图像（图3-9·1）。画像分五层。第一层，西王母正面端坐，左右各一踞跪献仙草者，另有披发立者也持仙草，其后有两只鸡首人身兽亦持仙草向西王母跪献。第二层，左刻着由三只仙禽牵引的云车，正风驰电掣般自左向右驶来，车前一仙人披长发骑兔举幡导引；中间两只伶俐可爱的玉兔正在

① 陈晓芬、徐儒宗译注：《论语·大学·中庸》，中华书局2015年版，第321页。

② 刘丹：《汉画像中羊形象的审美研究》，《开封大学学报》2012年第3期。
③ （唐）徐坚等：《初学记》，中华书局1962年版，第710页。
④ （清）纪昀、永瑢等编撰：《文渊阁四库全书》第383册，台湾商务印书馆1982年版，第11页。

⑤ （汉）刘向、（晋）葛洪：《列仙传·神仙传》，上海古籍出版社1990年版，第52页。

图3-9　吉羊画像

1.山东省嘉祥县城南嘉祥村出土　2.山东苍山县城前村出土　3.滕州桑村镇大郭村出土　4.江苏邳州燕子埠"福德羊"　5.山东临沂白庄出土　6.河南郑州出土空心画像砖　7.山东崂山苗头出土

捣制着不死之药；右边是前后两头共身的怪兽，兽背上仙人吹竽；双头兽右边一长发仙人手牵三足乌和九尾狐。这些形象都是作为西王母所在仙界的象征而描绘上去的。第三层，羊拉车出行，骑羊者、乘车者皆肩生双翼。第四层，一车二骑出行。第五层，狩猎场景，左边一人执棒牵狗，右边一人扛竿，一人扛弩，兔等猎物被圈在中央。祠主在这里是希望借助仙禽以及羊、羊车，在仙人的导引下到达西王母的仙境里。山东苍山县城前村和滕州桑村镇大郭村都有类似的羊拉车出土（图 3-9·2 与图 3-9·3），画面上都是羊拉着车，车上一般是驭者和墓主人两人，在神羊的引领下向西王母仙境行进。山东临沂白庄曾出土羽人骑着翼羊的画像石（图 3-9·5）。

（三）羊与辟邪

汉代在许多礼仪场合中，都要用羊牲或羊头，其用意可能是祭祀或祈求吉祥。用羊祀神以求福，乃是当时人们惯常的思想、习惯和做法。[1]《山海经·南山经》记载："东三百里，曰基山，其阳多玉，其阴多怪木。有兽焉，其状如羊，九尾四耳，其目在背，其名曰猼訑，配之不畏。"[2] 不仅如此，汉代人认为悬挂羊头还可以防盗。《杂五行书》载："悬羊头门上，除盗贼。"山东章丘黄土崖汉墓是出现羊头最多的汉画像石墓。所有墓门门楣共刻有大小不一的羊头 11 个。[3] 羊头其实就是辟邪的一种手段。

将羊头刻画在墓室门楣上的做法，就是想借助土羊的势力以保障墓葬的安全。其作用和铺首等图像是完全一样的。墓门上的羊头图像所包含的意义既有辟邪的一面，也有起死回生的企求和希望[4]（图 3-9·7）。

羊还常常被置于墓前，防止陵墓被盗，驱邪辟凶，是刚正、勇敢的标志。丁山在《中国古代宗教与神话考》中曾认为羊是："聪明正直、敢于狙击凶邪的吉祥大神。"[5] 汉画像里还有"一角羊"，称"獬豸"，《论衡·是应篇》载："觟𧣾者，一

① 李发林：《汉画考释和研究》，中国文联出版社 2000 年版，第 150 页。

② 方韬译注：《山海经》，中华书局 2011 年版，第 5 页。

③ 章丘市博物馆：《山东章丘市黄土崖东汉画像石墓》，《考古》1996 年第 10 期。

④ 张从军：《黄河下游的汉画像石艺术》，齐鲁书社 2004 年版，第 241—243 页。

⑤ 丁山：《中国古代宗教与神话考》，上海书店出版社 2011 年版，第 557 页。

角之羊也，性知有罪。皋陶治狱，其罪疑者令羊触之。"①所以汉代人认为羊是能辨别善良曲直，能给善良的人带来吉祥，给邪恶的人带来打击，是正义的化身（图3-9·6）。

五、比翼鸟、比肩兽

比翼鸟是中国古代传说中的瑞鸟，又名鹣鹣、蛮蛮。传说这种鸟仅一目一翼，不比不飞，必须雌雄并翼飞行。《尔雅·释地第九》云：

> 南方有比翼鸟焉，不比不飞，其名谓之鹣鹣。②

比翼鸟的吉祥寓意大约出现在西汉中期之后。故常比喻恩爱夫妻情深谊厚、形影不离。《博物志余》讲得更为详细：

> 南方有比翼鸟，飞止饮啄，不相分离……死而复生，必在一处。③

如此奇异的鸟，古人必然要附会于一定的休咎兆验。《山海经·海外南经》：

> 比翼鸟在其东，其为鸟青赤，两鸟比翼。④

《韩诗外传》卷五曰：

> 南方有鸟名曰鹣，比翼而飞，不相得不能举。⑤

《瑞应图》：

> 王者德及高远，则比翼鸟至。

意思是君王的德行能惠及偏远之处，比翼鸟就会作为祥瑞出现。由此可以看出比翼鸟为远方之瑞物。

《博物志·异鸟》：

> 见则吉良，乘之寿千岁。⑥

山东嘉祥武梁祠屋顶后坡画像石（原编号为"祥瑞石二"）分三层，第一层左起第四刻一两首两足瑞鸟，左右二翼，尾有四羽，榜题曰："比翼鸟王者德及高远则至。"（图3-10·1）内蒙古和林格尔东汉墓壁画墓也有比翼鸟的榜题。黄易在《小蓬莱阁金石文字》中记载："比翼鸟，又作双首鸟，题曰：比翼

① （东汉）王充著，袁华忠、方家常译注：《论衡全译》，贵州人民出版社1993年版，第1078页。

② 管锡华译注：《尔雅》，中华书局2014年版，第429页。

③ （清）纪昀、永瑢等编撰：《文渊阁四库全书》，台湾商务印书馆1982年版，第848页。

④ 方韬译注：《山海经》，中华书局2011年版，第222页。

⑤ （汉）韩婴撰，（清）周廷寀校注：《韩诗外传》，《丛书集成初编》，中华书局2010年版，第70页。

⑥ （晋）张华撰，祝鸿杰译注：《博物志全译》，贵州人民出版社1992年版，第72页。

图3-10　比翼鸟、比肩兽画像

1、2.山东嘉祥比翼鸟、比肩兽画像（《金石索》木刻摹本）　3、4.沂南北寨村比翼鸟、比肩兽画像　5.山东临沂白庄出土双头鸟

鸟，王者德及高远则至。"山东沂南北寨村汉墓的中室过梁上也有比翼鸟的画像（图3-10·3）。山西离石马茂庄2号汉墓前室西壁也刻有一只比翼鸟的形象，双头，展翅翘尾，四周云气缭绕。山东临沂白庄出土双头鸟，也是比翼鸟的象征（图3-10·5）。

三国魏曹植《曹子建集·送应氏》诗之二：

> 山川阻且远，别促会日长，愿为比翼鸟，施翮起高翔。[1]

唐白居易《长庆集·长恨歌》：

> 在天愿作比翼鸟，在地愿为连理枝。[2]

比肩兽为邛邛岠虚与蹷二兽的合称。《尔雅·释地》云：

> 西方有比肩兽焉，与邛邛岠虚比，为邛邛岠虚啮甘草，即有难，邛邛岠虚负而走，其名谓之蹷。注曰："鼠后而兔前，前高不得取甘草，故须蹷食之。"[3]

《吕氏春秋·不广》：

> 北方有兽，名曰蹷，鼠前而兔后，趋则跲，走则颠，常为蛩蛩距虚取甘草以与之。蹷有患害也，蛩蛩距虚必负而走。此以其所能托其所不能。[4]

《韩诗外传·五》中也有类似的记载。蛩蛩距虚长短不一的脚使它行动不便。但它却能经常给"邛邛岠虚"采甘草吃，等到它遇到危险的时候，邛邛岠虚便把它背在背上，共同逃难。《山海经·海外北经》：

> （北海内）有素兽焉，状如马，名曰蛩蛩。

郭璞注：

> 即蛩蛩巨虚也，一走百里。[5]

这应该是一种相互合作、互惠互利的关系。而袁珂先生认为：蹷（或作蟨）与蛩蛩距虚二兽合称"比肩兽"。

比肩兽在汉代有辟除不祥的吉祥寓意。在若干镜铭中出现了"距虚辟邪除群凶""角王巨虚辟不详（祥）"等提法，可见

① （梁）萧统编，（唐）李善注：《文选》，上海古籍出版社1986年版，第975页。
② （梁）萧统编，（唐）李善注：《文选》，上海古籍出版社1986年版。
③ 管锡华译注：《尔雅》，中华书局2014年版，第616页。
④ 陆玖译注：《吕氏春秋》，中华书局2011年版，第501页。
⑤ 方韬译注：《山海经》，中华书局2011年版，第245页。

① 孙机：《几种汉代的图案纹饰》，《文物》1982年第3期。

② 蒋英炬、吴文祺：《汉代武氏祠墓群石刻研究》，人民美术出版社2014年版，第104页。

③ 曾昭燏、蒋宝庚、黎忠义：《沂南古画像石墓发掘报告》，文化部文物管理局1956年版，图六二。

④ 山西考古研究所、吕梁地区文物工作室、离石县文物管理所：《山西离石马茂庄东汉画像石墓》，图二五，《文物》1992年第4期。

⑤ 中国画像石全集编辑委员会编，俞伟超主编：《中国画像石全集（第5卷）陕西、山西汉画像石》第5册，山东美术出版社2000年版，第107页，图一四五、一四六。

⑥ 郑州市文物考古研究所、荥阳市文物保护管理所：《河南荥阳苌村汉代壁画墓调查》，《文物》1996年第3期。

⑦ （汉）刘安著，陈广忠译注：《淮南子》，中华书局2012年版，第933页。

⑧ 北京市文物研究所、北京市平谷县文物管理所上宅考古队：《北京平谷上宅新石器时代遗址发掘简报》，《文物》1989年第8期。

⑨ 胡平生、张萌译注：《礼记》，中华书局2017年版，第240页。

在汉代，人们把它当作一种祥瑞的神兽来看待。① 在汉代，比肩兽还被视为皇帝德及鳏寡的吉祥物。山东嘉祥武氏祠屋顶后坡画像石（原编号为"祥瑞图二"）自上而下分为三层。第一、第二层都为祥瑞画像。第一层从左至右第三幅画像画的就是比肩兽（图3-10·2）。旁边榜题写着："比肩兽，王者德及鳏寡则至。"② 山东沂南北寨村汉墓中室过梁上也有比肩兽画像③（图3-10·4）。1990年出土的山西离石马茂庄2号汉画像石，墓前室东壁画像石上格刻有比肩兽，左向。双头似羊，身形如马，肩生双翼，周围云气环绕。西壁刻有比翼鸟右向。两头两足，双双展翅欲飞。④ 1977年，陕西绥德出土两方完全相同的画像石，画像的中格都刻一只比肩兽。⑤ 河南省荥阳壁画墓也曾出土有比肩兽的画像，全室壁画以起券处分为上下两部分，上部绘麒麟、天马、翼虎、比肩兽、玉兔等祥瑞。⑥

六、猴

在汉代画像砖、石中，猴纹经常出现。文献记载，战国时期有些贵族曾将猴子作为宠物饲养。《淮南子·说山训》曰："楚王亡其猿，而林木为之残。"⑦ 目前最早的猴造型文物，是湖北省石河遗址出土的小型泥塑猴，该猴塑高5厘米左右，属于新石器时代晚期。⑧

汉代，猴是人们生活中的吉祥物，"猴"与"侯"通，侯是中国古代的爵位之一。《礼记·王制》卷十一曰：

> 王者之制禄爵：公、侯、伯、子、男、凡五等。⑨

古代有一种称为"侯禳"的迎祥除灾的祭礼。《周礼·春官·小祝》卷二十五曰：

> 小祝掌小祭祀，将事侯、禳、祷、祠之祝号，以祈福祥，顺丰年，逆时雨，宁风旱，弥灾兵，远罪疾。疏曰："掌小祭祀者，即是将事侯、禳巳下祷、祠之事是也。小祭祀与将事侯、禳巳下作目；将事侯、禳、祷、祠祝号，

又与祈福祥、顺丰年已下为目。祈福祥、顺丰年、逆时
雨三者，皆是候；宁风旱、弥灾兵、远罪疾，三者皆是
禳。"①

　　猴因其音通"侯"而有候嘉庆、祈福祥之意。河南郑州的
画像砖上刻有猴子骑在飞奔的马上的图案（图3-11·4），意即
"马上封侯"。河北满城中山靖王夫人窦绾墓出土的一枚四猴
纹铜镜，直径25.4厘米，铸有四花瓣和四只猴子纹饰。上海
博物馆收藏的一枚西汉"四花瓣四猴纹镜"也铸有四花瓣和
猴纹，②猴下肢弯曲做跳跃奔跑状。汉代器物上常有"宜猴王，
大吉羊"的铭文，东汉铜镜铜洗上常有"宜侯王""位至三公""长
以高官"等铭文（图3-11·5）。这些铭文说明汉代民间追求加
官封侯的心理。

　　汉代画像常见一种"树—鸟"图式，这种图式中常常是一
棵树上有一定数量的雀和猴子，树下一般有1—2人引箭欲射。
如山东微山两城山曾出土一方汉画像石，画面分为三层，上层
刻龙、虎等异兽，中层七人踞坐，一人面鸟身神人立于右侧。
下层刻扶桑连理树，一人端坐在两树下中间。树上有群猴、雀
鸟，树下左右两边各有一人张弓欲射。刑义田先生运用榜题和
格套的方法分析出射树上的鸟和猴，就是射官爵和射侯之义③
（图3-11·1）。

　　在四川新都出土一块"桑林野合"画像砖，树下两人正在
裸体交媾，树上有雀鸟，还有两只在树枝上打吊的猴子（图
3-11·3）。自古桑林就是祭祀的"社"所在地，而交媾是最直
接的生殖繁育后代的行为。那么不言而喻，桑树下的交媾就是
墓主人（祖先）在桑林这个神圣的场所为自己的子孙后代祷
告的仪式。树上的猴子和鸟就寓意他们的后代能"封侯加爵"。
猴还常和朱雀、鱼等吉祥物一起同刻于画面建筑物的上方。如
江苏徐州冈子村出土的建筑上就有雀和猴子（图3-11·2），用
意还是为了功名利禄。

① 徐正英、常佩雨译注：《周
礼》，中华书局2014年版，
第538页。

② 孔祥星、刘一曼：《中国铜
镜图典》，文物出版社1992
年版，第174、179页。

③ 刑义田：《画为心声——画
像石、画像砖与壁画》，中
华书局2011年版，第178
页。

图 3-11　汉画中的猴画像

1.山东微山两城山出土　2.江苏徐州铜山冈子村出土　3.四川出土画像砖　4.河南郑州出土画像砖　5.汉代铜洗　6.四川内江岩边山
3 号崖墓出土

汉代猴还是长寿的象征。《抱朴子·内篇·对俗》卷三曰：

狝猴寿八百岁变为猿，猿寿五百岁变为玃。玃寿千岁。[1]

任昉《述异记》卷上云：

猿五百岁化为玃，玃千岁化为老人。[2]

四川省内江市岩边山 3 号崖墓左壁正中有一幅汉画像，纵 33 厘米、横 50 厘米。画面刻有一棵大树，树上有两只仙鹤和一群猴子，猴子姿态各异，仙鹤展翅欲飞。[3]仙鹤在汉代有长寿的吉祥寓意，这里的猴子与仙鹤绘在一起也当有长寿吉祥的寓意(图 3-11·6)。时到近代，民间仍以"猴"谐音"侯"，有"封侯挂印"、"马上封侯"、"辈辈封侯"等吉祥图案。

七、蟾蜍

蟾蜍在汉画像中一般出现在西王母神祇世界里，有四种图式。常常双手持巾，翩翩起舞；有时出现在月亮中，与太阳中的三足乌形成阴阳关系；有时和玉兔一起捣药以助升仙；还有一种图式是手执兵器作战，与战争图放在一个画面里。

捣药图式：西王母代表着"不死"与"法力无边"，掌握不死之药。蟾蜍所捣之药为仙药，可以助世人升仙，因而蟾蜍成为西王母神祇世界中重要的升仙意象。在山东嘉祥宋山小石祠堂西壁画像中，第一层中间，西王母端坐榻上，左侧有玉兔、蟾蜍立于药臼两侧捣药，玉兔侧身双手执棍，蟾蜍正面单手捣药，姿态自如洒脱。

巾舞图式：巾舞为汉代流行的一种舞蹈，在汉代乐舞百戏中，常有舞人双手持巾，舞姿婀娜曼妙。在汉画像中，蟾蜍常常双手持巾，在西王母面前有节奏舞动，使画面动静结合，富有张力。在四川彭山县双河崖墓石棺一侧画像中，西王母戴冠，双手拱至胸前，端坐在龙虎座上；画面左侧为三足乌和九尾狐；右侧蟾蜍双手持巾，一腿曲起，一腿直立而舞，与汉代

① （晋）葛洪著，张松辉译注：《抱朴子内篇》，中华书局 2011 年版，第 80 页。

② （梁）任昉：《述异记》，《丛书集成初编》，中华书局 1985 年版，第 4 页。

③ 中国汉画像石全集编辑委员会编，俞伟超主编：《中国画像石全集（第 7 卷）四川汉画像石》，山东美术出版社、河南美术出版社 2000 年版，第 25 页，图二八。

流行的巾舞非常相似；最右边有三仙人，其中上面两仙人头饰双髻，裸体而坐，一人弹琴，一人吹奏，在为起舞的蟾蜍伴奏助兴。

执兵器图式：在汉画中，蟾蜍还有执兵器作战的图式。纬书中有关于蟾蜍辟兵的记述。《文子》曰："蟾蜍辟兵，寿在五月之望。"[①]《春秋运斗枢》曰："政纪乖，则蟾蜍月精，四头感翔。"[②]说明蟾蜍与地界的战乱有关。山东嘉祥出土的一块胡汉交战图中就有蟾蜍辟兵的情景，画面上层是西王母端坐于几前，身旁左右各有一持仙草踧跪侍者，图右侧有一蟾蜍，立姿，双手各持一剑，而该图下层为胡汉交战图，与蟾蜍辟兵正好形成呼应。

月亮模式：正像三足乌是太阳的化身一样，汉人认为蟾蜍是月亮的化身。认为蟾蜍为月之精，《春秋演孔图》曰："蟾蜍，月精也。"《淮南子·精神训》载："日中有踆乌，而月中有蟾蜍，日月失其行，薄蚀无光。"[③]月亮与太阳，阴阳相对，月亮本身不发光，反射太阳光，属阴。如同生死轮回，月亮有盈有亏，阴晴圆缺在汉代人眼里是一个周期的轮回。蟾蜍冬蛰夏出的生活习性也如生死轮回，随着月之盈虚发生周期性变化，蟾蜍就成了月亮的化身。月亮周期性变化对人体也产生影响。中医认为，人的血气随着月亮的周期性变化而变化。《素问·八正神明论》曰："月始生，则血气始精，卫气始行；月郭满，则血气实，肌肉坚；月郭空，则肌肉减，经络虚，卫气去，形独居。"女子月经更呈现明显的周期性变化，故月亮是女性的象征。月亮、蟾蜍、女性同属阴，又有相同的变化节律，故蟾蜍、月亮、嫦娥就有了相通的地方，蟾蜍是月精，是嫦娥的化身。

蟾蜍还常常出现在月亮中，有时候会单独在月亮里，有时候会和玉兔一起。蟾蜍的外形是丑陋的，甚至有毒，因为它的背疣分泌物有毒，但在汉代人的眼里，蟾蜍的背疣并不秽恶，

① 杜道坚：《二十二子》，上海古籍出版社 1986 年版。

② 董治安：《两汉全书》，山东大学出版社 2009 年版。

③ （汉）刘安著，陈广忠译注：《淮南子》，中华书局 2012 年版，第 339 页。

还可以治病，甚至能助人升仙，是灵药和神物的结合。正如汉画里，太阳中会有三足乌，月亮里常常会有蟾蜍，汉人甚至把它当作嫦娥的化身。马王堆 T 形帛画上部左侧就有蟾兔并现。

汉代人之所以信奉蟾蜍，与汉代人对蟾蜍生命形态的变更的观察分不开。蟾蜍鼓胀的腹部，与孕妇怀孕时的大腹形态非常相似，于是蟾蜍与妊娠发生了联系。蟾蜍最初由卵变成蝌蚪，从没有尾巴到变出尾巴，蜕皮似的躯体演进，以及冬眠的特性，让汉代人认为蟾蜍具有再生的功能。而且蟾蜍以蚊子、蝗螟等害虫为食物，所以人们认为它能驱邪避灾。《后汉书·礼仪志》中的"揽诸"据考证就是詹诸（蟾蜍），能够吞吃"凶祸"即"咎"。[①] 蟾蜍在汉代被当作是能够升天的使者或者具有通神的神力。因为蟾蜍本身就是一种解毒药或者镇静剂，类似迷狂药，能够形成一种飘飘欲仙的幻觉。远古先民通过观察发现，蟾蜍善于交尾和生育，所以被看作繁育和使其丰饶的力量，成为一种神圣的宗教符号，也成为原始宗教的重要意象。在仰韶文化、甘肃马家窑的陶器上都有蛙纹图样，辽宁西部的查海新石器时代，也发现了蟾蜍的图像。南方少数民族的铜鼓上经常会有"累蹲蛙"或者"负子蛙"，其实是较小的雄性个体爬伏在肥壮的雌蛙背上"苟合"，这是神圣的繁育，也是富饶的意象。[②] 因为对蟾蜍交配方式的误解，先民一直认为蟾蜍的产门或阴户是在腹背之中，经常被演化为方形或菱形的开口，民间甚至认为它是"生／死、阳／阴、天／地"的通道或者入口，因而也具有神圣的性质，兼有巫术的功用。

除了以上介绍的几种祥瑞的动物外，还有其他的一些动物，如三青鸟、玉兔等，本文就不一一再作介绍了。

第二节　植物祥瑞

大地上的植物是最丰富的，虽然冬天万物凋零，但来春

① 萧兵:《避邪趣谈》，上海古籍出版社 2003 年版，第21—24 页。

② 萧兵:《避邪趣谈》，上海古籍出版社 2003 年版，第21—24 页。

又焕发出生机，因此古人对植物所呈现的样貌，是对永恒生命的追求。弗雷泽在《金枝》中曾研究了各民族的"树神崇拜"。[①]他说："在原始人看来，整个世界都是有生命的，花草树木也不例外。"在中国古代也有关于"不死树"、"生命树"、"社树"、建木、扶桑等祥瑞信仰。

一.　植物与祥瑞

在中国装饰文化艺术遗存中，植物纹是一种重要的形式。格罗塞曾在《艺术的起源》中指出："从动物装潢变迁到植物装潢，实在是文化史上的一种重要进步的象征——就是从狩猎变迁到农耕的象征。"[②]河南永城保安山二号墓厕所沟内和茅坑踏脚部位，用阴线刻有叶状之常青树为主题的鸟—树，绶带穿璧，树—祠堂图式，[③]无论从雕刻技法还是从艺术造型来说，都可称之为汉画像石的发端。[④]"汉代吉祥植物与吉祥动物表示吉祥寓意的方法有些不同，吉祥植物鲜有通过谐音来表示吉祥的，它主要通过植物的形态、生态和价值以及征兆、功用、特征和传说附会来寓意吉祥。"[⑤]

汉代，植物分为三种意义，一是祈盼土地丰穰，农作物丰收；二是彰显皇权与君德的政治效用；三是与升仙辟邪思想有关。

（一）祈盼土地丰穰，农作物丰收

植物冬枯春荣，周而复始，引起人们的崇敬。连云港将军崖的"稷神崇拜图"岩画上刻有十个人面植物纹，十个人面长在禾苗上，就像结出的果实，似乎与某种农作物有血缘关系，或是某种农作物的神的象征物。[⑥]《尔雅》中"释草""释木"诸篇中，记述植物200余种。在古人的观念里，树木是有生命的精灵，它能够行云降雨，使阳光普照，六畜兴旺，妇女多子，能保佑庄稼丰收。[⑦]

中国古代文献中有一些关于植物图腾的记载。《白虎通·姓

① [英]弗雷泽:《金枝》，徐育新等译，中国民间文艺出版社1987年版，第169页。

② [德]格罗塞:《艺术的起源》，蔡慕晖译，商务印书馆1984年版，第116页。

③ 李俊山等编著:《永城石刻》，河南大学出版社2010年版，第4—5页。

④ 中国汉画像石全集编辑委员会:《中国汉画全集》，山东美术出版社、河南美术出版社2000年版，"前言"第17页。

⑤ 周保平:《汉代吉祥画像研究》，天津人民出版社2012年版，第218页。

⑥ 俞伟超:《连云港将军崖东夷社祀遗迹的推定》，载《先秦两汉考古学论集》，文物出版社1985年版，第60页。

⑦ [英]弗雷泽:《金枝》，徐育新等译，中国民间文艺出版社1987年版，第178—179页。

名》卷三下曰："禹姓姒氏，祖昌意，以薏苡生。"①"薏苡"俗称"车前子"，每穗子甚多，相传有宜子功能。相似的文献在《吴越春秋·越王无余外传第六》卷四也有记载："鲧娶于有莘氏之女，名曰女嬉。年壮未孳，嬉于砥山，得薏苡而吞之，意为人所感，因而妊孕，剖胁而产高密。"②从这里可以看出，禹的母亲因为吞吃薏苡受孕而生禹，所以姓"姒"，因此夏人以薏苡为始祖图腾。

"社稷"是国家的代称，古人奉社为土神，稷为谷神，把稷视为"五谷之长"，敬为农神。土地和粮食是人们生存不可缺少的东西，到了社日，举国上下都要祭神。《孝经纬》曰："社，土地之主也，地广不可尽敬，故封土为社以报功也。稷，五谷之长也，谷众不可遍祭，故立稷神以祭之。"国家没有土地就不能立国，人类没有谷物粮食就无法生存，所以要祭社祭谷。守屋美都雄认为社之所以会产生，是在此之前的聚居的标识被附加了祖先观念，是"祖"字读音讹变的结果。而这里的"祖"字应该看作如"社"般的神格。社的原形"土"字的古体与"祖"的原形"且"字十分近似。"且"是埋葬祖先土坛的象形，而"土"是祖先灵魂的归宿地，当祖先形体回归地下、接受社的洗礼时，才开始产生了"祖"的神圣性。③可见社始于祖先崇拜密不可分的，也就是说同社的人应该是同族或者同宗，是以血缘关系为纽带的聚居。生时聚集而居，那么死后也要长眠于聚落附近族人共同拥有的墓地接受子孙后世的祭祀。而这同一个墓地都有共同的血缘，也就是以共同的"姓"为标志。郭沫若曾论析社、祖实乃同物。民俗学也对此提供了坚实的证据。④墓地一般都要植树，⑤墓地上的树一般有松柏、梧桐、杏等。⑥从战国开始，墓地植树已经作为标志开始流行并严格制度化。墓地中，植树数量的多少已经成为墓主生前地位等级的标志了。秦代，墓地植树成林已经在社会上蔚然成风；到了汉代更是突破制度的限制成为墓地规划的最基本内

① （清）陈立撰，吴则虞校：《白虎通疏证》，中华书局1994年版，第405页。

② 崔冶译注：《吴越春秋》，中华书局2019年版，第150页。

③ ［日］守屋美都雄：《中国古代的家族与国家》，杨晓芬、钱杭译，上海古籍出版社2010年版，第195页。

④ 冯时：《中国古代的天文与人文》，中国社会科学出版社2006年版，第154页。

⑤ 《盐铁论·散不足》云：富者积土成山，列树成林。《汉北海相景君碑阴》云：唯故臣吏，陵成宇立，树列既就。《隶续》五载汉不其令董君阙，上刻展墓图，坟上有树。

⑥ 杨树达：《汉代婚丧礼俗考》，上海古籍出版社2009年版，第106页。

容。而墓地树木也已经成为墓地或者坟墓的代名词和象征物。《白虎通义·社稷》:"社稷所以有树何? 尊而识之,使民见即敬之,又所以表功也。"① 在祭祀活动中,人们相信祭祀的这些植物能带来五谷丰登、安乐康泰,于是这些被祭祀的特定植物在人们的眼中也就具有了神性,具有祥瑞的意义。

（二）彰显皇权与君德的政治效用

这类植物多是"禾"、"木"类植物。甲骨文中有"禾"类植物禾、秋、黍、粟,"木"形植物有桑、栗、杞、柏等。出土的商周青铜器上有少量植物纹,如柿蒂纹、蕉叶纹、叶纹等。汉代人认为,这些吉祥的植物与皇权、君德有关。《拾遗记·前汉下》卷六曰:"宣帝之世,有嘉谷玄穄之祥。"② 王莽辅政的五年间,发现祥瑞七百多件,其中祥瑞植物或禾长丈余,或一粟三米,或禾不种自生。这些都被说成明君在世、天人感应的结果。《孝经·援神契》曰:"德至于地则华平感,嘉禾生,蓂荚出,巨鬯滋。"注曰:《瑞应图》曰:"巨鬯者,三隅之黍,一稃二米,王者宗庙修则生。"又"昭穆序,祭祀宰,人咸有敬让礼容之节、威仪之美,则巨鬯生"。又"王者节敬依礼度,亲疏有别,则秬鬯生。黄帝时,南夷乘白鹿来献秬鬯。"③ 另一种叫屈轶的植物,也是汉代传说中的一种瑞草。太平盛世生于帝廷,主要指佞小人,佞人入朝此草指之。《论衡·是应篇》曰:"太平之时,屈轶生于庭之末,若草之状,主指佞人,佞人入朝,屈轶庭末以指之,圣王则知佞人所在。"④

作为吉祥征兆的植物,主要包括芝草、嘉禾以及二树连理或草木连理,属于等级较低的祥瑞,政治文化的寓意也相对较低。嘉禾乃五谷之长,如果"王者德盛,则二苗共秀。于周德,三苗共穗;于商德,同本异穗;于夏德,异本同秀"。南朝刘宋元嘉二十四年七月乙卯,嘉禾生华林园及景阳山,太尉江夏王刘义恭上《嘉禾甘露颂》一篇,中领军吉阳县侯沈演之奏上《嘉禾颂》。芝草是"王者慈仁则生。食之令人度世"。《新唐书·五行志》载天宝初年，临川郡人李嘉胤屋柱生芝草，形状如天神，被目为吉祥之兆，文人们还受命作《天生芝草赋》以歌颂之。木连理，"王者德泽纯洽，八方合为一则生"。作为祥瑞的木连理有多种，如晋太元十八年十月戊午，临川东兴县东南溪旁有白银树、芳灵树、李树，并连理；太元十九牛止月丁亥，华林园延贤堂西北李树连理；晋孝武帝太元十一年四月壬申，琅琊费县有榆木，异根连理，相去四尺九寸等。此外，嘉瓜、朱草、屈轶草、大木、五丈高桑、夜亮木等为下瑞。

（三）与升仙辟邪思想有关

受黄老道家思想以及西王母信仰的影响，汉代的许多吉祥植物与长生不死有关，《太平御览》卷九百九十四引《王逸子》曰："木有扶桑梧桐松柏，皆受气淳美，异于群类也。"这些植物，或为通天地之桥梁，或为食之不老之仙草，或为驱鬼之灵木，表现出古人对植物的崇拜，蕴含着吉祥的信息。《汉武帝内传》说长生仙药有"太微嘉禾"、"八石十芝"、"松柏之膏"、"刍草"、"朱英"、"萎蕤"，"得服之，可以延年。"[1]《孝经纬·援神契》卷下曰："巨胜延年，威喜辟兵。"[2]巨胜就是芝麻，威喜即茯苓，服之皆能长生。

二、植物祥瑞的类型

（一）禾类

1.嘉禾

汉代人多以嘉禾为祥瑞之物，禾也称作粟，也就是长得特别苗壮的谷子。颗粒饱满，古时认为是吉祥的象征。《白虎通·封禅》卷三上曰："嘉禾者，大禾也。"[3]古代的粟就是今天的谷子，去了皮之后就是小米。[4]古人视长得特别苗壮或一茎多穗的谷子为嘉禾。《论衡·吉验篇》曰：

> 三本一茎九穗，长于禾一二尺，盖嘉禾也。[5]

① [日] 安居香山、中村璋八：《纬书集成》，吕宗力等译，河北人民出版社1994年版，第612页。

② （清）马国翰辑：《玉函山房辑佚书》，上海古籍出版社1990年版，第1370页。

③ （清）陈立撰，吴则虞校：《白虎通疏证》，中华书局1994年版，第278页。

④ 辛怡华：《伯公父簠铭文中的农作物名称考》，《农业考古》1993年第3期。

⑤ （东汉）王充著，袁华忠、方家常译注：《论衡全译》，贵州人民出版社1993年版。

① [日] 安居香山、中村璋八：《纬书集成》，吕宗力等译，河北人民出版社1994年版，第330页。

② [日] 安居香山、中村璋八：《纬书集成》，吕宗力等译，河北人民出版社1994年版，第215页。

③ 陈梦雷等编：《古今图书集成·博物汇编》（草木典第23卷禾谷部），台北鼎文书局1978年版。

④ （汉）司马迁著，韩兆琦译注：《史记》，中华书局2010年版，第2615页。

⑤ （唐）欧阳询撰，汪绍楹校：《艺文类聚》，上海古籍出版社1965年版，第1447页。

⑥ （东汉）班固：《汉书》，中华书局1999年版，第1985页。

⑦ （汉）司马迁著，韩兆琦译注：《史记》，中华书局2010年版，第1966页。

⑧ （梁）沈约：《宋书》，中华书局2000年版，第827页。

《尚书中候》卷下曰：

> 嘉禾茎长五尺，三十五穗。①

《春秋说题》曰：

> 天文以七，列精以五，故嘉禾之滋，茎长五尺。五七三十五神盛，故连茎三十五穗，以成盛德，禾之极也。②

嘉禾一般与甘露醴泉并称，如《汉书·公孙弘传》曰：

> 甘露降，风雨时，嘉禾兴。③

嘉禾又名"导"，象征风调雨顺、五谷丰登之意。《说文》云："嘉禾一名导。"④《字林》曰："禾一茎六穗谓之导也。"⑤《汉书·公孙弘传》曰："阴阳合，五谷登，六畜蕃，甘露降，风雨时，嘉禾兴。"⑥《史记·鲁周公世家》中曾记载，周成王十一年，唐地出现了"异亩同颖"的祥兆，田亩里长出丰满肥硕的双穗禾，被称作"嘉禾"，进献于周成王，成王将它转献周公，并作《归禾》，周公受禾，又作《嘉禾》表示嘉许。典出《书·微子之命》：

> 天降福祉，唐叔得禾，异亩同颖，献诸天子。王命唐叔，归周公于东，作《归禾》。周公既得命禾，旅天子之命，作《嘉禾》。⑦

孔传：

> 唐叔，成王母弟，食邑内得异禾也……禾各生一垄而合为一穗。异亩同颖，天下和同之象，周公之德所致。孔颖达疏："此以善禾为书之篇名，后世同颖之禾遂名为'嘉禾'，由此也。"

嘉禾是君王圣德被泽大地的瑞应。《孙氏瑞应图》：

> 嘉禾，五谷之长，盛德之精也。文者则二本而同秀，质者则同本而异秀，此夏殷时嘉禾也。⑧

《尚书中候》：

> 嘉禾，茎长五尺，三十五穗。

古代占象家谓嘉禾为明君将兴邦之瑞。《礼斗威仪》曰：

> 人君乘土而王，其政升平，则嘉谷并生。

东汉光武帝出生时有嘉禾出现，故名曰"秀"。据《东观汉记》载：

> 东汉复兴之主光武帝刘秀，于建平元年生于济阳县，其年济阳生嘉禾，一茎九秀，合县大丰，光武因名为秀。

《晋征详说》：

> 王者盛德则嘉禾生。嘉禾者，仁卉也，其大盈箱，一桴二米，国政质则同本而异颖，国政文则同颖而异本。

汉光武帝时有嘉禾生于屋。"安帝元初三年，有瓜异本共生，八瓜同蒂，时以为嘉瓜。"[①]《春秋繁露·五行顺逆第六十》卷十三曰：

> 恩及草木，则树木华美，而朱草生。恩及土，则五谷成，而嘉禾兴。[②]

《白虎通·封禅》卷三上云：

> 德至地，则嘉禾生，蓂荚起。[③]

汉"李翕五瑞碑"下部木连理与承露人之间，有一颗一茎九穗禾，旁隶书"嘉禾"榜题（图3-12）。这与《东观汉记》、《宋书》等文献嘉禾"一茎九穗"记载相符。汉画像中许多这样的植物被释为嘉禾。陕北画像石中，嘉禾一般位于各灵异之间，或者是博山炉两旁，或充作画面补白（图3-13）。如陕西绥德出土的一块墓门立柱上，刻有一蛇身人首的神人，左边手执仙草、右边手执嘉禾（图3-14·1）。陕西米脂党家沟汉墓出土的墓门立柱，上部和中间都刻的是朱雀和铺首衔环，下层分别为龙与虎，龙虎前都有一枚嘉禾（图3-14·2、图3-14·3）。绥德米脂官庄汉墓出土的一块门楣画像石上，上层为穿插仙禽异兽的卷云纹，下层为伏羲、女娲、桃拔、双头鹿、仙鹤、龙、虎等，各兽中间以嘉禾间隔。[④]河南郑州出土的一块"嘉禾"汉画像砖中，下部是起伏的山峦和丛林，上部左右两边是

① （南朝）范晔撰，（唐）李贤等注：《后汉书》，中华书局1999年版，第2244页。

② （清）苏兴撰：《春秋繁露》，中华书局2012年版，第503页。

③ （清）陈立撰，吴则虞校：《白虎通疏证》，中华书局1994年版，第283页。

④ 中国画像石全集编辑委员会编，俞伟超主编：《中国画像石全集(第5卷) 陕西、山西画像石》，山东美术出版社2000年版，图三四。

图3-12　汉代《五瑞图》石刻
（选自《金石索》木刻摹本）

两棵相向的常青树，中间一个植物，细直杆，上面是垂下来的谷穗状就是嘉禾（图3-14·4）。山东滕州南柴胡店乡辛店出土的嘉禾画像下部还有一条鱼（图3-14·5）。另在江苏睢宁九女墩汉墓发现两幅多穗的嘉禾画像（图3-14·6）。四川的渠县蒲家湾的无名阙上有一幅嘉禾画像，是非常典型的九穗嘉禾（图3-14·7）。另外，在陕北的嘉禾画像里，我们还看到有一些不是单株表现的嘉禾，而是一片生长旺盛的排列齐整的嘉禾田地（图3-14·8），充分表达了汉代人对拥有更多的嘉禾，实现丰产、迎来盛世祥和以及个人达到升仙不死的愿望是多么强烈。

2. 蓂荚

蓂荚是传说中的一种瑞草，又名"历荚"，说明它和记录日期有关，是一种自动的"日历"。据说最早岁时节气就是根据蓂荚的生性来推定的。王充在《论衡·是应篇》说：

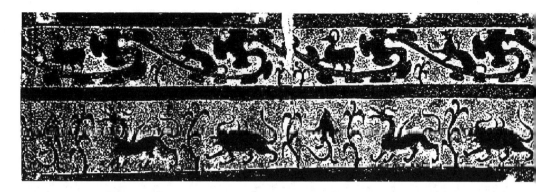

图 3-13 绥德米脂官庄汉墓出土

　　儒者又言："古者蓂荚夹阶而生。月朔，日一荚生，至十五日而十五荚；于十六日，日一荚落，至月晦荚尽。来月朔，一荚复生。王者南面视荚生落，则知日数多少，不须烦扰案日历以知之也。"夫天既能生荚以为日数，何不使荚有日名，王者视荚之字则知今日名乎？徒知日数，不知日名，犹复案历，然后知之，是则王者视日则更烦扰不省，蓂荚之生安能为福？①

《七纬》辑《孝经援神契》曰：

　　王者德至於地，则蓂荚生。夫荚，草之实也，犹豆之有荚也。春夏未生，其必于秋末。冬月隆寒，霜雪賈零，万物皆枯，儒者敢谓蓂荚达冬独不死乎？如与万物俱生俱死，荚成而以秋末，是则季秋得察荚，春夏冬三时不得案也。二月十五日生十五荚，于十六日荚落，二十一日六荚落，落荚弃殒，不可得数，犹当计未落荚以知日数，是劳心苦意，非善祐也。②

蓂荚大概是在西汉末到东汉时期衍生出来的祥瑞。《论衡·异虚篇》曰：

　　朱草蓂荚，善草，故为吉。③

《讲瑞篇》曰：

　　蓂荚、朱草亦生在地，集于众草，无常本根，暂时产出，旬月枯折，故谓之瑞。④

① （东汉）王充著，袁华忠、方家常译注：《论衡全译》，贵州人民出版社 1993 年版，第 1070 页。

② ［日］安居香山、中村璋八：《纬书集成》，吕宗力等译，河北人民出版社 1994 年版，第 1025 页。
③ （东汉）王充著，袁华忠、方家常译注：《论衡全译》，贵州人民出版社 1993 年版，第 297 页。
④ （东汉）王充著，袁华忠、方家常译注：《论衡全译》，贵州人民出版社 1993 年版，第 1046 页。

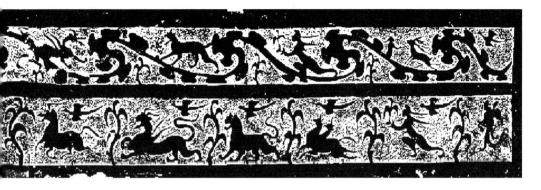

到汉代，蓂荚更是成为一种吉祥植物，主要是君德和皇权的瑞应，寓意明君在世，天下太平、吉祥。徐整《正历》曰：

　　黄帝之时，以蓂荚者，瑞草也，盖神灵之嘉应也。[1]

孙氏《瑞应图》曰：

　　蓂荚者，叶圆而五色一名历荚。十五叶，日生一叶，从朔至望毕；从十六日毁一叶，至晦而尽。月小则一叶卷而不落。圣明之瑞也，人君德合乾坤则生。[2]

《白虎通·封禅》卷三上曰：

　　德至地，则嘉禾生，蓂荚起。[3]

《尚书中候》曰：

　　周公作乐而治，蓂荚生。[4]

蓂荚还是老人星和箕星出现的瑞应。《春秋运斗枢》曰："老人星临国，则蓂荚生。又曰：箕星得则蓂荚生。"[5]老人星象征和平、长寿吉祥，因而蓂荚也应该有吉祥的寓意。箕星代表风神，箕星能够兴风，能够适时给大地送好风，对人们是有功的，因而也被视为祥瑞。

传说蓂荚还是古代的调味品。《风俗通》曰：按《孝经》说，古太平，蓂荚生阶。其味酸，王者取以调味，后以醯醢代之。[6]

山东嘉祥武梁祠原"祥瑞图一"，榜题为："蓂荚尧时生。"

① （宋）李昉等编纂，夏剑钦校点：《太平御览》第七册，河北教育出版社 1994 年版，第 1034 页。

② 孙柔之：《瑞应图记》，选自《珍本数术丛书》下，台湾新文丰出版公司 1988 年版，第 401 页。

③ （清）陈立撰，吴则虞校：《白虎通疏证》，中华书局 1994 年版，第 283 页。

④ ［日］安居香山、中村璋八：《纬书集成》，吕宗力等译，河北人民出版社 1994 年版，第 417 页。

⑤ （清）马国翰辑：《玉函山房辑佚书》，上海古籍出版社 1990 年版，第 1271 页。

⑥ （宋）李昉等编纂，夏剑钦校点：《太平御览》第七册，河北教育出版社 1994 年版，第 1034 页。

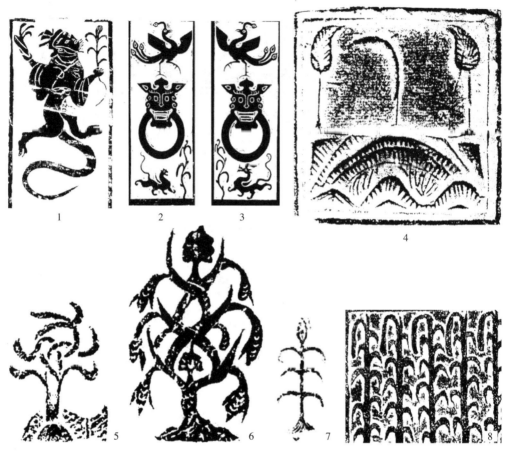

图 3-14 嘉禾画像

1.陕西绥德墓门左立柱画像（局部） 2、3.陕西米脂党家沟墓左右门扉 4.河南郑州出土空心画像砖 5.山东滕州南柴胡店乡辛店 6.江苏睢宁九女墩出土 7.四川渠县蒲家湾无名阙嘉禾画像 8.陕西绥德嘉禾画像

图 3-15 蓂荚画像
左：山东嘉祥武梁祠中蓂荚画像（《金石索》木刻摹本）
右：山东嘉祥武氏祠前石室蓂荚画像

（图3-15左）《山左金石志》曰："左又接一行题云：'蓂荚尧时□□'，左蓂荚一株，一茎直立，左右各七茎，皆有圆实，共得十五荚。蓂荚日生一荚，自十六日一荚落，此象其十五日生足之时也。"[①]武氏祠前石室后壁小龛东壁有一方画像石上刻画有保存清晰的蓂荚画像（图3-15右）。此蓂荚左边六茎，右边八茎，计15茎，每一茎皆有圆实，表现的是月中月满之时。

3. 萐莆

萐莆又称"萐脯""萐甫"，也称"萐"、"莆"，亦称"实间""倚扇""倚翣"。[②]萐莆是古代的一种祥瑞植物，大概产生于汉代。在汉代象征君德、孝道、节俭吉祥。《淮南子·精神训》曰：

> 知冬日之萐、夏日之裘，无用于己，则万物之变为尘埃矣。[③]

这里的"萐"就是指萐甫，"萐甫"即"萐莆"。可以看出，萐莆是汉代人想象出来的一种"电风扇"似的神奇植物，它的作用就像冬天穿裘衣给人冬日温暖一样使得夏季凉爽。

《宋书·符瑞志》记载：

> 在帝位七十年，景星出翼，凤凰在庭，硃草生，嘉禾秀，甘露润，醴泉出，日月如合璧，五星如连珠。厨中自生肉，其薄如萐，摇动则风生，食物寒而不臭，名曰"萐脯"。[④]

这里记载萐莆与景星、凤凰、嘉禾、甘露等祥瑞并称，说明萐莆也是祥瑞植物。萐莆亦称厨萐，既可以冰镇食物又可以驱虫杀蝇。《古微书》辑《春秋潜潭巴》曰：

> 君臣和，得道度叶中，则萐甫生于庖厨。

又辑《孝经援神契》曰：

> 德至深泉，则黄龙见，醴泉涌，泽阜出萐甫，江生

大贝。①

清乔松年《纬捃》辑《孝经援神契》曰：

> 德至于地，则朱草生，蓂荚孳，嘉禾成，萐莆生。德
> 至山陵，则景云出，芝实茂，陵出黑丹，阜出萐莆……孝
> 道至，则萐莆生庖厨。②

土允在《论衡·是应篇》说：

> 儒者言："萐脯生于庖厨者，言厨中自生肉脯，薄如
> 萐形，摇鼓生风，寒凉食物，使之不臭。"夫太平之气虽
> 和，不能使厨生肉萐，以为寒凉。若能如此，则能使五谷
> 自生，不须人为之也。能使厨自生肉萐，何不使饭自蒸于
> 甑、火自燃于灶乎？凡生萐者，欲以风吹食物也。何不使
> 食物自不臭，何必生萐以风之乎？厨中能自生萐，则冰室
> 何事而复伐冰以寒物乎？③

《说文》曰：

> 萐，瑞草也，尧时生于庖厨，扇暑而凉。④

《符瑞志》：

> "萐莆"，一名倚扇，状如蓬，大枝叶小，根根如丝，
> 转而成风，杀蝇。尧时生于厨。⑤

由此看来萐莆主要是降温的作用，类似于今日之冰箱，可
以给肉类保温，从而使肉夏天不变臭腐败，从而延长实物的保
质期。古代食物来之不易，往往收获之后，如何保存是一个很
令人头痛的问题。我们在河南永城芒砀山王后墓室中发现盛着
冰的地窖，可以把冬天的冰保存到夏天，可以避暑降温，给人
带来舒适凉爽的感觉。但是冰块的贮藏很难，一般家庭是没有
经济和技术能力去修建一个符合标准的冰窖。夏天的时候，通
过扇扇子可以凉快一些，但是人力扇扇子是比较累而且速度也
达不到很快，所以，他们想象出萐莆这种神物，它可以通过一
直不停止的快速转动，而使气温降低，从而食物的保鲜期更
持久。

① [日] 安居香山、中村璋八：《纬书集成》，吕宗力等译，河北人民出版社 1994 年版，第 331 页。

② （清）陈立撰，吴则虞校：《白虎通疏证》，中华书局 1994 年版，第 283 页。

③ （东汉）王充著，袁华忠、方家常译注：《论衡全译》，贵州人民出版社 1993 年版，第 1068 页。

④ （清）段玉裁撰：《说文解字注》，中华书局 2013 年版，第 23 页。

⑤ （梁）沈约：《宋书》，中华书局 2000 年版，第 575 页。

我们从汉画像上就看到了"萐莆"这种神物的样子。九女墩汉墓出土的萐莆就符合上面文献"状如蓬"、"须手摇之，然后生风"的记载。踞跪在萐莆旁的羽人应该就是正在"摇鼓"使其"生风"。《三国志·魏书·高堂隆传》卷二十五曰：

> 宫室之制，务从约节，内足以待风雨，外足以讲礼仪，清扫所灾之处，不敢于此有所立作，萐莆嘉禾，必生此地，以报陛下虔恭之德。[1]

九女墩汉墓出土的这块画像石（图3-16上图和中图），纵29厘米，横116厘米。画面自右而左依次刻有麒麟、不死草、羽人、华平等祥瑞。画面左侧，一圆形回旋状冠植物，茎上长有两长叶，右边一羽人踞跪在它旁边，这就是传说中的瑞

① （晋）陈寿撰，（南朝宋）裴松之注：《三国志》，中华书局2011年版，第701页。

图3-16 萐莆画像
上图：江苏徐州睢宁九女墩汉墓出土
中图：九女墩汉墓萐莆画像（局部）
下图：浙江海宁长安镇出土

草薶莆。浙江海宁长安镇汉墓出土一块画像石（图 3-16 下图），纵 31 厘米，横 137 厘米，为墓室南壁墓门门楣外画像。左侧刻有一只凤凰，右边刻有一只麒麟，麒麟后有一独角兽。在凤凰和麒麟之间有一瑞草，冠作圆形回旋状，下面一长颈相连。

4. 平露

平露亦作"平路"，一曰"平两"，是一种传说的祥瑞植物。孙氏《瑞应图》曰：

> 平露者，如盖，生於庭，以知四方之政。王者不私人以官则生。若东方政不平则西低，北方政不平则南低，西方政不平则东低，南方政不平则北低，四方政不出，其根若丝。一曰平两。又曰：平两者，如盖，以知四方。王者政平则生。[1]

《白虎通》曰：

> 王者使贤不肖位不逾，则平露生庭。平露者，树名也，官位得其人则生，失其人则死。[2]

《宋书·符瑞志》曰：

> 平露，如盖，以察四方之政。其国不平，则随方而倾。[3]

《全唐文》卷九百五十引《平露赋》曰：

> 惟唐累庆，惟天眷命。植平露之殊祥，表吾君之睿圣。不窥於牖，可以辨百寮之贤；不下於堂，可以观四方之政。其仪可尚，其义可。平也者，所以表太平之时；露也者，所以彰雨露之泽。以此知庶类光赞，神功昭格也。希代以出，旷古而无，空尝睹於青史，独有验於祥图。[4]

汉画像中，浙江海宁汉墓前室西壁的一块汉画像石，纵 26 厘米，横 313 厘米。在画面左侧兔与鹿中间有一华盖状物，就是平露（图 3-17·1、图 3-17·2）。

① 孙柔之：《瑞应图记》，选自《珍本数术丛书》下，台湾新文丰出版公司 1988 年版，第 402 页。

② （清）陈立撰，吴则虞校：《白虎通疏证》，中华书局 1994 年版，第 286 页。

③ （梁）沈约：《宋书》，中华书局 2000 年版，第 574 页。

④ （清）董诰等编纂：《全唐文》卷九五〇，中华书局 1983 年影印本，第 9846 页。

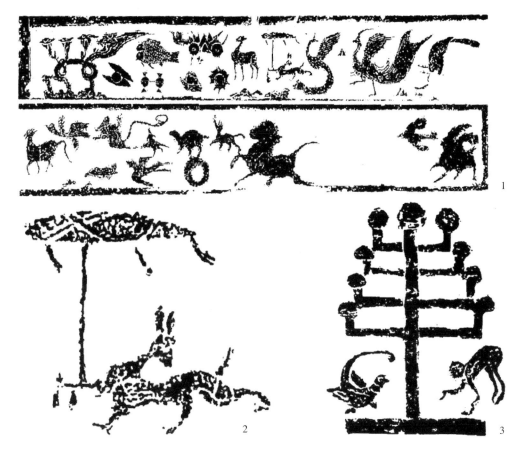

图 3-17　平露、华苹画像

1. 浙江海宁汉墓前室西壁（两条为一条，自右而左）

2. 平露画像

3. 华苹画像

5. 华苹

华苹，也是传说中的祥瑞植物（图 3-17），亦作"华平"，"华"即"花"，"平"即"平直"。华平在汉代是天下太平、王者德政的瑞应。据说天下咸平则其花平，不平则其花倾向其方。《孝经援神契》曰："德至于地则华平感，嘉禾生，蓂荚出，巨鬯滋。"注曰，《瑞应图》："华平其枝正平，王者有德则生，德刚则仰，德弱则俯。"《文选·张衡〈东京赋〉》："植华平于春圃，丰朱草於中唐。"薛综注："华平，瑞木也。"[1]《宋书·符瑞志》："华平，其枝正平，有德则生。德刚则仰，德弱则低。汉章帝元和中华平生郡国。"[2]

① （梁）萧统编，（唐）李善注：《文选》，中华书局 1986 年版，第 126 页。

② （梁）沈约：《宋书》，中华书局 2000 年版，第 574 页。

195

睢宁九女墩汉墓后室门额上的画像，从右至左刻有麒麟、开花的仙草、采摘鲜果的羽人、华苹、仙人、蓂莆等祥瑞。汉画像中表现花卉的题材不多，这一幅可以说是最复杂也是最写实的典型。有趣的是，与此相对照的"华苹"的造型，在画面左侧两个羽人之间刻了一个类似建筑中的斗拱一样的物体，横平竖直，每一个指头都有一种蘑菇状的花朵，早一些时候将此释为"九枝灯"或"九华灯"，但根据文献对祥瑞植物华苹"其枝正平"特征的描述，这应该为"华苹"无疑的。此墓的中室北壁的一方汉画像左侧人物上部，亦有一株与华苹相类似的植物，应该是华苹简约的图像造型。①

6. 秬鬯

"鬯"是古代用于祭祀的一种酒，以郁金香合黍酿造而成，色黄而芳香。也称"巨鬯"（秬鬯）。"秬"即黑黍。郁金香是一种香草，香浓而雅。用黑黍和郁金香酿成的酒祭祖祀神，以示敬重。②《周礼·春官》设有"鬯人"，其职务是"掌共秬鬯而饰之"。③

《宋书·符瑞志》曰：

> 巨鬯，三禺之禾，一稃二米，王者宗庙修则出。

又曰：

> 黄帝时，南夷乘白鹿来献秬鬯。④

孙氏《瑞应图》曰：

> 秬鬯者，三隅之黍，一稃三米，王者宗庙修则生。

又曰：

> 昭穆序，祭祠，宰人咸有敬谨礼容之节、威仪之美，则秬鬯生。

又曰：

> 王者节敬依礼度，亲疏有别，则秬鬯生。

《孝经援神契》曰：

> 王者德至於地，则秬鬯生。⑤

① 徐州市博物院编：《徐州汉画像石》，江苏美术出版社1985年版，图129、133。

② 张道一：《汉画故事》，重庆大学出版社2006年版，第323页。

③ 徐正英、常佩雨译注：《周礼》，中华书局2014年版，第435页。

④ （梁）沈约：《宋书》，中华书局2000年版，第574页。

⑤ （宋）李昉等编纂，夏剑钦校点：《太平御览》第七册，河北教育出版社1994年版，第1036页。

这种称作"秬"的黑黍，是古人的一种粮食。《诗经·大雅·生民》："诞降嘉种，维秬维秠"。疏："汉和帝时，任城生黑黍，或三四实，实二米，得黍三斛八斗是也，则秬是黑黍之大名，秠是黑黍之中有二米者，别名之为秠，故此经异其文。"所谓"三禺之禾，一稃二米"，就是三里地的庄稼，每个谷壳里生有两颗米，以此为祥瑞。

山东嘉祥武氏祠画像石中，原有"皇（黄）帝时南夷乘鹿来献巨邕"的画面，可惜早已漶残，只在《金石索》中留下了榜题的拓片。今观各地画像石，有不少骑鹿者，还有一些是驾驶鹿车的人。图 3-18 中除了羽人系仙人之外，也有装束特异的凡人，这些或许就是文献中所称的"南夷"。

图 3-18　秬邕画像（1974 年陕西绥德出土）

（二）木类

1. 木连理

木连理是汉画像中常见的题材。木连理是汉代人信仰的祥瑞物之一，又称"连理木""连理枝""连理树"。是指一棵树或者两树的枝干缠绕在一起的现象，汉代人视这种现象为瑞应。木连理作为祥瑞在汉代时各地都有发现。章帝元和时期，木连理生郡国。安帝元初三年正月丁丑，东平陵树连理；延光三年七月，左冯翊有木连理，颍川定陵有木连理。桓帝建和二年七月，河东有木连理。《宋书·符瑞志》所记自汉章帝元和年间至南朝宋顺帝升明二年，共394年间，各地所报祥瑞木连理128起。[①]《晋中兴徵祥说》曰："木连理，仁木也，或异枝还合，或两树共合。"[②] 最早出的木连理是孝悌的瑞应。《后汉书·蔡邕列传》曰："邕性笃孝……母卒，庐于冢侧，动静以礼。有菟驯扰其室旁，又木生连理，远近奇之，多往观焉。"[③]

汉代木连理最初象征兄弟手足之情。《文选》卷二十九载汉苏武诗曰："况我连理枝，与子同一身。"[④] 后来木连理又成为夫妻恩爱的象征。《乐府诗集·杂曲歌辞》卷七十三载古诗《焦仲卿妻》曰："两家求合葬，合葬华山傍。东西植松柏，左右种梧桐。枝枝相覆盖，叶叶相交通"的树木就是连理枝。

山东嘉祥武梁祠"祥瑞图二"画面有木连理（图3-19·1），旁边的榜题曰："木连理，王者德纯恰，八方为一，则连理生。"原图像已泐。在《金石索》摹刻的画像中，两棵树各有一支树干连在一起。汉代铜镜上刻有两棵枝叶繁茂的树枝干相交连（图3-19·2）。汉李翕黾池五瑞图石刻下层左刻两个没有树叶的树枝干相连，并长出新枝，树旁铭文曰：木连理（图3-12）。山东微山县两城镇出土的一块汉画像石（图3-11·1），长90厘米，宽94厘米。画面分三层：上层刻异兽，中层刻人物，下层刻木连理，树上有猴子、鸟，树下一人端坐在两树中央，树下有一羊、一马，树两旁各有一人张弓射鸟。江苏徐州睢宁张圩曾出土一块画像石（图3-19·5），画上刻一枝干互相缠绕的木连理，连理木上系着一匹正在吃草的马儿，马的上方一只小鸟在飞翔。四川梓潼县出土一方汉代画像砖（图3-19·3），砖两头各一人跽坐，其中左边一人似乎在向右边一人作揖行礼。中间用线条刻画了两棵相连后又在上部左右分开的树，造型似凤凰的卷尾。树两边分别刻"木连""神木"二

① （梁）沈约：《宋书》，中华书局2000年版，第553页。

② （唐）欧阳询撰，汪绍楹校：《艺文类聚》，上海古籍出版社1965年版，第1699页。

③ （南朝）范晔撰，（唐）李贤等注：《后汉书》，中华书局1999年版，第1337页。

④ （梁）萧统编，（唐）李善注：《文选》，上海古籍出版社1986年版，第2003页。

图 3-19　连理树画像

1.山东嘉祥武梁祠之祥瑞图（《金石索》木刻摹本）　2.汉代铜镜上的木连理画像　3.四川梓潼画像砖上的木连理画像　4.四川长宁 1 号石棺之连理树　5.江苏徐州睢宁出土木连理画像

字榜题。四川长宁 1 号石棺刻有连理树，树下二人正在作揖告别（图 3-19 · 4）。

2. 建木

建鼓（通天的木头）升天的形式之一。有关建木所在的位置，《淮南子·坠形训》："扶木在阳州，日之所曊。建木在都广，众帝所自上下，日中无景，呼之无向，盖天地之中也。"[1] 在这里还出现了"建木"，这个建木指的是"地心"，而"众帝"是指高居天上的神灵。[2] 这些神灵就是司掌五方的神祇，五方包括四方和中央。高居这些"众帝"之上的至尊之神就是上帝。与上帝同处中央之位但低于上帝与其他四方之神并列的神祇就是社神。[3]

《山海经·海内经》："有木，青叶紫茎，玄华黄实，名曰建木。"[4]《史记·大宛列传》司马贞《索隐》注引《括地志》：昆仑之若水，非乘龙不得至。这里的非乘龙而至的龙其实就是"社神"，就是句龙禹。前面说了，社为土神是地祇，古人认为祭地与祭天是密不可分的，地之所载源于天之所赐，尊天亲地的观念根深蒂固，龙作为东宫星宿指导民事生产的授时星象转变为古人的自然崇拜偶像，最终成为社神的象征。由此可以看出人死后最终进入天堂是要经过重重关卡，到了社神守护的地方还必须攀登高大的建木才能到达上帝所在的仙域真正成仙，而建木如此高大，唯有借助飞龙的帮助才能升入天堂，达到成仙目的。图 3-20 左就是典型的乘龙升天图，那根立柱一定就是立于天地中心的建木。汉代墓葬中起到支撑整个墓室作用的一般是几根雕刻龙的图像的柱子。柱子实际上就是支撑死后世界中的天与地，死者希望通过龙帮助自己的灵魂攀登天柱这个唯一升天通道到达仙境；这样的图像在汉代普遍存在，充分反映了汉代人对"天堂"的理解，也体现了神龙引魂升天的寓意。建木的图像在汉画里有很多，尤其是陕西榆林、米脂、绥德等地区汉墓中有非常多数量的有特色的建木图像。[5] 建木在祥云

① （汉）刘文典，陈广忠评注．《淮南子》，中华书局 2012 年版，第 204 页。

② ［美］艾兰：《龟之谜——商代神话、祭祀、艺术和宇宙观研究》，汪涛译，商务印书馆 2010 年版，第 28 页。

③ 新疆天山天池管理委员会编纂：《西王母文化研究集成·图像资料卷》，广西师范大学出版社 2009 年版，第 262—292 页。

④ 方韬译注：《山海经》，中华书局 2011 年版，第 344 页。

⑤ 新疆天山天池管理委员会编纂：《西王母文化研究集成·图像资料卷》，广西师范大学出版社 2009 年版，第 262—292 页。

图 3-20　建木画像

左：海宁出土蟠龙绕柱画像　右上：四川简阳鬼头山画像（局部）　右下：四川大邑县董场庄出土"天阙升仙"图

201

缭绕中，由仙界的仙禽异兽围绕着盘曲而上，形成悬圃，到达西王母和东王公所在的天庭。最能证明建木作为死者进入仙界的特殊工具和登天难度之高的例子就是四川简阳鬼头山"柱铢"图像（图3-20右上）。《淮南子·天文训》："昔者共工与颛顼争为帝，怒而触不周之山，天柱折，地维绝。"[1]"柱"应该就是通天的大梯；而"铢"应该是指摇钱树，而摇钱树的造型和图像内容就来源于古代神话中的神树，它的图像就铸有象征日月的铜钱，与三星堆太阳神树造型如出一辙，所以"柱铢"应该就是沟通天地的建木。与这个图式有共同意义的就是四川大邑县董场庄出土的一块"天阙升仙"图（图3-20右下），这幅图天阙立于画面两侧，阙身外靠上部分别刻有伏羲与女娲，阙中央上部刻有腹部带有日轮的一人面大鸟，下部刻有一双手捂耳、一腿弓、一腿斜伸的长耳人，三个星星分布在阙间，象征了日月天界，这种伏羲女娲—日月星的图式和四川简阳鬼头山的日月神——"柱铢"可以说是相同的模式，都是即将升入天界，正在经历通往天界的最后一个关口的情景。

3. 松柏

松树和柏树都是地球上最古老的植物，也是汉画像里出现最早的也是最多的题材之一。松、柏是汉代常见的树木之一。《史记·秦始皇本纪》载：

"二十八年，始皇东行郡县，上邹峄山。立石，与鲁诸儒生议刻石颂秦德，议封禅望祭山川之事。乃遂上泰山，立石，封，祠祀。下，风雨暴至，休于树下，因封其树为五大夫。"[2]

《汉官仪》卷下曰：

秦始皇上封太山，逢疾风暴雨。赖得松树。因复其道。封为大夫松也。[3]

《汉书·贾山传》曰，驰道：

道广五十步，三丈而树，厚筑其外，隐以金椎，树以

① （汉）刘安著，陈广忠译注：《淮南子》，中华书局2012年版，第104页。

② （汉）司马迁著，韩兆琦译注：《史记》，中华书局2010年版，第527页。

③ 孙星衍等辑，周天游点校：《汉官六种》，中华书局1990年版，第178页。

① （东汉）班固：《汉书》，中华书局 1999 年版，第 1781 页。

② （汉）刘安著，陈广忠译注：《淮南子》，中华书局 2012 年版，第 590 页。

③ （梁）萧统编，（唐）李善注：《文选》，上海古籍出版社 1986 年版，第 1070 页。

④ （梁）萧统编，（唐）李善注：《文选》，上海古籍出版社 1986 年版，第 75 页。

⑤ 李俊山等编著：《永城石刻》，河南大学出版社 2010 年版，第 4—5 页。

⑥ 郑清森：《初论河南永城芒砀山出土的西汉早期画像石》，《四川文物》2003 年第 6 期。

⑦ 中国画像石全集编辑委员会编，俞伟超主编：《中国画像石全集（第 1 卷）山东汉画像石》，山东美术出版社 2000 年版，"前言"第 17 页。

青松。①

历代王侯公卿贵族墓葬前坟地四周都广种松柏。《淮南子·齐俗训》卷十一云：

殷人之礼……葬树松。……周人之礼……葬树柏。②

墓前种松柏最初可能是作为墓地的标志。东汉仲长子《昌言》曰：

古之葬，植松柏梧桐以识其坟。③

松、柏在汉代有"神木"之称。张衡《西京赋》曰：

神木灵草，朱实离离。注："神木，松柏灵寿之属。"④

汉人认为，墓前植柏树可以辟凶。《太平御览》卷九百五十四引《风俗通》云："墓上树柏，路头石虎。"又引《周礼》曰："方相氏入虚驱魍像。魍像好食亡者肝脑，人家不能常令方相立于墓侧以禁御之，而魍像畏虎与柏。"任昉《述异记》卷下曰："秦谬公时，陈仓人掘地得物，若羊非羊，若猪非猪。牵以献穆公，道逢二童子。童子曰：'此名为媪，常在地食死人脑。若欲杀之，以柏插其首'。"这就是古人常在墓地种植柏树的原因之一。南阳和陕北汉画像里常见柏树与铺首同刻在墓门上，铺首具有驱鬼辟邪作用，柏树也有辟邪的吉祥寓意。⑤ 雕刻有凤鸟、常青树、绶带穿璧、亭阁和几何纹饰。这两座墓的时代均属于两汉时期。从汉画像的产生看，这里已出现"树—鸟"的图像，开汉画像"树—鸟"图式的先河。2005 年，徐州西郊韩山汉墓再次挖掘时，发现梁山刻有画像的石墓门。两块石头都是 1.7*0.74*0.2 米，阴线刻。画像内容相同，中间都刻有一棵柏树（常青树），树上立着一只小鸟，树冠下两侧各悬挂玉璧一枚。河南永城芒砀山西汉早期柿园汉墓和保安山 2 号汉墓发现的画像石上也有柏树图像，树下根部有阶梯形台基。⑥ 永城两汉梁孝王墓与李王后墓厕所的石扶手上阴线刻的叶状之树，"无论从雕刻技法还是从艺术造型来说，都可称之为汉画像石的发端。"⑦ 作者曾多次去此墓考察，仔细观察过

此图像。据《永城石刻》一书介绍，这三幅图，刻于永城保安山 2 号墓——梁孝王李王后墓和柿园汉墓的厕所沟内，其茅坑上坐石的踏脚部位（图 3-21）。徐州睢宁县出土一块汉画像石，纵 97 厘米，横 77 厘米。画面分成上下两格。上格刻有两只迎面对立的凤鸟，图 3-22 上左取下格，刻一弯腰拥盾者和一直立执篝者。中格左边一棵树的树叶为针状，应该是松树。在汉画像中，柏树一般呈桃形树冠，通常也称之为常青树。河南新野张楼出土一块汉画像石（图 3-22 下左），纵 30 厘米，横 25 厘米，图中昆仑山上遍植柏树，鹿、凤鸟等珍禽悠闲生活在山中树丛里。西王母端坐在山顶，右边一披发羽人面向西王母跪献不死树枝。昆仑山上神树众多，柏树为其中之一种。《山海经·海内西经》云："根部有阶梯形台基。"①

昆仑南渊深三百仞，开明兽身大类虎而九首，皆人面，东向立昆仑上……开明北有视肉、珠树、文玉树、玗琪树、不死树……又有离朱、木禾、柏树、甘水、圣木、曼兑，一曰"挺木牙交"。② 如河南唐河石灰窑西汉晚期汉画像石墓出土的两块墓门石，一块纵 144 米，横 57 米，另一块纵 102 米，横 55 米。两块石头的上部都刻有石阙，阙旁两侧各植柏树一株，阙顶和树顶各立有一鸟相对互望。门厅里各有主仆二人，画面下部刻铺首。这幅汉画像里，天阙、铺首、柏树、仙鸟都与升天

图 3-21　河南永城梁孝王和李皇后墓松柏树画像
左：柏树　中：绶带穿璧　右：松柏与祠堂

① 郑清森：《初论河南永城芒砀山出土的西汉早期画像石》，《四川文物》2003 年第 6 期。

② 方韬译注：《山海经》，中华书局 2011 年版，第 266 页。

图 3-22　松柏画像

上左：徐州睢宁出土松树画像　下左：河南新野张楼出土

下右：江苏沛县栖山出土凤鸟松柏画像

有关，是典型的升天图式。再如南阳熊营东汉早期的一对墓门汉画像，东西门的尺寸都为纵 150 厘米，横 55 厘米。两墓门图像相仿，[①] 门上部刻有两猴、白虎、铺首衔环，下部刻两棵桃形直杆柏树，一熊在两柏之间站立。再有，徐州沛县栖山 1 号墓出土的一具东汉早期石棺，内侧画像左右刻有柏树，柏树上立有雀鸟。[②] 这些图像中柏树上都立有鸟，是汉画像中的"树—鸟"图式。"树—鸟"图式其实就是升仙的过程与方式。"树"是升仙的基本道具，是升仙仪式的象征物，体现了人们原始的"树崇拜"意识，树的"高耸入云"是最接近天界的生物，树的超强生命力使人们非常自然而坚定地渴望把树之灵气

① 南阳汉画像馆编：《南阳汉代画像石墓发掘报告集》，中州古籍出版社 2012 年版，第 160、161 页。

② 中国画像石全集编辑委员会编，俞伟超主编：《中国画像石全集（第 4 卷）江苏、安徽、浙江汉画像石》，山东美术出版社 2000 年版，图一〇。

转移到自身，并借助它到达天堂。鸟是太阳的象征，有了太阳就有生命。①

4.灵芝

灵芝，本名"芝"，又名"三秀"、"灵草"、"芝草"等，见则祥瑞，所以称之为"灵芝"。《纲目》:《神农经》云:山川云雨、四时五行、阴阳昼夜之精，以生五色神芝，为圣王休祥。《瑞应图》云:芝草常以六月生，春青夏紫，秋白冬黑。

汉代，随着神仙思想以及谶纬的盛行，灵芝被逐渐神化为长生不死、延年益寿的象征。《说文》曰:"芝，神芝也。"②《焦氏易林·同人之第十三》卷一曰:"文山紫芝，雍梁朱草。长生和气，王以为宝。公尸侑食，福禄来处"。③又《海内十洲记》曰:"瀛洲在东海中，地方四千里，大抵是对会稽，去西岸七十万里。上生神芝仙草。又有玉石，高且千丈。"又云:"生洲在东海丑寅之间，接蓬莱十七万里，地方二千五百里。去西岸二十三万里。上有仙家数万。天气安和，芝草常生。地无寒暑，安养万物。亦多山川仙草众芝。"④

灵芝在汉代作为吉祥植物主要寓意长寿吉祥，人服食灵芝可以升天成仙，而仙人又常服灵芝。《论衡·验符篇》曰:"芝草延年，仙者所食。"⑤《太平御览》卷八百七十三引《论衡》佚文曰:"芝草一年三华，食之令人眉寿庆世，盖仙人之所食。"⑥《宋书·符瑞志》下云:"芝草，王者慈仁则生，食之令人度世。"⑦张衡《西京赋》曰:"浸石菌于重崖，濯灵芝以朱柯。"注曰:"石菌灵芝，皆海中神山所有神草名，仙之所食者。"⑧汉代人信仰神仙，希冀长生不死，汉武帝曾"遣方士求神怪采灵芝药以千数。"汉画像中的灵芝就是象征长生不死的祥瑞之物。

灵芝在汉代还是明君仁慈、德至山陵草木、敬事耆老的瑞应。《孝经援神契》曰:"德至草木则芝草生。又曰，善养老则芝草茂。"⑨《论衡·验符篇》曰:"皇帝圣仁，故芝草寿征生。"⑩

① 顾颖:《汉画中"树—鸟"图像分析》,《江苏师范大学学报》2013年第6期。

② (清)段玉裁撰:《说文解字注》,中华书局2013年版,第23页。

③ (汉)焦延寿:《焦氏易林》,广西民族出版社2003年版,第63页。

④ (汉)东方朔撰:《海内十洲记》,选自(汉)赵晔等撰:《古今逸史精编》,重庆出版社2000年版,第214、215页。

⑤ (东汉)王充著,袁华忠、方家常译注:《论衡全译》,贵州人民出版社1993年版,第1237页。

⑥ (宋)李昉等编纂,夏剑钦校点:《太平御览》第七册,河北教育出版社1994年版,第1038页。

⑦ (梁)沈约:《宋书》,中华书局2000年版,第574页。

⑧ (梁)萧统编,(唐)李善注:《文选》,上海古籍出版社1986年版,第60页。

⑨ [日]安居香山、中村璋八:《纬书集成》,吕宗力等译,河北人民出版社1994年版,第130页。

⑩ (东汉)王充著,袁华忠、方家常译注:《论衡全译》,贵州人民出版社1993年版,第1237页。

① （清）陈立撰，吴则虞校：《白虎通疏证》，中华书局1994年版，第284页。

② （清）马国翰辑：《玉函山房辑佚书》，上海古籍出版社1990年版，第2872页。

③ （东汉）班固：《汉书》，中华书局1999年版，第138页。

④ 何清谷撰：《三辅黄图校释》，中华书局2005年版，第140、142页。

⑤ （梁）沈约：《宋书》，中华书局2000年版，第562页。

⑥ （东汉）王充著，袁华忠、方家常译注：《论衡全译》，贵州人民出版社1993年版，第1234页。

⑦ （宋）李昉等编纂，夏剑钦校点：《太平御览》第八册，河北教育出版社1994年版，第889页。

《白虎通·封禅》卷三上曰："德至山陵，则景云出，芝实茂。"①孙柔之：《瑞应图》曰："王者仁慈则芝草生，食之令人延年。一曰，王者敬事耆老、不失旧故，则芝草生。"又曰："芝英者，王者亲延耆，养老有道则生。"②由于灵芝是象征君主的瑞应，汉宫中时有灵芝生出。武帝元封二年芝生甘泉宫斋房，因而作歌曰："斋房产草，九茎连叶，宫童效异，披图案谍。玄气之精，回复此都，蔓蔓日茂，芝成灵华。"③《三辅黄图·汉宫》卷二引《遁甲开山图》云，武帝时"有芝生甘泉殿边房中"。又引《汉旧仪》云："芝有九茎。芝金色，绿叶朱实，夜有光，乃作《芝房之歌》。"④宣帝元康四年，金芝九茎，产于函德殿铜池中，明帝永平十七年春，芝生前殿。桓帝建和元年四月，芝草生中黄藏府。"⑤地方上也时有芝草出现。东汉章帝建初元年、建初五年，零陵郡两献芝草。《论衡·验符篇》载，章帝"建初三年，零陵泉陵女子傅宁宅，土中忽生芝草五本，长者尺四五寸，短者七八寸，茎叶紫色，盖紫芝也，……瑞应出也……五年，芝草复生泉陵男子周服宅土，六本，色状如三年芝，并前凡十一本。"⑥《太平御览》卷九百八十五引《东观汉记》载："灵帝光和四年，郡国上芝草英。"⑦

　　河南永城芒砀山柿子园西汉梁共王刘买墓主室顶部中间神树上绘有一株灵芝。周围祥云缭绕。主室的南壁和西壁也刻有灵芝。四川灵芝画像多呈伞盖状，下面是曲形长柄，常三个一株置于西王母或仙人旁边（图3-23上右）。如四川新津崖墓石函的一幅画像（图3-23下图），长99厘米，宽57厘米，画面刻有仙人六博。右侧仙人的背后就是灵芝，蘑菇冠状，曲柄。浙江海宁汉画像石墓前室西壁最上端的祥瑞图中左边第一幅就是特大的灵芝（图3-23上左）。在汉画像中，常见到的伏羲、女娲、羽人手持冠状曲茎的物体一般释为灵芝。如南阳麒麟岗汉墓出土的一块长260厘米、宽120厘米的墓顶画像石上，画像中间刻一神兽，神兽两边各有一人首蛇身的神人，其中右边

图 3-23　灵芝画像

上左：浙江海宁长安镇出土（局部）　上右：四川新津宝子山出土（局部）　下图：四川新津崖墓石函画像

① 南阳汉画馆编：《南阳汉代画像石墓发掘报告集》，中州古籍出版社 2012 年版，第 144 页，图二六。

② 陕西考古研究所编：《陕西神木大保当汉彩绘画像石》，重庆出版社 2000 年版，第 88 页，图八一。

③ （明）孙瑴编：《古微书》，《丛书集成初编》，商务印书馆 1939 年版，第 267 页。

④ （清）段玉裁撰：《说文解字注》，中华书局 2013 年版，第 242 页。

⑤ （北宋）郭茂倩编：《乐府诗集》，上海古籍出版社 1998 年版，第 886 页。

⑥ （晋）王嘉撰，王兴芬译注：《拾遗记》，中华书局 2019 年版，第 19 页。

⑦ 黄明兰：《洛阳西汉卜千秋壁画墓发掘简报》，《文物》1977 年第 6 期。

⑧ 史家珍、樊有升、王万杰：《洛阳偃师县新莽壁画墓清理简报》，《文物》1992 年第 12 期。《中国墓室壁画全集》编辑委员会编：《中国墓室壁画全集·汉魏晋南北朝》，河北教育出版社 2011 年版，图四四、四五。

⑨ 《中国墓室壁画全集》编辑委员会编：《中国墓室壁画全集·汉魏晋南北朝》，河北教育出版社 2011 年版，图一六。

的神人右手所持的物体就是灵芝。① 又如神木大保当彩绘画像石中的一方门楣画像石上，右边刻一双髻仙人，右手持灵芝，左臂后伸，躬步向前做出敬献状。② 还有一些画像中，灵芝是被珍禽异兽衔在嘴中的，如马王堆 1 号汉墓出土的帛画上，月中的蟾蜍口衔灵芝。从这些图像我们可以看出，灵芝与掌有不死之药的西王母、捣制不死之药的玉兔以及象征生育的人类祖先伏羲、女娲组合在一起。作为不死之药或者仙草、灵草与这些神人组合在一起构成特定的图式。

5. 桂树

汉画像中常出现月亮，月亮中一般有桂树。马王堆汉墓出土的帛画，月亮中有蟾蜍、桂树和玉兔。

桂树在汉代象征君德吉祥，也有长生不老的寓意。《礼斗威仪》："君乘金而王，则黄银见。其政讼平，芳贵常生。"③ 汉代人认为桂树是长生不老的仙药，《列仙传》曰，范蠡食桂而长生不老。《说文》称桂树为"百药之长"。④ 曹植《桂树之行》曰："桂之树，得道之真人，咸来会讲仙。"⑤《拾遗记·颛顼》卷一曰："暗河之北，有紫桂成林，其实如枣，群仙饵焉。韩终采药四言诗曰：'暗河之桂，实大如枣。得而食之，后天而老。'"⑥ 汉画中桂树常与蟾蜍共同绘于月中，正体现长生不老的寓意，与古人成仙思想是分不开的。

洛阳卜千秋西汉墓室壁画墓顶画像最前端绘有一轮满月，月中有桂树、蟾蜍，月轮外还绘制有四朵火焰纹。⑦ 王莽时期，河南偃师新村壁画墓出土的两块空心砖两侧各绘一人首蛇身的神人形象。左边为男性，双手捧月，月中有桂树；右边为女性，双手捧日，日中有金乌。⑧ 河南新安磁涧镇里河村汉壁画墓脊顶有九块砖构成的一段连续性画面，上绘有月、阴神、青龙、朱雀、异兽，月中有玉兔、蟾蜍和桂树。⑨ 四川新都曾出土一块汉画砖，纵 20 厘米，横 48 厘米。画面刻有异域人展翅飞翔，羽人的腹部为月轮，轮中有桂树和蟾蜍。这样的画像在

1

2

3

4

图3-24　桂树画像

1.山东嘉祥满硐乡宋山出土　2.山东嘉祥武氏祠画像　3、4.山东微山两城山出土

四川的邛崃、彭州都有相似的画像砖出土。这些图像中的桂树都出现在月亮中，都表现为月亮神话，说明月中有桂的神话故事至少在西汉已经是很流行的了。《太平御览》卷九百五十七引《淮南子》云：

> 月中有桂树。①

又卷四引东晋虞喜《安天论》云：

> 俗传月中仙人桂树，今视其初生，见仙人之足，渐以成形，桂树后生焉。②

《乐府诗集·相和歌辞》卷三十七载古诗《陇西行》曰：

> 天上何所有，历历种白榆。桂树夹道生，青龙对道隅。

又卷六十一《杂曲歌辞》载曹植《桂树之行》曰：

> 桂之树……上有栖鸾，下有盘螭。③

除了月亮，桂树常常与建筑物或者马匹、射鸟图像组合在一起，内蒙古和林格尔东汉壁画墓后室北壁有一幅"桂树双阙图"，在双阙与桂树间有"立官桂树"榜题。④山东地区像这样的图像还有很多（图3-24）。

① （宋）李昉等编纂，夏剑钦校点：《太平御览》第八册，河北教育出版社1994年版，第675页。

② （宋）李昉等编纂，夏剑钦校点：《太平御览》第一册，河北教育出版社1994年版，第40页。

③ （北宋）郭茂倩编：《乐府诗集》，上海古籍出版社1998年版，第542、86页。

④ 内蒙古自治区文物考古研究所编：《和林格尔汉墓壁画》，文物出版社2007年版，第146页。

第 四 章

人与造物的美学图式

汉画像有许多人事画像，这些人事在汉画里都有特定的作用，有的是汉代所信奉的神灵，有的历史故事又带有一定的劝诫作用，有些放在墓门又有辟邪和驱鬼逐疫作用，还有些人造器物更是与人的生前往后有着密不可分的关系，在汉代人的墓葬观里，这些画像刻在墓中，不言而喻，是肯定带有吉祥寓意的。吉祥人物大多与原始宗教的巫术信仰和祖先崇拜有关，在历史发展过程中，祖先被神化，成了降福子孙的神灵，祖先也就有了吉祥的寓意。

自父系氏族时期开始，一些英雄人物因为对人类的发展作出过突出的贡献，而在长期传颂中被神化，脱离了常人的局限而变得具有神秘感，具有神奇性，被后世尊为神。随着一代一代的神化，影响也在人们心中越来越扩大，最后成为被固定为祭祀的神，一旦他们作为祭祀供奉的对象，他就具有了神性，在先民眼中，他们的魂灵一直存在，人们祭祀他以求庇佑和赐福给子孙，于是就产生了吉祥的意味。战国、秦汉之际，三皇五帝被奉为神明，一些有德行的圣王被看作圣人。在频繁的造神运动中，越来越多地赋予了这些圣人以吉祥的内涵，成为吉祥人物。他们出生时天有吉兆。《论衡·奇怪篇》曰："圣人之生，奇鸟吉物之为瑞应。"[1]圣人的长相和身材都有异于常人。如"尧眉八彩""舜二瞳子""文王四乳"等。[2]《论衡·骨相篇》曰："传言黄帝龙颜，颛顼戴午，帝喾骈齿，尧眉八采，舜目重瞳，禹耳三漏，汤臂再肘，文王四乳，武王望阳，周公背偻，皋陶马口，孔子反羽，斯十二圣者，皆在帝王之位。"[3]圣人继王位时也有吉兆出现。《春秋元命苞》曰："黄帝坐玄扈洛水上，与大司马容光等临观，凤凰衔图至帝前，帝再拜受图。"宋均注："玄扈，石室名"，又曰："尧坐舟中，与太尉舜临观，凤凰负图授尧。图以赤为柙，长三尺，广八寸，黄玉捡，白玉绳，封两端，其章曰'天赤帝符玺'五字。"又曰："尧游河渚，赤龙负图以出，赤如绛状，龙没图在。"[4]

① （东汉）王充著，袁华忠、方家常译注：《论衡全译》，贵州人民出版社1993年版，第228页。

② （汉）刘安著，陈广忠译注：《淮南子》，中华书局2012年版，第1135页。

③ （东汉）王充著，袁华忠、方家常译注：《论衡全译》，贵州人民出版社1993年版，第159页。

④ （唐）徐坚等：《初学记》，中华书局1962年版，第724页。

第一节　神话传说中的人物

一、西王母、东王公

西王母是汉代民间最受崇拜的吉祥人物之一。《宋书·祥瑞志》将西王母列为祥瑞:"西王母,舜时来献白环白琯。"① 西王母又称"金母"、"王母"、"西母"、"西姥"等。战国时期,西王母的传说已经广为流传。《山海经》、《庄子》、《竹书纪年》、《穆天子传》等文献均有记载。考古学者曾在殷墟的卜辞中发现有"西母"之名,但最早记录西王母的是《山海经》,书中五次出现"西王母"文字。《山海经·西山经》:

> 又西三百五十里,日玉山,是西王母所居也。西王母其状如人,豹尾虎齿而善啸,蓬发戴胜,是司天之厉及五残。②

《山海经·大荒西经》:

> 西海之南,流沙之滨,赤水之后,黑水之前,有大山名日昆仑之丘。有神,人面虎身,有文有尾,皆白——处之。其下有弱水之渊环之,其外有炎火之山,投物辄燃。有人,戴胜,虎齿,豹尾,穴处,名日西王母。此山万物尽有。③

《山海经·海内北经》:

> 蛇巫之山,上有人操柸而东向立。一日:龟山。西王母梯几而戴胜杖,其南有三青鸟,为西王母取食。④

早期的西王母是半人半兽、性别不明的神。在《山海经》中她"豹尾虎齿而善啸,蓬发戴胜,是司天之厉及五残。"⑤ 到《海内北经》中已经略显人格化的面孔,在《穆天子传》中已成掌管"不死之药"的雍容华贵的中年女性的形象。鲁迅说:

> 《穆天子传》今存,凡六卷;前五卷记周穆王驾八骏西征之事,后一卷记盛姬卒于途次以至反葬,盖即杂书

① (梁)沈约:《宋书》,中华书局 2000 年版,第 575 页。

② 方韬译注:《山海经》,中华书局 2011 年版,第 50 页。

③ 方韬译注:《山海经》,中华书局 2011 年版,第 322 页。

④ 方韬译注:《山海经》,中华书局 2011 年版,第 268 页。

⑤ 方韬译注:《山海经》,中华书局 2011 年版,第 50 页。

① 鲁迅：《中国小说史略》，上海古籍出版社 1998 年版，第 11 页。

之一篇。传亦言见西王母，而不叙诸异相，其状已颇近于人王。①

《穆天子传》记载：

> 吉日甲子，天子宾于西王母。乃执白圭玄璧以见西王母。好献锦组百纯，素组三百纯。西王母再拜受之。乙丑，天子觞西王母于瑶池之上。西王母为天子谣曰："白云在天，山陵自出。道里悠远，山川间之。将子无死，尚能复来。"天子答曰："予归东土，和治诸夏。万民平均，吾顾见汝。比及三年，将复而野。"西王母又为天子吟曰："徂彼西土，爰居其野。虎豹为群，於鹊与处。嘉命不迁，我惟帝女。彼何世民，又将去子。吹笙鼓簧，中心翔翔。世民之子，唯天之望。"天子遂驱升于弇山，乃纪名迹于弇山之石，而树之槐。眉曰："西王母之山。"②

② 高永旺译注：《穆天子传》，中华书局 2019 年版，第 93—97 页。

周穆王和西王母相会的故事在汉代有一定的影响。它表现了古人想象中的人与神的关系。1955 年，陕西绥德征集的一块墓门楣画像石上刻有周穆王坐在三只仙鹤牵引的车上向左边西王母方向奔去。上刻榜题"周穆王见西王母"（图 4-1 上）。1960 年山东嘉祥县城南嘉祥村出土一方汉画像石以及嘉祥纸坊镇敬老院出土了一方汉画像石上也刻有周穆王和西王母相会的图像（图 4-1 中、图 4-1 下）。关于西王母的形象演变，很多人都提出了阶段的分法。③ 在图式上李淞认为，西王母的画像大致可以分为两个阶段：第一阶段是西汉后期至东汉初期的"情节式"构图；第二阶段为东汉初期至东汉中期的"偶像式"构图。④

③ 郭箴一认为西王母的故事本来是很简朴的，到盛行神仙故事的汉代，她逐渐脱去神话中的神样，而趋向神话故事中的神仙化；汪小洋认为最早的西王母可能是日神或者月神，到后来演变成女仙，直至汉代西王母神仙世界的建立；信立祥把西王母图像演变分成三个阶段，分别是仙人世界的雏形，仙人世界，东王公开始出现。

④ 李淞：《论汉代艺术中的西王母图像》，湖南教育出版社 2000 年版，第 312 页。

汉画像石上西王母的形象，都是盘坐的女性，张道一先生总结出西王母的特点如下：

1）宽衣大袖，头上戴胜。即称作"方胜"的一种首饰。

2）有的肩生两翼，个别的还是人首蛇身。

3）有的扶几打坐，或与东王公相并列。

图 4-1 周穆王见
西王母
上：陕西绥德出土
墓门楣画像
中：山东嘉祥县城
南嘉祥村出土
下：山东嘉祥纸坊
镇敬老院出土

4）有的高居仙山，或与东王公遥遥相望。

5）有的坐在龙虎座上。

6）在她周围有三足乌、九尾狐、玉兔、蟾蜍和羽人等。①

西汉之前的文献中，西王母一直是独立"穴处"的形象，并未有与其他人物成组出现，都是无偶独尊的形象。然而，汉人认为宇宙是由阴阳二神构成的，西王母的故事到了汉代，人们觉得有了皇后必有皇帝，何以西王母独有母而无公，所以另

① 张道一：《汉画故事》，重庆大学出版社 2006 年版，第169 页。

① 郭箴一:《中国小说史》,商务印书馆1998年版,第86页。

② [美]巫鸿、孙妮:《"阴阳理论"与汉代西王母东王公形象的塑造——山东武梁祠山墙画像研究》,《西北美术》1997年第3期。

③ 崔冶译注:《吴越春秋》,中华书局2019年版,第227页。

④ (明)周祈撰:《名义考》,选自(清)纪昀、永瑢等编撰:《文渊阁四库全书》第856册,台湾商务印书馆1982年版,第311页。

⑤ 王根林等校:《汉魏六朝笔记小说大观》,上海古籍出版社1999年版,第49页。

⑥ [美]巫鸿:《论西王母图像及其与印度艺术的关系》,《南京艺术学院学报》1997年第3期。

⑦ (汉)刘安著,陈广忠译注:《淮南子》,中华书局2012年版,第337页。

造出一个东王公来。① 将具有一元性质的女神转化为二元性质的崇拜神画像,于是东汉中期以后,在各类画像中出现了东王公的形象。连他的称谓都与西王母构成完美平衡对应,从而揭示他存在的合理性。②

(一)西王母配偶图式

1."西王母—东王公"图式

东王公又称东皇公、木公、东王父等。《吴越春秋·勾践阴谋外传第九》卷"立东郊以祭阳名,曰东皇公;立西郊以祭阴,名曰西王母。"③《名义考》曰:"木,东方之气,有父道,故曰公。金,西方成气,有母道,故曰母。曰王公、王母者,尊之也。"④《神异经·东荒经》:"东荒山中有大石室,东王公居焉。长一丈,头发皓白,人形鸟面而虎尾,载一黑熊,左右顾望。"⑤东王公仅仅是西王母的一个镜像,他被创造出来的时间不早于公元2世纪。⑥全国不同地区的东王公画像具有不同的特点。四川地区:东王公不像西王母那样坐在龙虎座上,而是坐在双龙座上。陕北地区:东王公常与西王母对称坐在悬圃之上。在各地汉画中,东王公有时呈鸟首人身,西王母为牛首人身。1978年,山东嘉祥宋山出土一方东王公画像,东王公肩立二鸟,左右有马头、鸟首和狗头的羽人执谒板跪侍。汉代的一些东王公身边的从属神——玉兔和蟾蜍也是从西王母画像中复制而来。《淮南子·精神训》:"有二神混生,经天营地,孔乎莫知其所终极,滔乎莫知其所止息。于是乃别为阴、阳,离为八极;刚柔相成,万物乃形。"⑦陕西绥德出土的一对墓门立柱汉画像石,其右门柱上格为牛首形象的西王母坐于仙山神树上,旁边有三青鸟、九尾狐、灵芝瑞草,再下为执篲门吏,一侧为云纹缠绕中的羽人和瑞兽。下格刻一马拴于树上。左门柱上格刻鸡首形象的东王公坐在神树之上,旁边也有三青鸟、九尾狐、灵芝瑞草等,再下为执笏门吏。东王公在东汉章帝、和帝之间出现后,主要的神职为东方主神。山东嘉祥武梁祠东

图 4-2　汉代铜镜中的西王母和东王公

日本京都市川合定治郎氏搜集品

左："东王公"铭文

右："东王公"、"西王母"铭文

西山墙的最高处分别刻东王公、西王母的形象，东王公、西王母两边均刻有仙人和祥禽瑞兽。[1] 罗振玉《古镜图录》卷中有多篇言及东王公的铭文。如"上有东王父、西王母。山（仙）人子前侍左右，辟邪喜怒毋央咎。"[2] 汉代的铜镜中常刻有西王母、东王公画像。如图 4-2 铜镜圆形、四乳、圆钮钮座，座外围以双方格，外缘饰云气纹。左图神虎、翔龙相对，东王公与神人（疑似西王母，但未刻铭文）相对；右图车马相对，西王母、东王公相对，皆刻有铭文。

在东王公尚未被创造出来之前，与西王母匹配的神祇一直都处于不稳定状态。"子路—西王母"组合和"箕星（风伯）—西王母"组合是西王母图式的过渡模式。

2."子路—西王母"图式

山东微山、邹城等地出土的西汉画像石可以看到"子路—西王母"组合图式。在微山两城乡出土一块西汉后期画像石，上刻 6 人同排踞坐，左三端坐一位女性，头戴一双大牛角头饰，在山东邹城、微山、江苏铜山出土的汉画像石上都曾见到过这种女性形象，这应该就是过渡中的西王母形象。西王母的头饰演变，同其匹配的神祇演变一样复杂，从画像石来看，西王母在西汉后期不仅头戴胜，而且戴发饰，到东汉时期，虽大多时候戴胜，但同时也有其他形式的冠带。[3] 左二为一头戴

[1] 新疆天山天池管理委员会编纂：《西王母文化研究集成·图像资料卷》，广西师范大学出版社 2009 年版，第 196—204 页，画像石部分：图 1 至图 10。

[2] 转引自孔祥星、刘一曼：《中国铜镜图典》，文物出版社 1992 年版，第 411 页。

[3] 姜生：《汉帝国的遗产——汉鬼考》，科学出版社 2016 年版，第 123—138 页。

图4-3　山东费县潘家疃汉墓"子路为师挽车图"

雄鸡冠的正面威坐男子，这个男子就是子路。《史记》中对子路的记载"子路性鄙，好勇力，志伉直，冠雄鸡，佩豭豚，陵暴孔子"[①]。子路在汉画像中都是以头部刻有一蹲立的鸟为特有标识，武氏祠前石室中的孔门弟子画像中第九位刻有榜题"子路"，山东费县潘家疃汉墓中室北壁上段刻有"子路为师挽车图"（图4-3），左边的拉车人头部就戴有雄鸡冠，车后刻有榜题"冠鸡子路"，徐州汉画像石艺术馆也收藏有一方非常类似的汉画像石，石头上刻的为孔子拉车的子路非常清晰，头上戴着雄鸡冠，正卖力为老师拉车。山东邹城卧虎山西汉画像石墓出土一套石椁，椁板上刻有画像。石椁的南版内侧和北版内侧分别刻有西王母和子路画像，合乎阴阳两极跨越中央空间而东西对应的方位配合逻辑。[②]子路身边还出现了站立的马头人身神和鸟头人身神，而这两种神在徐州栖山一号墓和山东微山出土的西汉晚期石椁画像上就已经出现，但是他们是作为西王母身边的随侍身份出现的，是属于西王母世界中身份比较崇高的神祇，是一种比较固定的组合图式，而这两种神也恭敬地出现在子路的身侧，表明在这个时期子路应该是西王母的配偶神。

3."风伯—西王母"图式

在"子路—西王母"图式之后，风伯作为西王母的阴阳神，在孝堂山祠堂画像中出现。在东汉中期以前的早期祠堂中，由于与女性主仙西王母相对应的男性主仙还没有被群众性造仙运动造出来，风伯则作为男性主仙神出现在祠堂的东、西壁最上层位置。[③]山东微山青山村出土的西汉晚期的一个石椁的右栏

① （汉）司马迁著，韩兆琦译注：《史记》，中华书局2010年版，第4575页。

② 姜生：《汉帝国的遗产——汉鬼考》，科学出版社2016年版，第123页。

③ 信立祥：《汉代画像石综合研究》，文物出版社2000年版，第154页。

可以看到风伯与西王母对应的画面。画面上部左边，西王母侧身面向右方端坐昆仑山巅，面前有玉兔捣药，蟾蜍漫舞，九尾狐和三足乌漫步其中，画面中还出现了鸡头人身神和马头人身神二位神祇，女娲和神农氏也出现在画面的右侧下方，右侧上方则是双手鼓在嘴前吹气的风伯。这样的画面就是西王母的神仙世界，与西王母处在对立位置的就是风伯，而神农炎帝和女娲以及鸡头马头二神则位于她的下方，可见当时风伯的神格是高于他们的，是与西王母对等的男性主仙神。

（二）各地西王母和东王公图式特征

1. 山东地区

山东地区很少有独幅的西王母、东王公画像，山东地区的汉画大多都是多层的，绝大多数西王母总是位于第一层的中心位置，这体现出汉代人对西王母的崇拜和重视程度。[①] 但是也有例外，比如，沂南汉墓墓门东立柱画像，东王公就处在下方，见第二章图 2-7·3。这是因为该图的上部那位将伏羲女娲连在一起的神人是东皇太一，在神话世界里，他是位于天界中央——天极中心的至尊神，具有至高无上的权力和地位，所以，即使是西王母的配偶神东王公，也要屈尊在下。同样的，在西立柱的上部也有一熊头、鳞身、双臂带翼、张开大嘴的神兽，一定也是一位地位高于东王公、西王母的大神，我们分析这位怪兽可能是与太一处于同一等级的三皇五帝中的某一位，据特征，很有可能是黄帝，这需要我们继续去研究和探索。这就引申出另一个问题，就是既然存在有比西王母地位还要高，权力还要大的神，为什么汉代人如此热烈信奉西王母，而不直接崇拜这些大神？其实道理很简单，神的世界与人间世界一样具有一个严格的等级秩序，民众不能僭越而去求仙于至尊神。汉画像在民间兴盛，西王母具有非常具体而直接的职责，那就是掌管生死药，这也是汉人求仙的当前目的和目标，只有这个目标实现了，才会有资格和能力去信奉或追求更高级别的神。

① 新疆天山天池管理委员会编纂：《西王母文化研究集成·图像资料卷》，广西师范大学出版社 2009 年版，第 195—252 页，画像石部分：图 1 至图 58。

2. 苏北地区

这个地区是以徐州以及周边地区包括安徽淮北、宿州褚兰等地，这一地区的西王母画像以单幅为主，西王母位于画面中央位置。如图4-4上所示，而徐州其他地区，如贾汪区青山泉白集汉墓（图4-4下左）还有邳州陆井汉墓出土的西王母画像也是分层的，与山东枣庄、滕县还有安徽褚兰（图4-4下右）等地区的汉画格局很像，有可能是山白同 个作坊或者具有师承关系的作坊，在制作时所用的模板风格很相似，应该共属于同一个模式流行区域。

图4-4 苏北、安徽地区西王母、东王公画像

上：江苏徐州沛县栖山出土

下左：江苏徐州白集祠堂西壁画像

下右：安徽宿州褚兰东王公画像

3.陕北地区

陕北地区的西王母主要位于墓门楣和墓门左右立柱上。在墓门楣上的西王母、东王公在画面中的位置不同于苏鲁地区放在中间，而是置于门楣的一侧，可能更想体现的是一个求仙和拜访的过程（如图4-1上）。而将西王母、东王公置于左右立柱主要是为了突出他们显要的地位（图4-5）。在几乎所有的立柱上，西王母、东王公总是坐在高高的悬圃之顶，处在整个立柱的最上方位置，并且为了体现悬圃之高，总会在悬圃的支柱周围画上缭绕的祥云，有一些珍禽异兽游荡其中。

4.四川地区

四川出土的汉画像的载体大多是石棺、石椁和画像砖，其中的西王母图像以单幅为主。在这些图像里，西王母大多位于画面中心或者中心向上的位置，犹如驾龙腾虎。龙虎座是四川汉代西王母图像的首要特征，绝大多数四川的西王母图像都坐在龙虎座上，正如陕北、晋西北更明显的特征是几乎都坐于天柱上，严格说来龙与虎并不是座，而是西王母左右的组成部分，即构成完整西王母图式的有机体。龙与虎并不是方位，而

图4-5 陕北地区西王母、东王公画像

左：陕西绥德出土

右：陕西榆林郑家沟出土

是九五之尊的表征，神性的体现。三位一体才构成完整的偶像：帝王之像！[①]《焦氏易林·林之履》曰："驾龙骑虎，周遍天下，为人所使，见西王母不忧不殆。"西王母坐在龙虎墩上，特别显出一种威仪（图4-6）。西王母的龙虎座除了象征西王母的身份和地位外，还有以其凶猛之形象辟邪驱恶之作用。

① 李凇：《汉代龙虎座图像的含义》，《西北美术》2000年第1期。

图4-6　四川西王母画像
上：四川南溪县城郊出土石棺画像
中：四川彭山县江口乡出土石棺画像
下：四川郫县竹瓦铺出土石棺画像

二、伏羲女娲

伏羲和女娲的名字，都是战国时才开始出现于记载中的。[①]
伏羲是父系氏族社会时代祖先崇拜的代表人物，是古代神话传
说中的部落祖先和人类始祖。伏羲又作伏牺、庖牺、伏戏、宓
牺等，亦作牺皇、黄羲。传说他是其母华胥履大人迹而生。

《史记·三皇本纪》载：

> 太皞庖牺氏，风姓，代燧人氏，继天而王。母曰华
> 胥。履大人迹于雷泽，而生庖牺于成纪。蛇身人首，有
> 圣德。[②]

《诗含神雾》曰：

> 大迹出雷泽，华胥履之，生伏羲。[③]

《拾遗记·春黄庖牺》卷一曰：

> 神母游其上，有青虹绕神母，久而方灭，即觉有娠，
> 历十二年而生庖牺。[④]

《路史·后纪一》卷十注引《宝椟记》云：

> 帝女游于华胥之渊，感地（蛇）而孕，十二年生
> 庖羲。[⑤]

这都是关于伏羲出生的神话传说。关于伏羲的形象，古代
传说多谓伏羲人首蛇身。

《列子·黄帝篇》曰：

> 庖牺氏蛇身、人面、牛首、虎鼻。[⑥]

《太平御览》曰：

> 伏羲人头蛇身。

《帝王世纪》曰：

> 包牺氏，风姓也。……蛇身人首。[⑦]

《春秋合诚图》曰：

> 伏羲龙身，牛首，渠肩，达腋，山准，日角，奫目，
> 珠衡，长九尺有一寸，望之广，视之专。[⑧]

在古代的神话信仰中，蛇具有定期蜕皮的特征，以及冬

① 闻一多：《伏羲考》，上海古籍出版社 2006 年版，第 1 页。

② 上海古籍出版社、上海书店编：《二十五史》，上海古籍出版社、上海书店 1986 年版，第 361 页。

③ [日] 安居香山、中村璋八：《纬书集成》，吕宗力等译，河北人民出版社 1994 年版，第 461 页。

④ （晋）王嘉撰，王兴芬译注：《拾遗记》，中华书局 2019 年版，第 2 页。

⑤ （宋）罗泌撰：《路史》，选自（清）纪昀、永瑢等编撰：《文渊阁四库全书》第 383 册，台湾商务印书馆 1982 年版，第 73 页。

⑥ 叶蓓卿译注：《列子》，中华书局 2011 年版，第 62 页。

⑦ （西晋）皇甫谧：《帝王世纪》，《丛书集成初编》，商务印书馆 1936 年版，第 2 页。

⑧ （清）赵在翰辑，钟肇鹏、萧文郁点校：《七纬》，中华书局 2012 年版，第 544 页。

眠春醒的习性，被认为具有再生的魔力，象征着生命永恒不息。在汉代画像石中，"伏羲龙身"的形象反映的比较多，山东的画像石中，不仅有人首蛇身的伏羲，而且还有手持规矩或云朵的伏羲、女娲交尾象，这是龙蛇图腾崇拜的真实写照（图4-7·1）。在嘉祥武梁祠西壁的画像中，右边第一个就是《伏羲女娲》图，榜题曰："伏戏仓精，初造王业，画卦结绳，以理海内"（图４７·２）。伏羲对人类的影响非常大，远古时期的各种主要生产技术和发明，几乎都与伏羲有关。传说他上通天文，下察地理。《周易·系辞下》说伏羲制八卦："古者包牺氏之王天下也，仰则观象于天，俯则观法于地，观鸟兽之文，与地之宜。近取诸身，远取诸物，于是始作八卦，以通神明之德，以类万物之情，做结绳而为罔罟，以佃以渔，盖取诸《离》。"[1]《尸子》曰："宓牺氏之世，天下多兽，故教民以猎。"[2]随着猎物增多，开始驯服圈养动物，原始畜牧业开始萌生。《白虎通》曰："谓之伏羲者何？古之时未有三纲、六纪，民人但知其母，不知其父，能覆前而不能覆后，卧之言去言去，起之吁吁，饥即求食，饱即弃余，茹毛饮血而衣皮革。于是伏羲仰观象于天，俯察法于地，因夫妇正五行，始定人道，画八卦以治下。治下伏而化之，故谓之伏羲也。"[3]

伏羲也是嫁娶之礼的制造者。《文选·东都赋》说："且夫建武之元，天地革命；四海之内，更造夫妇，肇有父子，君臣初建，人伦寔始，斯乃伏羲氏之所以基皇德也。"[4]《帝王世纪》曰："燧人氏没，庖牺氏代之。继天而王首，德于木，为百王之先，都陈。至于其工，霸而不已。……制嫁娶之礼，未有文章。取牺牲以充庖厨，以食天下。"[5]从生活用品的发明、社会规范的制定，人类文明的诸多重要发明、创造似乎皆源于伏羲。孟子曰："人之异于禽兽者几希。"伏羲使得先民从单纯的为物种繁衍交配时代，向礼化、乐和、夫妻相敬的时代迈进。

女娲风姓，又称娲皇、女娲娘娘，史记中称女娲氏，自古

① 李学勤主编：《周易正义》，《十三经注疏》，北京大学出版社1999年版，第298页。

② （清）马骕撰：《绎史》，齐鲁书社2001年版，第19页。

③ （清）陈立撰，吴则虞校：《白虎通疏证》，中华书局1994年版，第50—51页。

④ （梁）萧统编，（唐）李善注：《文选》，上海古籍出版社1986年版，第30页。

⑤ （西晋）皇甫谧：《帝王世纪》，《丛书集成初编》，商务印书馆1936年版，第2页。

以来，民间称女娲为"人祖"。在汉画中其图像所占比重相当大，多为高髻戴胜，人首蛇身，有双手举月，有执规，与伏羲成对偶神的形式出现，两神均有一尾，尾端一般为尖形，蛇尾常常紧密地缠绕在一起。女娲的记载最早见于《楚辞》《山海经》《礼记》等文献。《楚辞·天问》中曰：

> 女娲有体，孰制匠之。①

它的形象和伏羲差不多，到汉代末伏羲女娲成为稳定的人首蛇身的样貌。《帝王世纪》曰：

> 蛇身人首，一号女希，是为女皇。②

《山海经·大荒西经》郭璞注曰：

> 女娲，古神女而帝者，人面蛇身。③

西汉末到东汉末是伏羲女娲在史乘上最显赫的时期。④女娲的历史功绩主要表现在补天、造人和充当媒神。⑤是汉代信仰中地位显赫、神力巨大的大女神，是恢复宇宙间正常秩序的神圣英雄。最早将二者名字并列的古籍是《淮南子·览冥训》。曰：

> 往古之时，四极废，九州裂，天不兼覆，地不周载；火熻焱而不灭，水浩洋而不息；猛兽食颛民，鸷鸟攫老弱。于是女娲炼五色石以补苍天，断鳌足以立四极，杀黑龙以济冀州，积芦灰以止淫水。苍天补，四极正；淫水涸，冀州平；狡虫死，颛民生；背方州，抱员天。⑥

汉代人相信人类是女娲抟黄土造出来的。《风俗通义》曰：

> 俗说天地开辟，未有人民，女娲抟黄土为人，剧务，力不暇供，乃引绳絚泥中，举以为人。⑦

女娲不仅创造了人类，还建立了婚姻制度，成为主管婚姻的高禖神和生育神。《绎史》卷三引《风俗通》：

> 女娲祷神祠祈而为女媒，因置婚姻。

汉画像中的伏羲与女娲成对偶神的形式出现，源于阴阳五行学说在汉代的盛行。汉画中伏羲、女娲常分别手捧日月或规

① 林家骊译注：《楚辞》，中华书局 2015 年版，第 88 页。

② （西晋）皇甫谧：《帝王世纪》，《丛书集成初编》，商务印书馆 1936 年版，第 2 页。

③ 郭璞注：《山海经》，上海古籍出版社 2015 年版，第 355 页。

④ 闻一多：《伏羲考》，上海古籍出版社 2006 年版，第 16 页。

⑤ 周保平：《汉代吉祥画像研究》，天津人民出版社 2012 年版，第 388 页。

⑥ （汉）刘安著，陈广忠译注：《淮南子》，中华书局 2012 年版，第 323 页。

⑦ （东汉）应劭撰，吴树平校释：《风俗通义校释》，天津古籍出版社 1980 年版，第 449 页。

图 4-7　伏羲女娲画像

1.山东嘉祥武氏祠左石室画像　2.山东嘉祥武梁祠西壁画像（复原图）　3.河南南阳蒲山画像　4.四川郫县石棺
画像　5.四川江安石棺画像

矩。日月和规矩分别象征阴阳和天地。伏羲执规画圆代表天，女娲执矩画方象征地。规矩也成为规划、设计、创造的象征。交尾则象征阴阳协和。汉代人把阴阳之说应用于一切社会和自然现象，热衷于以阴与阳的互动来解释宇宙自然。汉代人的思想的骨干，是阴阳五行。无论在宗教上、在政治上、在学术上，没有个不用这套万式的。

伏羲女娲在画面中的布局，除了两人蛇身交缠在一起外，多是对称式的安排。或连臂相亲，或拱手相对，总之都是以非常亲昵而又潇洒自在的动态出现在天空。四川地区石棺画像中多有伏羲女娲画像，如郫县石棺画像伏羲女娲下身蛇尾相缠，上身脸贴着脸，各伸出一手分别托起日月，另一只胳膊相互搂住对方的脖颈，显得非常亲密恩爱（图4-7·4）。四川江安石棺上的伏羲女娲，两者一手执便面，另一手分别举起日月，蛇尾简单相交（图4-7·5）。而河南地区的伏羲女娲并没有交尾，而是双手执曲柄伞相向而对，就像在相互作揖（图4-7·3）。

三、神农炎帝

在山东武梁祠西壁画像的第二层刻有中国古代"三皇五帝"画像。关于三皇五帝的说法，学术界现在多有争论，尚没有一个确切的定义。武梁祠"三皇五帝"图的出现，为研究汉代人对于"三皇五帝"的认识有着关键的作用。伏羲与女娲作为人类社会的开创者位于画面的最右侧，右边第二位的是炎帝，之后是黄帝。五帝时代，五帝据五方，南方炎热，故称"炎帝"。炎帝不仅是南方的始祖，也是农耕的业祖，故称"神农"。炎帝与神农本来是不同的两个神，自秦汉之际《世本》言"炎帝神农氏"开始，他们的神话就互相渗透，合而为一了。① 神话中的炎帝形象多为"人身牛首"，传说是其母女登感神龙而生。《帝王世纪》载：

① 袁珂：《古神话选释》，人民文学出版社1982年版，第86页。

图4-8　神农与仓颉画像

左：山东沂南北寨村出土　右：四川新津宝子山崖墓出土

① （宋）李昉等编纂，夏剑钦校点：《太平御览》第一册，河北教育出版社1994年版，第672页。

② （清）陈立撰，吴则虞校：《白虎通疏证》，中华书局1994年版，第51页。

③ [日]安居香山、中村璋八：《纬书集成》，吕宗力等译，河北人民出版社1994年版，第965页。

④ 陶思炎：《炎帝神话探论》，《江苏社会科学》1998年第4期。

⑤ 朱锡禄编：《武氏祠汉画像石》，山东美术出版社1986年版，第13页，图一。

神农氏，姜姓也。母曰任姒，有乔氏之女，名（女）登，为少典妃。游于华阳，有神龙首感女登于常，（羊）（生）炎帝，人身牛首，长于姜水，有圣德。①

《白虎通·号》：

谓之神农何？古之人民，皆食禽兽肉，至于神农，人民众多，禽兽不足。于是神农因天之时，分地之利，制耒耜，教民农作。神而化之，使民宜之，故谓之神农也。②

《孝经纬援神契卷下》曰：

神农长八尺有七寸，弘身而牛头，龙颜而大唇，怀成铃，戴玉理。③

陶思炎先生认为炎帝的"人身牛首"，应是首佩牛饰，而角饰又是古代巫师习用的巫具。这种牛首的形象乃是象征着炎帝神农氏的巫师身份。④

武梁祠中的神农头戴进贤冠（图4-9左），面向右方，俯首躬身执耒耜，左有榜题十五字，曰："神农氏因宜教田，辟土种谷，以赈万民。"⑤中国人认为自己是"炎黄子孙"，视炎帝、黄帝为自己的始祖，具有十分强烈的文化认同感与归属感，成为中华民族自我认同、自我凝聚的一个重要符号。在众多文献记述中，神农氏制耒耜鉏鎒，教民耕作；创六十四卦，定日月时序；遍尝百草，宣药疗疾；创制弧矢，以威天下。《淮南子·时则训》云："南方之极……赤帝、祝融之所司者，万二千里。"①高诱注："赤帝、炎帝、少典之子，号为神农，南方火德之帝也。"凤凰即朱雀，乃南方之神鸟，火德之象。炎帝氏族的后裔仍崇拜凤凰，称之为"火凤凰"。

山东沂南北寨村汉画像石墓中室南壁东段的一幅画像，刻树下两人相对而坐（图4-8左），似在讨论。左边一人刻有榜题："仓颉"，右边有榜无字。曾昭燏先生根据《晋书·卫恒传》记载认为右边一人是同仓颉一起研究创造文字的沮涌。②张道一先生观察到右边一人手中拿的是一棵分叉的植物，联系到构图与四川新津宝子山崖墓出土的神农与仓颉画像（图4-8右）极其相似，判定此人是神农而不是沮涌。张道一解释之所以将神农与仓颉联系在一起，是对发明创造者的宣扬。一个是采百草用以治病，一个察鸟兽之文用以造字，都是从自然界中的动植物获取，具有代表性。③

徐州铜山苗山汉墓出土一方汉画像石（图4-9右），画面上一人头戴斗笠，身披蓑衣，右手执耜，左手牵着一只丹雀，这个人就是神农炎帝，图下方画一牛肩生羽翼，在吃一棵草，这其实象征神农氏在尝百草。神农"遍尝百草"，"制耒耜鉏鎒，教民耕作"。他是传说中的农业创始者和医药创始者。④神农还发明了市场，教会人们用太阳作为标准，当太阳出现在头顶时，人们就可以在市场上进行交易。《易·系辞下》曰："日中为市，致天下之民，聚天下之货，交易而退，各得其所。"⑤神农在汉代被视为吉祥人物还因为作琴之说。《说文》曰："琴，禁也，神农所作。"⑥《世本·作篇》卷一："神农作琴。"⑦《白孔六贴·琴》卷六十二曰："神农氏消桐为琴，绳丝为弦，以

① （汉）刘安者，陈广忠译注：《淮南子》，中华书局2012年版，第288页。

② 曾昭燏、蒋宝庚、黎忠义：《沂南古画像石墓发掘报告》，文化部文物管理局1956年版，第39页。

③ 张道一：《汉画故事》，重庆大学出版社2006年版，第22—23页。

④ 陆玖译注：《吕氏春秋》，中华书局2011年版，第807页。

⑤ 李学勤主编：《周易正义》，《十三经注疏》，北京大学出版社1999年版，第299页。

⑥ （清）段玉裁撰：《说文解字注》，中华书局2013年版，第639页。

⑦ （汉）宋衷注：《世本》，《丛书集成初编》，商务印书馆1937年版，第2页。

图 4-9　神农采药

左：山东嘉祥武梁祠西壁画像（《金石索》木刻摹本）　右：江苏铜山苗山出土

① （唐）白居易编：《白孔六帖》，选自（清）纪昀、永瑢等编撰：《文渊阁四库全书》第 892 册，台湾商务印书馆 1982 年版，第 49 页。

② 李山、轩新丽译注：《管子》，中华书局 2019 年版，第 1098 页。

③ （明）孙毂编：《古微书》，《丛书集成初编》，商务印书馆 1939 年版，第 320 页。

④ （梁）沈约：《宋书》，中华书局 2000 年版，第 509 页。

⑤ 张元济等辑：《竹书纪年》，《四部丛刊史部》，上海涵芬楼 1912—1948 年影印天一阁刊本，第 1 页。

⑥ （宋）李昉等编纂，夏剑钦校点：《太平御览》第七册，河北教育出版社 1994 年版，第 218 页。

通神明之德，合天地之合。"① 炎帝把社会生活的秩序建立在劳动自养的基础上，以"士有当年而不耕者，则天下或受其饥矣。女有当年而不织者，则天下或受其寒矣"为训辞，正因为神农造福人类使九州之民"乃知谷食，而天下化之"②。因而成为神人，天地应以祥瑞。《礼含文嘉》曰："神农修德，作耒耜，地应以醴泉。神农就田作褥，天应以嘉禾。"③《宋书·符瑞》曰："炎帝神农氏……有圣德，致大火之瑞。嘉禾生，醴泉出。"④ 是对炎帝勤勉于民生，德治天下，因而出现一个和谐美满的社会，所以瑞应迭出，祥瑞纷至。

四、黄帝轩辕氏

黄帝是古代传说中最早统一中国的一个帝王，是华夏部的中原始祖。皇帝的出生也有吉兆出现，传说他的母亲附宝见电光绕北斗枢星感而怀孕，生黄帝于寿山。⑤ 黄帝长于姬水，故姓姬；又居于轩辕之丘，号轩辕氏。《太平御览》卷七七二引《释名》：

黄帝造车，故号轩辕氏。⑥

据说轩辕国是个仙境一样的好地方。《山海经·海外西经》云：

> 轩辕之国在此穷山之际，其不寿者八百岁。在女子国北。①

《博物志·外国》卷二曰：

> 轩辕国，在穷山之际，其不寿者八百岁。诸沃之野，鸾自舞，民食凤卵，饮甘露。②

黄帝也作"皇帝"，古人认为是炎帝之后，尧、舜之前的圣人。《庄子·内篇·齐物论第二》曰："是皇帝之所听荧也。"释文："皇帝，本又作黄帝。"③黄帝的传说至迟在春秋时期已经很普遍，战国时已"世之所高，莫若黄帝"。④两汉时黄老之学的兴起，黄帝的传说日臻完整。随着五行学说的盛行，加上黄帝主要的活动范围在中央地带，中属土，土呈黄色，故被称为黄帝。《史记·五帝本纪》曰："有土德之瑞，故号黄帝。"⑤从这里可以看出，"黄帝"的称呼本身就是一个吉称。《风俗通义·五帝》："黄者，光也，厚也，中和之色，德施四季，与地同功。故先黄以别之也。"⑥

汉画像中的黄帝有两种不同的形象。一种是各种文明制度的创制者，表现了帝王之尊。如山东嘉祥武梁祠的黄帝像（图4-10左），头戴冕旒，身着长袍。左边题榜曰："黄帝多所改作，造兵，井田，制衣裳，立公宅。"⑦是一位集德行与才智于一身的吉祥神。左卷七十九引《管子》曰："黄帝钻燧生火，以熟荤臊，民食之，无肠胃之病。"⑧是安定天下的贤君，是被视为圣王的黄帝。《淮南子·览冥训》言："昔者黄帝治天下，而力牧、太山稽辅之，以治日、月之行律，治阴、阳之气；节四时之度，正律历之数；别男女，异雌雄；明上下，等贵贱；使强不掩弱，众不暴寡；人民保命而不夭，岁时熟而不凶；百官正而无私，上下调而无尤……"⑨黄帝制定了一系列制度，其统治活动具有开创文明秩序的人文创世之意义。《史记·太

① 方韬译注：《山海经》，中华书局 2011 年版，第 234 页。

② （晋）张华撰，范宁校证：《博物志校证》，中华书局 1980 年版，第 21 页。

③ 郭庆藩辑：《庄子集释》，《诸子集成》卷三，中华书局 1985 年版，第 99 页。

④ 郭庆藩辑：《庄子集释》，《诸子集成》卷三，中华书局 1985 年版，第 997 页。

⑤ （汉）司马迁著，韩兆琦译注：《史记》，中华书局 2010 年版，第 9 页。

⑥ （东汉）应劭撰，吴树平校释：《风俗通义校释》，天津古籍出版社 1980 年版，第 15 页。

⑦ 朱锡禄编：《武氏祠汉画像石》，山东美术出版社 1986 年版，第 13 页，图一。

⑧ （宋）李昉等编纂，夏剑钦校点：《太平御览》第七册，河北教育出版社 1994 年版，第 678 页。

⑨ （汉）刘安著，陈广忠译注：《淮南子》，中华书局 2012 年版，第 321 页。

图 4-10　黄帝画像

左：山东嘉祥武梁祠西壁画像（《金石索》木刻摹本）　右：江苏铜山苗山出土黄帝升天图

① （汉）司马迁著，韩兆琦译注：《史记》，中华书局 2010年版，第 7675 页。

② 李山、轩新丽译注：《管子》，中华书局 2019 年版，第 698 页。

③ 田兆元：《神话与中国社会》，上海人民出版社 1998年版，第 224 页。

④ ［日］安居香山、中村璋八：《纬书集成》，吕宗力等译，河北人民出版社 1994 年版，第 965 页。

⑤ ［日］安居香山、中村璋八：《纬书集成》，吕宗力等译，河北人民出版社 1994 年版，第 590 页。

⑥ 袁珂：《山海经全译》，贵州人民出版社 1991 年版，第204 页。

史公自序》中说："维昔黄帝，法天则地，四圣遵序，各成法度。"①《管子·任法》："故黄帝之治也，置法而不变，使民安其法者也。所谓仁义礼乐者皆出于法。"②田兆元在《神话与中国社会》中指出，重建王权的最高神——太一和确定民族的共祖——黄帝，为汉代神话的两件大事。③

　　汉画像中另一种黄帝形象则是半人半兽的形象，《孝经纬援神契卷下》曰："黄帝身逾九尺，附函挺朵，修髯华瘤，河目隆颡，日角龙颜。"④《春秋元命苞》曰："黄帝龙颜，得天庭阳，上法中宿，取象文昌，戴天履阴，乘数制刚。"⑤《山海经·海外西经》曰："人面蛇身，尾交首上。"袁珂注曰："古天神多为人面蛇身，如伏羲、女娲、共工、相柳等是矣；或龙身人头，如雷神、烛龙、鼓等，亦人面蛇身之同型也。此言轩辕国人人面蛇身，固是神子之态，推而言之，古传黄帝或亦当作此形貌也。"⑥黄帝又称有熊氏，所以，造型上带有某些动物的特点。江苏徐州铜山苗山出土的墓门前室门东画像石上，画面上方刻日中金鸟图像（图 4-10 右），旁有熊首人身的神人，就是黄帝，他身躯魁梧，双脚如爪，背上生有两翼，呼风唤雨。他的身旁是一匹神马，据说就是传说中黄帝升仙时所骑的"飞黄"，也称"乘黄""訾黄"。乘马（飞黄）升天，《汉书·礼乐志》应劭注："訾黄一名乘黄，龙翼而马身，黄帝乘之而仙。"① 在汉代肯定是有"飞黄腾达"的吉祥寓意。祥瑞之兽訾黄与日中金乌、芝草，更是绘出一幅关于黄帝升仙的神话故事（图4-10右）。河南南阳王庄汉墓盖顶石画像还刻有黄帝巡天图像。

① （东汉）班固：《汉书》，中华书局1999年版，第904页。

五、羽人

汉代是一个神仙思想最为旺盛的朝代，上到帝王，下至愚民，莫不沉溺其中。② 灵魂不死和追求长寿永生是古人一直追求的目标和向往，这种渴望长生不死的风气到汉代形成高潮。

② 郭箴一：《中国小说史》，中国社会科学出版社2010年版，第40页。

古人认为，人要长生不死就要成仙，而仙人均有翼，拥有羽翼才能升天，《论衡·道虚篇》曰：

> 为道学仙之人，能先生数寸之毛羽，从地自奋，升楼台之阶，乃可谓升天。③

《论衡·雷虚篇》曰：

③ （东汉）王充著，袁华忠、方家常译注：《论衡全译》，贵州人民出版社1993年版，第430页。

> 飞者皆有翼，物无翼而飞，谓仙人，画仙人之形，为之作翼。④

④ （东汉）王充著，袁华忠、方家常译注：《论衡全译》，贵州人民出版社1993年版，第413页。

故仙人又曰羽人，羽人是汉代仙人的主要表现形式。汉画中的羽人就是汉代人长寿成仙、长生不死思想的反应。羽人之说最早见于《楚辞》。《楚辞·远游》曰："仍羽人于丹丘兮，留不死之旧乡。"⑤ 王逸注："《山海经》言有羽人之国，不死之民。或曰，人得道，身生羽毛也。"洪兴祖补注："羽人，飞仙也"。

⑤ 林家骊译注：《楚辞》，中华书局2015年版，第173页。

《乐府诗集》《列仙传》《吕氏春秋》诸书中也有对"羽人"的描述。《乐府诗集·相和歌辞》卷三十载古诗《长行歌》曰：

> 仙人骑白鹿，发现耳何长。⑥

《列仙传》说仙人黄阮丘：

⑥ 郭茂倩编：《乐府诗集》，上海古籍出版社1998年版，第134页。

> 衣裘披发，耳长七寸。⑦

⑦ （汉）刘向、（晋）葛洪：《列仙传·神仙传》，上海古籍出版社1990年版，第22页。

① 郭庆藩辑：《庄子集释》，《诸子集成》卷三，中华书局1985年版，第28页。
② （汉）刘安著，陈广忠译注：《淮南子》，中华书局2012年版，第80页。
③ 方韬译注：《山海经》，中华书局2011年版，第222页。
④ 曾昭燏、蒋宝庚、黎忠义：《沂南古画像石墓发掘报告》，文化部文物管理局1956年版，图37。

除了身生双翼、耳出于顶的身体特征外，仙人的行为特征也与常人不同。《庄子·内篇·逍遥游第一》说人成仙后：

> 不食五谷，吸风饮露；乘云气，御飞龙，而游乎四海之外；其身凝，使物不疵疠，而年谷熟。①

《淮南子·俶真训》卷二说仙人：

> 动溶于至虚，而游于灭亡之野；骑蜚廉，而从敦圄；驰于方外，休乎宇内，烛十日，而使风雨，臣雷公，役夸父；妾宓妃，妻织女；天地之间，何足以留其志？②

《山海经·海外南经》云：

> 羽民国在其东南，其为人长头，身生羽。一曰在比翼鸟东南，其为人长颊。③

山东沂南北寨村汉画像石墓前室西壁北侧刻有一幅精美的羽人像（图4-11上），羽人为男性，做倒立状，目光前视，自由自在地飞舞于天空之中。羽翼和衣饰飘动，造型不失潇洒和律动之美，周围饰以卷云纹，极富动感。④临沂白庄汉墓出土有一个浑身长满毛的裸体羽人，双手各握一个仙丹举在头顶（图4-11下左）。江苏徐州睢宁出土一幅"羽人戏鸟"画像，画像非常简洁但不失生动，其中羽人肩生两翼，手中高捧一鸟伸向前方，似乎在放飞手中的鸟（图4-11下右）。这都是汉画像中非常典型的羽人形象。

图4-11　羽人画像
上：山东沂南北寨村汉墓前室西壁北侧画像
下左：山东临沂白庄出土
下右：江苏徐州睢宁出土

服食仙药也是人成仙的主要手段之一，《抱朴子·内篇·论仙》卷二曰："若夫仙人，以药养身，以术数延命，使内疾不生，外患不入，虽久视不死，而旧身不改，苟有其道，无以为难也。"①《论衡·道虚篇》曰："闻为道者，服金玉之精，食紫芝之英。食精身轻，故能神仙。"②汉画中有许多服药成仙的表现。如四川新都出土一方汉画像砖（图4-12·1），画面中西王母坐于龙虎座上，左有九尾狐，右有三足乌，前有执绶带的蟾蜍，另外三人向西王母跽拜，似在求不死之药，以食用成仙。成都合江1号石棺上出土一方汉画像砖（图4-12·2），画面上有一头长双耳的羽人向西王母求不死药的场景。四川长宁3号石棺上有一位羽人右手执一藤蔓状圆弧形物体（图4-12·3），罩在他的头部上方，左手似乎接住该物另一头似鸟头吐出的仙丹。临沂白庄出土的画像中有两仙人（图4-12·4），右边一个屈膝跪地，似向左边一人求得了仙丹。人成仙后可以骑龙虎乘云车往来于天地之间。《焦氏易林·遁之第三十三》卷三描写升仙时说："白虎推轮，苍龙把衡，朱雀导引，灵乌载游，远扣天门，人见其君，马全人安。"③《汉书·王莽传下》载："或言黄帝时建华盖以登仙，莽乃造华盖九重，高八丈一尺，金瑵羽葆，载以秘机四轮车，驾六马，力士三百人黄衣帻，车上人击鼓，挽者皆呼登仙。"④汉画中有许多乘骑升仙的画像，常见的有骑龙、骑虎、骑鹿、骑马、乘云车等（图4-13·1、图4-13·2）。四川彭州出土的画像上（图4-13·3），一人骑在鹿上，对面一人手执一株灵芝，似乎在递送仙药。南阳麒麟岗出土的一方仙人乘龟画像石（图4-13·4），一羽人双手执雀翎般的仙草跽坐于仙龟之上，似在向仙境飞升而去。

除了以上这些，汉画里羽人常常手执各种仙草，如灵芝、嘉禾等。如河南淅川寺出土的一块画像石上有两个几乎一样的羽人（似用同一模板）手执仙草的画面（图4-14·1），这种仙草分成三个根，大概就是传说中的不死之草——三仙草吧。类似的画面我们在四川合川汉墓（图4-14·2）以及四川渠县王家坪石阙（图4-14·3）上都可以看到。四川地区出土

① （晋）葛洪著，张松辉译注：《抱朴子内篇》，中华书局2011年版，第33页。

② （东汉）王充著，袁华忠、方家常译注：《论衡全译》，贵州人民出版社1993年版，第438页。

③ （汉）焦延寿：《焦氏易林》，广西民族出版社2003年版，第112页。

④ （东汉）班固：《汉书》，中华书局1999年版，第3059页。

图 4-12　羽人求仙丹

1.四川新都出土　2.四川合江 1 号石棺画像　3.四川长宁 3 号石棺画像　4.临沂白庄汉墓出土

图 4-13　羽人骑兽画像

1.陕西绥德墓门画像　2.四川渠县王家坪出土　3.彭州义和乡出土　4.河南南阳麒麟岗出土

的汉画砖上的羽人常常在做一种游戏，即六博。四川新津崖
墓石函侧面有一幅汉画像（图 4-14·4），图中刻两仙人六博，
仙人皆生羽翼。[①] 除此之外，在四川什邡皂角乡（图 4-14·5）
和彭州义和乡（图 4-14·6）等多处地区都发现仙人六博的
画像。

　　羽人的出现是明君在世的祥瑞。《春秋繁露·五行顺逆第
六十》卷十三曰："恩及倮虫，则百姓亲附，城郭充实，圣贤
皆迁，仙人降。"[②] 孙柔之《瑞应图》曰："真人者，黄帝时游
于池。王者有茂德，不货贪利，则金人乘船游王后池。"[③] 汉
代以后，羽人逐渐演变为飞天、飞仙和天人等佛教形象。

① 龚廷万、龚玉、戴嘉陵编
　　著：《巴蜀汉代画像集》，文
　　物出版社 1998 年版，图
　　254。

② （汉）董仲舒著，（清）苏兴
　　撰，钟哲点校：《春秋繁露
　　义证》，中华书局 1992 年
　　版，第 375 页。

③ （宋）李昉等编纂，夏剑钦
　　校点：《太平御览》第七册，
　　河北教育出版社 1994 年版，
　　第 1025 页。

图 4-14　羽人六博、羽人执仙草画像

1.河南淅川寺出土　2.四川合川汉墓出土　3.四川渠县王家坪出土　4.四川新津崖墓出土　5.四川什邡皂角乡出土　6.四川彭州义和乡出土

第二节　历史人物的祥瑞

一、孔子

在谶纬的书籍中，孔子是感应而生的。《论语撰考谶》：

> 叔梁纥与征在祷尼丘山，感黑龙之精，以生仲尼。①

《春秋演孔图》云：

> 孔子母徵在，游太冢之陂，睡梦感黑帝使请己、己往、梦交语曰：汝乳必于空桑之中，觉则若感，生丘于空桑。孔胸文曰："制作定世符运"。②

在谶纬中孔子是黑龙之子，龙在当时已经是"天"的化身。③《春秋元命苞》：

> 夏，白帝之子；殷，黑帝之子；周，苍帝之子。④

孔子是殷商的后人，又为了显示其神圣性，所以说孔子是母亲感黑龙精而生。孔子为黑帝子属水，汉为赤帝子属火。在水生木、木生火原则下，孔子不能为真正的帝王，只能为素王，为汉制法。

在汉画像里，关于孔子的形象主要见于《孔子见老子》和《孔子问师》中。

（一）孔子见老子

"孔子见老子"故事的起源可见于司马迁《史记·孔子世家》中的记载："南宫敬叔言鲁君曰：'请与孔子适周。'鲁君与之一乘车，两马，一竖子俱，适周问礼，盖见老子云。"⑤ 在《史记·老子韩非列传》中也记载："孔子适周，将问礼于老子。"⑥ 据李强总结，除了《史记》这样由官方编修的史书之外，在诸子之书中也多处可见关于孔子见老子的事迹记载，其中在《庄子》中就有多达八次的孔子问礼于老子的记载，《礼记·曾子问》中曾有四次记载。另外，《吕氏春秋》和《水经注》等古代典籍中对孔子见老子事都有所记载。其实孔子一生和老子仅见过一次，时间应在鲁昭公二十四至二十五年间。⑦

① ［日］安居香山、中村璋八：《纬书集成》，吕宗力等译，河北人民出版社1994年版，第576页。

② ［日］安居香山、中村璋八：《纬书集成》，吕宗力等译，河北人民出版社1994年版，第576页。

③ 叶舒宪、唐启翠编：《儒家神话》，南方日报出版社2011年版，第396页。

④ ［日］安居香山、中村璋八：《纬书集成》，吕宗力等译，河北人民出版社1994年版，第595页。

⑤ （汉）司马迁著，韩兆琦译注：《史记》，中华书局2010年版，第3731页。

⑥ （汉）司马迁著，韩兆琦译注：《史记》，中华书局2010年版，第4431页。

⑦ 钱穆：《先秦诸子系年考辨》，上海书店1992年版，第4页。

迄今为止所能见到年代最早的孔子图像资料应该就是汉
画像中大量的"孔子见老子"画像。目前，国内已发现的汉
画像"孔子见老子"的总数大约有 30 余幅，主要出土于山东、
陕西、河南、江苏等地区，尤以山东所见最多。[①] 出土的最
早的一块《孔子见老子》画像石是武梁祠，现存济宁市博物
馆汉碑亭。该画像左边题跋："'孔子见老子'画像载洪氏《隶
续》，乾隆丙午冬，钱塘黄易得此石嘉祥武宅山，敬移济宁州
学"。孔子见老子图成为汉墓画像系统中常见图式，其根本原
因在于道教信仰仪式。在信奉黄老道学的汉代，老子在汉代
道教信仰结构中占有关键地位，被视为大神"太上老君"，按
照当时道教信仰的逻辑，包括孔子及其众弟子在内所有死者
为获得升仙资格必须前往拜见，因为见老子受道书乃是得道
成仙的关键一步；而得道成仙乃是汉唐之际本土最神圣的崇
高方式。[②] 因此汉画像石中孔子见老子画像的基本寓意即暗示
墓主人师法孔子拜太上老君而得道受书，最终达到升仙的目
的。总而言之，以孔子见老子为代表的汉代画像石中的"孔
子像"之所以能够在山东地区广泛流行，很大程度上是当时
社会集体意识的一种体现，同时也能够从中窥见其深层的文
化意蕴。

孔子见老子画像在墓室绘画中已形成一种相对固定的图
式。对于孔子和老子形象的刻画基本上是一致的，可以很容易
地判断出孔子、老子、项橐以及孔子各弟子的形象（图 4-15
上）。所有的汉画像石孔子见老子图归结起来大致有以下三种
图式：

第一种图式为孔子率众弟子拜谒老子。这类画像一般场面
较大，人物少则有七八个以上，多则达 30 人。在汉代手执曲
杖表示年长者，汉画中老子或手持曲杖或拱手以礼相迎孔子。
孔子袖中持贽礼躬身向老子致意，身后有弟子捧着简册恭立。
其简册可能就象征着孔子所要问的"周礼"之所在。如《中国

① 李强：《汉画像石〈孔子见
老子图〉考述》，《华夏考古》
2009 年第 2 期。

② 姜生：《汉画孔子见老子与
汉代道教仪式》，《文史哲》
2011 年第 2 期。

图 4-15　孔子见老子

上：山东嘉祥武宅山出土（《金石索》木刻摹本）　中：山东嘉祥核桃园乡齐山村出土　下：陕西绥德刘家沟出土

画像石全集》第 2 卷图一七七"升鼎、孔子见老子、周公辅成王画像"图一层右边，画面中间二位长者左为老子，右为孔子，孔子后面是孔门弟子捧简而立，其中怒目擦掌者为子路。最为壮观的是在山东省嘉祥县齐山出土的汉画像石孔子见老子图，还可以看到孔子身后有持简册而立的 19 名弟子，且画像石上有"颜回""子路"和"子张"三位门生的榜题（图 4-15 中）。左边有项橐、老子等 9 人，画面共 30 个人。作为中国古代思想文化和艺术的一个特殊文本，孔子形象的表现"在千百年来的毁誉当中，已经不再只是春秋时代鲁国的一位教书先生，而成为无所不在的一种象征"。①

　　第二种图式为在孔子拜谒老子时，二者中间出现项橐的形象。陕西省绥德县刘家沟曾出土一幅"孔子见老子图"（图 4-15 下）。画面上左侧拱手相迎者为老子，右侧手捧赞礼者为孔子，两人中间有一个手推双轮小车仰面似向孔子发问的稚童。此稚童据说叫项橐，此类构图形式在汉画像石"孔子见老子图"最为多见，山东省安丘市董家庄出土的"孔子见老子图"即是如此。

　　第三种图式为画面上仅有孔子和老子二人相向而立，四川省新津县东汉崖墓画像中位于左侧的老子拱手相迎，位于右侧的孔子手持赞礼躬身问候，二人的上方各有"老子"和"孔子"的榜题。此类构图形式在汉画像石"孔子见老子图"中较为少见。②

　　（二）孔子问师

　　汉画像中的孔子问师图，主要是画孔子俯身同项橐对话（图 4-16）。在孔子见老子的场面中也常常把项橐画在孔、老之间。项橐在画面中的特征就是一个推着玩具车的小孩。关于项橐，史料有如下记载：

　　　　项橐生七岁，为孔子师。③

　　　　　　　　　　　　　　《史记·樗里子甘茂列传》

① 郑岩：《中国表情》，四川人民出版社 2004 年版，第 158 页。

② 中国画像石全集编辑委员会编，俞伟超主编：《中国画像石全集（第 7 卷）四川汉画像石》，山东美术出版社 2000 年版，图二〇〇。

③ （汉）司马迁著，韩兆琦译注：《史记》，中华书局 2010 年版，第 4888 页。

甘罗曰：夫项橐生七岁而为孔子师。①

《战国策》

夫项橐年七岁为孔子师，孔子有以听其言也。②

《淮南子·脩务训》

秦项橐七岁为圣人师。③

《新序·杂事五》

在《列子·汤问》中记录了一个小故事：

孔子东游，见两小儿辩斗，问其故。一儿曰："我以日始出时去人近，而日中时远也。"一儿以日初出远，而

① （汉）刘向集录：《战国策》，上海古籍出版社 1988 年版，第 282 页。

② （汉）刘安著，陈广忠译注：《淮南子》，中华书局 2012 年版，第 1155 页。

③ 卢元骏译注：《新序今注今译》，天津古籍出版社 1988 年版，第 193 页。

图 4-16　孔子问师

上：山东嘉祥武氏祠西阙

下：江苏邳州庞口村出土

日中时近也。一儿曰："日初出大如车盖，及日中则如盘
盂，此不为远者小而近者大乎？"一儿曰："日初出沧沧凉
凉，及其日中如探汤，此不为近者热而远者凉乎？"孔子
不能决也。两小儿笑曰："孰为汝多知乎？"

《列子·汤问》这样的画面，主要是为了褒扬孔子的谦
虚好学，不耻下问。也从另一角度验证孔圣人是个爱好广泛
的人。

二、周成王

周公是周文王之子，周武王的弟弟，姓姬名旦，史称：
"周公旦"，"公"是因为他被封为鲁国的"鲁公"。《史记·鲁
周公世家》曰："周公旦者，周武王弟也。自文王在时，旦为
子孝，笃仁，异于群子。及武王即位，旦常辅翼武王，用事居
多。……封周公旦于少昊之虚曲阜，是为鲁公。周公不就封，
留佐武王。……其后武王既崩，成王少，在强葆之中。周公
恐天下闻武王崩而畔，周公乃践阼代成王摄行政当国。"[1] 周
公摄政共 7 年，在 7 年多的时间里，平定了东部的叛乱，制作
礼乐，建立典章制度，在政治上主张"明德慎罚"，封建诸侯，
天下太平，孔子说："甚矣，吾衰也！久矣吾不复梦见周公。"[2]
周公被尊为"圣人"的很重要的一个原因就是"摄政"而后"归
政"。被视为大臣辅佐幼主的最高境界，这一时期人们对周公
基本持褒扬的态度。人们心目中"标准"的周公形象，是可得
天下而不为的圣人。对于周公辅成王的业绩，司马迁给予了高
度的评价，"夫天下称颂周公"，"尊后稷也"。

正因为对"周公辅成王"中周公的"圣人"形象的信赖，
西汉末年，王莽依托周公、居摄行权的举动得到的拥护。首
先，王莽效仿周公，称自己为"安汉公"。《汉书·王莽传》记
载："譬如群臣乃盛陈：'圣王之法，臣有大功则生有美号，故
周公及身在而托号于周。莽有定国安汉家之大功，宜赐号曰安

① （汉）司马迁著，韩兆琦译
注：《史记》，中华书局 2010
年版，第 2604—2611 页。

② （宋）李昉等编纂，夏剑钦
校点：《太平御览》第四册，
河北教育出版社 1994 年版，
第 316 页。

汉公'";① 其次在政治抱负上也效仿周公，如群臣奏言："昔周公奉继体之嗣，据上公之尊，然犹七年制度乃定。……今安汉公起于第家，辅翼陛下，四年于兹，功德烂然"，王莽要全方位地效仿周公，那么"周公乃践阼代成王摄行政当国"，故此，群臣"请安汉公居摄践阼，服天子韨冕，背斧依于户牖之间，南面朝群臣，听政事"也是顺理成章的事情。王莽最终按照"周公辅成王"的故事实现了"车服出入警跸，民臣称臣妾，皆如天子之制。郊祀天地，宗祀明堂，共祀宗庙，享祭群神，赞曰'假皇帝'，民臣谓之'摄皇帝'，自称曰'予'。"王莽本人也自认为自己是周公在世，"臣莽夙夜养育隆就孺子，令与周之成王比德，……孺子加元服，复子明辟，如周公故事。"

周公的形象在两汉是不同的，甚至有很大的区别。西汉的时候几乎没有"周公辅成王"的画像，到了东汉，却出现了大量的"周公辅成王"的画像石、画像砖，这里就有一个对周公形象的再塑问题。在先秦古籍和大部分西汉典籍中提到"周公辅成王"时，大多认为周公是曾经称王的。譬如《荀子·儒效》云："武王崩，成王幼，周公屏成王而及武王以属天下，恶天下之备周也。履天子之籍，听天下之断。"②《史记·周本纪》："周公行政七年，成王长，周公反政成王，北面就群臣之位。"③《淮南子·齐俗训》："武王既殁，殷民叛之。周公践东宫，履乘石，摄天子之位，负扆而朝诸侯，……七年而致政成王。"④而东汉文献中对"周公辅成王"这段故事的记载有了一些明显的变化，没有了周公"践东宫"、"摄天子之位"的记载。《越绝书·吴内传第四》云："武王封周公，使傅相成王。成王少，周公臣事之。"⑤《后汉书·翟酺传》记翟酺上书云："昔成王之政，周公在前，邵公在后，毕公在左，史佚在右，四子挟而维之。"⑥贾谊《新书·保傅》就提道："昔者周成王幼在襁褓之中，召公为太保，周公为太傅，太公为太师。"⑦这些记载中，周公是一个安居臣位、鞠躬尽瘁辅

① （东汉）班固：《汉书》，中华书局1999年版，第2974页。

② 方勇、李波译注：《荀子》，中华书局2018年版，第90页。

③ （汉）司马迁著，韩兆琦译注：《史记》，中华书局2010年版，第243页。

④ （汉）刘安著，陈广忠译注：《淮南子》，中华书局2012年版，第615页。

⑤ 乐祖谋校点：《越绝书》，上海古籍出版社1985年版，第27页。

⑥ （南朝）范晔撰，（唐）李贤等注：《后汉书》，中华书局1999年版，第1082页。

⑦ （汉）贾谊：《新书校注》，中华书局2000年版，第183页。

弼幼主的贤臣和功臣。

　　刘秀东汉政权建立以后，曾经被王莽效仿的周公形象也难免受到一定影响。《后汉书·祭祀上》曰："二月，上至奉高，遣侍御史与兰台令史，将工先上山刻石。文曰：……王莽以舅后之家，三司鼎足冢宰之权势，依托周公、霍光辅幼归政之义，遂以篡叛，僭号自立。……"①在这样的政治环境下，为了恢复汉朝的正统地位，东汉政权重塑"周公辅成王"这一历史形象。与重塑周公形象的风气相应的是，东汉时期，还出现了大量"周公辅成王"题材的画像砖石。两汉画像石中最常见到的有三大题材："孔子见老子"、"泗水捞鼎"、"周公辅成王"。从现存汉画像实物来看，其中前两种题材在西汉即已流行，而"周公辅成王"题材却是东汉以后才大量出现的。②在这些周公故事画像石中，周公都是作为躬身辅助成王的贤臣形象出现的。出土于1983年嘉祥纸坊镇的一块东汉早期画像石，画面分为三格：上格刻九头人面神兽，下格刻一武士正从剑鞘中抽剑，另有四支长戟斜竖在墙上；中间一格，刻周公辅成王，有榜题中曰"成王"（图4-17·1），左曰"周公"，右曰"召公"。召公系周文王之庶子，成王时为三公，与周公分陕而治，为二伯，故又称"召伯"。山东嘉祥蔡氏园出土的东汉早期"周公辅成王、庖厨"画像石上层：中间正面少者为成王，其左右侧各立四人，右一为成王执伞盖者应是周公，余七人各执笏板（图4-17·3）。又如山东沂南北寨村汉墓中室北壁画像石正中一段，画面四边绕着复杂而美丽的花纹，整体分成上下两格，上格刻一少年天子立于伞盖之下，身侧一长者躬身为其掌伞（图4-17·2）。画面上面榜题有榜无字，但是我们根据汉画像"周公辅成王"的图式，一眼看出这位少年就是"成王"，掌伞之人就是周公。1978年嘉祥宋村出土一块画像石上，分为上下四层，第一层为西王母，第二层即"周公辅成王"，第三层刻历史故事——晋献公骊姬，第四层刻车马出行。在第二

①　（南朝）范晔撰，（唐）李贤等注：《后汉书》，中华书局1999年版，第2149页。

②　于志飞、王紫微：《两汉"周公辅成王"历史形象的变迁》，《河北联合大学学报》（社会科学版）2013年第4期。

图 4-17　周公辅成王

1.山东嘉祥纸坊镇出土　2.山东沂南北寨村汉墓出土　3.山东嘉祥蔡氏园出土　4.山东嘉祥宋村出土

层，成王伞下居中，左右各三人，左一人执伞盖，应为周公（图 4-17·4）。这些画面说明，"周公辅成王"故事从西汉到东汉发生了深刻的变化。周公不再是先秦、西汉人心目中大权独揽的摄政王，而只是一位承受先王托孤之重、一心辅佐幼主圣者贤臣。

"周公辅成王"的众多画像都有一个固定的模式：通常是幼小的成王正面站立于伞下，周公手持顶伞躬身侧立。我们可以总结出汉代"周公辅成王"的图式应该是一种"偶像型"的构图特点。这是一种到公元 1 世纪才开始流行的构图，是相对于"情节型"而言的。当时西王母成为当时宗教崇拜的偶像，在汉画中西王母形象成为一幅对称画面的绝对中心，她大多端坐于昆仑山上，头顶有华丽的华盖，其两旁围绕着跪拜的崇拜者和侍从，这种偶像型构图方式成为东汉时期表现西王母（东王公）及其仙境的标准模式。[1]图像的意义不但在于其自身，而且还依赖于画外观者的存在。这种构图将观者目光都引向了居中端坐的西王母和东王公，彰显出这两位中心神祇的特殊身份和地位。而普通的描述性的传统的构图方式已经不足以表现她的超凡入圣、法力无边的至高神祇地位。而在现实历史故事中，"周公辅成王"中成王正面立于华盖之下，身边侧身躬立一群忠贤臣僚的图式模式和羽人手持伞盖护在西王母头顶的形象几乎如出一辙。这在汉代也是儒家美学的传统观念，要体现政治伦理秩序，包含了对东汉政权统治不可逾越等级制的辩护，也即与"礼"相关的"正位居体"。[2]也即"周公"及其他臣僚与"成王"的尊卑等级、名位是有严格区分、规定的。这种区分、规定是"礼"的一个重要内容，如果违背了它就是僭越、背礼。"周公辅成王"画像就具有不可轻视的重要思想，即君臣、父子、兄弟、夫妇在不同的地位立身处世要约束规范自己的行为，视、听、言、动均不能背礼，最终目的是要维护上下尊卑的等级统治作用。这不仅是人世间的法则，更是整个

① 巫鸿在《武梁祠——中国古代画像艺术的思想性》一书第四章"偶像之表现：西王母及其仙境"中将宗教一书中对称构图和正面的主神的构图方式称之为"偶像型"（iconicrepresentation），对于非对称的，主要人物被描绘成全侧面或四分之三侧面，而且总是处于运动状态的构图方式称之为"情节型"（episodicrepresentation）。［美］巫鸿：《武梁祠——中国古代画像艺术的思想性》，岑河、柳扬译，生活·读书·新知三联书店 2006 年版，第 149 页。

② 刘纲纪：《〈周易〉美学》，武汉大学出版社 2006 年版，第 21 页。

宇宙间的秩序，与天地阴阳变化是一致的。

三、泗水捞鼎

"泗水捞鼎"在汉画像中也是多次出现。在汉画中，以秦王为主角的画面少之又少，而有关秦王的事件中，大多工匠们却又不约而同地都挑选了"泗水捞鼎"。

"泗水捞鼎"这个传说有两个著名文本，一是司马迁的《史记·秦始皇本纪》，这也是有关"泗水捞鼎"最早的明确记载版本：

> 始皇还，过彭城，斋戒祷祠，欲出周鼎泗水。使千人没水求之，弗得。①

二是郦道元《水经注·泗水注》：

> 周显王四十二年，九鼎沦没泗渊。秦始皇时、而鼎见于斯水。始皇自以德合三代，大喜，使数千人没水求之不得。所谓鼎伏也。亦云、系而行之，未出，龙啮断其系，故语曰："称乐大早绝鼎系"，当是孟浪之传耳。②

目前可考的汉画捞鼎图共有三十多件，山东西南地区出现的"泗水捞鼎"图最多，巫鸿先生曾提过，汉代人在建构祠堂时所使用的汉画大都是有模板的。为什么每个祠堂的画像看来都各不相同呢，这是因为创作者的审美意识和文化观念上的些许差异。③

"泗水捞鼎"这一题材被如此广泛地运用，且经常与其他题材画像并肩排列，这也一定是有意而为之的。俄国的普罗晋在他的《神奇故事的历史根源》中说过："神奇故事是某种整体性的东西，他的所有情节都是互相联系并互相制约的，这就让人不可能孤立地研究母题。我们对母题的研究只能在情节系统之内进行，诸情节只能在其彼此相关的联系中被研究"。④

鼎作为重要的祭器，在夏商时期成为等级的重要代表。关于用鼎的规格，古书上也有明确的记载，《春秋公羊传·恒公

① （汉）司马迁著，韩兆琦译注：《史记》，中华书局2010年版，第539页。

② （北魏）郦道元著，陈桥驿等译注：《水经注全译》，贵州人民出版社1996年版，第893页。

③ ［美］巫鸿：《武梁祠——中国古代画像艺术的思想性》，岑河、柳扬译，生活·读书·新知三联书店2006年版，第314页。

④ ［俄］弗拉基米尔·雅可夫列维奇·普罗普：《神奇故事的历史根源》，贾放译，中华书局2006年版，第209页。

① 刘尚慈译注:《春秋公羊传译注》,中华书局2010年版,第81页。

② 包括冀州鼎、兖州鼎、青州鼎、徐州鼎、扬州鼎、荆州鼎、豫州鼎、梁州鼎、雍州鼎。

③ 方勇译注:《墨子》,中华书局2018年版,第394页。

④ 郭丹、程小青、李彬源译注:《左传》,中华书局2012年版,第744—745页。

⑤ 泰祥洲:《仰观垂象——山水画的观念与结构研究》,中华书局2011年版,第27页。

⑥ 张光直:《美术、神话与祭祀》,生活·读书·新知三联书店2013年版,第90页。

二年》中,何休注:"礼祭,天子九鼎,诸侯七、卿大夫五、元氏三也"。① 从这里可以看出,鼎逐渐具有严格的等级制度。"九鼎"之所以有这么高贵尊崇的地位,相传为大禹所铸造。据《左传》记载,禹耗时五年将诸侯进贡的青铜铸成"九鼎"。② 象征大禹为九州之主,每当朝见时,各诸侯都要向"九鼎"参拜,从此,"九鼎"象征着国家统一,成为最高皇权的象征。《墨子·耕柱》篇说:"九鼎既成,迁于三国。夏后氏失之,殷人受之;殷人失之,周人受之。"③ "问鼎"也成为后世夺取国家权力的象征,"九鼎"的神圣意义早已在人们心中深深扎根。春秋时,随着周王室的衰落,四方诸侯对九鼎产生了觊觎之心。《左传·宣公三年》记载,楚庄王攻打陆浑之戎,周定王使王孙满慰劳楚庄王,庄王向他询问鼎之大小轻重,暗示要夺鼎,王孙满回答:"在德不在鼎。昔夏之方有德也,远方图物,贡金九牧,铸鼎象物,百物而为之备,使民知神奸。故民入川泽山林,不逢不若,螭魅魍魉,莫能逢之。用能协于上下,以承天休。桀有昏德,鼎迁于商,载祀六百。商纣暴虐,鼎迁于周。德王定鼎于郏鄏,卜世三十,卜年七百,天所命也。周德虽衰,天命未改。鼎之轻重,未可问也。"④ 这里包含了一个重要的信息,即天命归于"有德"者,这或许可以看作是解读早期中国"以德治国"的一种分野方法。为何说"在德不在鼎"?这要从"德"说起,从字形来看,左边两人在向下观看,右边"心"为"鼎"的同形字,"目"就是"鼎"中呈现的星象,"德"实际上就是星象在鼎中的投影。⑤ 大禹铸九鼎时,各鼎上当有各方国神灵的图像,使民知神奸,以此来与天地相沟通,那么王孙满回答楚王的一个要点就是周王一直在同上天有频繁的来往。⑥ 周人认为天命的转移根据在于"德"之有无,换言之,政治合法性的基础在于"德"。秦始皇统一天下后,想得到"九鼎"以证明自己君权神授的"正统"皇权地位。但是秦王因暴政而失德时,天命就已经剥夺了他政治统治的合法性地位。所以，对于泗水之鼎，秦王捞而不得，汉人理所当然地会认为这是"天命"的转移以及他"失德"所造成的必然结局。现在可考的"泗水捞鼎"图主角往往不是秦王而是墓主人，有些描绘成在楼亭之下或站在桥上、或立于岸边、或在屋檐下观看升鼎，这是何故呢？肯定还是与墓葬艺术的永恒主题有关。汉画像雕刻的目的归根到底是为了墓主人死后升仙。当画工想要用这个广为人知的故事为这个主题服务时，保留主要元素是最简单的办法，例如鼎；再增加一些新元素，例如龙。①

　　秦始皇虽然在百姓心目中的形象是残暴的，但是他晚年所追求的升仙长生的思想确是所有百姓都向往的。《史记·秦始皇本纪》曾载"于是遣徐市发童男女数千人，入海求仙人"。②所以画工把主角从"大王"变成墓主，使墓主进入画面，继而巧妙地转换成墓主祈求升仙不死。整个捞鼎图的性质也发生了根本性的转变，由历史性的事件转变成一个具有升仙意味的升仙祈愿图。

　　龙是仙界之神物，在古人的眼中龙和升仙有关，黄帝铸鼎而引来神龙，继而骑之飞升的故事对汉人触动很大，他们相信宝鼎是可以引来天上之龙的一种工具。依此而言，此鼎已经不是周鼎了，而是荒地铸成的用鼎所引来的龙才是真正被期待的对象。③也就是说，捞鼎的目的就是为了求龙，龙至则鼎弃之可也。据《汉书·郊祀志》载武帝听闻公孙卿之说后有这么一句话："嗟乎，诚得如黄帝，吾视去妻子如脱屣耳。"

　　这与画像中的龙咬断绳索这一象征性动作联系起来，也可以理解成升仙之前，必须先切断世俗的权力和富贵的牵绊。画像里绳断鼎没，龙腾而出，在旁观看等待的主人，遂得如愿，骑之升天。画像中坐立观看升鼎的墓主们真正本意并不在鼎，而是为了引出故事中的鼎中之龙，继而驾之升天。④汉代人向往长生升仙，因此将"捞鼎图"的功能转化成了带有升仙功能的画像。

① 邢义田:《画为心声——画像石、画像砖与壁画》，中华书局 2011 年版，第 418 页。

② （汉）司马迁著，韩兆琦译注:《史记》，中华书局 2010 年版，第 538 页。

③ 邢义田:《画为心声——画像石、画像砖与壁画》，中华书局 2011 年版，第 419 页。

④ 邢义田:《画为心声——画像石、画像砖与壁画》，中华书局 2011 年版，第 419 页。

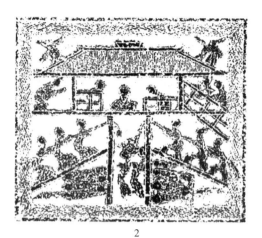

1   2

3

4

图 4-18　山东地区泗水捞鼎图

1.山东嘉祥纸坊镇敬老院出土　2.山东微山县沟南村出土　3.山东嘉祥武氏祠左石室第三石　4.山东肥城孝堂山第五石（《金石索》木刻摹本）

图 4-19　苏北地区泗水捞鼎画像

上：江苏徐州贾汪出土　　下：江苏铜山大庙出土

各地出土的捞鼎图的共同图式鼎——桥——龙（图4-18、图4-19、图4-20），有的图中还会有墓主人端坐于桥上或者建筑物中挂看捞鼎（图4-18·2、3、4、图4-19上），有的图只有鼎与龙两物，但我们仍然可以非常精确地认出是泗水捞鼎图的简略图式（图4-20下）。

图4-20　河南、四川地区泗水捞鼎

上：河南南阳出土大型空心画像砖（局部）　下：四川江安出土二号石棺

第三节　辟邪的祥瑞

一、蚩尤

在神话传说的原始时代，"五帝"居五方，黄帝居于中原，炎帝居南方。"阪泉之战"后，炎帝战败，被黄帝的臣下蚩尤所取代。关于蚩尤的形象，史书多有记载。《太平御览》卷七九引《龙鱼河图》曰：

> 蚩尤兄弟八十一人，并兽身人语，铜头铁额，食沙石子。①

《述异记》记载蚩尤：

> 人身牛蹄，四目六手……蚩尤耳鬓如剑戟，头有角，与轩辕斗，以角相觝，人不能向，今冀州有乐，名蚩尤戏，其民两两三三，头戴牛角以相觝。②

蚩尤原本属于炎帝的后代。在远古神话中炎帝的形象为人身牛首，《太平御览》卷七八引《帝王世纪》云：

> 炎帝，人身牛首，长于姜水。

又《路史·后纪四》云：

> 蚩尤姜姓，炎帝之裔也。③

所以蚩尤族应是以牛为图腾的氏族，蚩尤应该是和炎帝一样为半人半牛的形象。又《初学记》卷九引《归藏·启筮》云：

> 蚩尤出自羊水，八肱八趾，疏首。④

那么"蚩尤"还应该有"鸟足"的特征。蚩尤族在与黄帝族在"逐鹿之战"中失败，《山海经·大荒北经》："蚩尤作兵伐黄帝，黄帝乃令应龙攻之冀州之野。应龙畜水，蚩尤请风伯雨师纵大风雨。黄帝乃下天女曰魃，雨止，遂杀蚩尤。"⑤《史记·五帝本纪》言："蚩尤作乱，不用帝命。于是黄帝乃征师诸侯，与蚩尤战于涿鹿之野，遂禽杀蚩尤。"⑥蚩尤族被归于黄帝族团，而黄帝"都有熊"⑦蚩尤族又把黄帝族的熊图腾纳入自己的图腾崇拜体系中。蚩尤精通青铜冶炼，以金属制造武

① （宋）李昉等编纂，夏剑钦校点：《太平御览》第七册，河北教育出版社1994年版，第678页。

② （梁）任昉：《述异记》，《丛书集成初编》，中华书局1985年版，第1—2页。

③ （宋）李昉等编纂，夏剑钦校点：《太平御览》第七册，河北教育出版社1994年版，第672页。

④ （唐）徐坚等：《初学记》，中华书局1962年版，第205页。

⑤ 方韬译注：《山海经》，中华书局2011年版，第334—335页。

⑥ （汉）司马迁著，韩兆琦注：《史记》，中华书局2010年版，第5页。

⑦ （宋）郑樵撰：《通志·都邑略》，中华书局1995年版，第563页。

器。《太平御览》卷三三九引《太白阴经》说："黄帝之时，以玉为兵；蚩尤之时，烁金为兵，割革为甲。始制五兵，建旗帜，树夔鼓。"① 蚩尤发明、改善了兵器，对战争的意义重大。综上来看，具有执五兵、牛头、鸟足、熊身等典型特征的汉画像神怪形象应为蚩尤。汉画中刻画有一种半人半兽的形象，全身都是武器，诸如矛、戟、弓、箭、戈，即所谓"五兵"者，有的还在裆间拄着盾牌。能同时使用五种兵器，可见武功之高深。这个形象应该就是传说中的战神——蚩尤。"五兵"是指代武器的一种通用符号，泛指各种武器。《太平御览》卷三三九引《周礼》："司兵掌五兵，五兵者，戈、殳、戟、矛、牟夷。"②《汉书·吾丘寿王传》："古者作五兵，非以相害。"颜师古注："五兵，谓矛、戟、弓、剑、戈。"③ 各家对"五兵"的解说各有不同，"五兵"并不一定指五种兵器。汉代有把蚩尤的五兵，简为一兵的。④ 但是"五兵"（也可能四兵、三兵甚至一兵）、牛头、鸟足、熊身这些模式构成的图式一定就是汉画像里"蚩尤"的固定模式。

目前在汉代祠堂、墓室画像石及铜带钩上均发现蚩尤形象，山东沂南汉墓出土汉画像石就有蚩尤的典型形象（图 4-21上）。据《沂南古画像石墓发掘报告》描述："前室北壁正中的一段"，即"通中室门的当中支柱"。从画面上看，神怪位于朱雀之下"虎首，头上顶着插三支箭的弩弓，张口露齿，胸垂两乳，四肢长着长毛，左手持着短戟，右手举着带缨的短刀，右足握一短剑，左足握一刀，胯下还立着一个盾牌。"⑤ 按照蚩尤的图式特点，这应该就是汉代人心目中的蚩尤的形象。⑥ 在该汉墓前室北壁上横额刻满奇禽灵兽。有五个头的虎面目狰狞的怪物，四肢长着长毛，胸垂两乳，右手握戟，左手拿刀。这个怪物也是蚩尤，头上的"五个人首"，其应与蚩尤"五兵"说有着某种关联。非常类似的蚩尤图式在山东武氏祠左右石室屋顶前坡西段也有看到（图 4-21下）。画像第三层右部一正

① （宋）李昉等编纂，夏剑钦校点：《太平御览》第三册，河北教育出版社1994年版，第1009页。

② （宋）李昉等编纂，夏剑钦校点：《太平御览》第三册，河北教育出版社1994年版，第1005页。

③ （东汉）班固：《汉书》，中华书局1999年版，第2111页。

④ 刘铭恕：《关于沂南汉画像》，《考古通讯》1955年第6期。

⑤ 曾昭燏、蒋宝庚、黎忠义：《沂南古画像石墓发掘报告》，文化部文物管理局1956年版，第15页。

⑥ 《中国画像石全集（第1卷）山东汉画像石》里的这幅图，题"沂南汉墓前室北壁中柱画像"，释文说是"虎首神怪"。张从军依据蚩尤"五兵说"的文献记载，猜测此神怪"可能是蚩尤的形象"。

面站立，熊身，竖目，短尾，巨口怪兽。头顶弩弓，一手执短戟，一手持剑，双足分别举勾镶和矛，这完全符合"蚩尤"的图式，所以它是蚩尤确切无疑。① 山东临沂县城南白庄汉墓出土两幅画像石上的均刻有蚩尤持兵器的画像。其中一幅画蚩尤两目圆瞪、张口露齿，正面蹲踞、鸟足，小耳短尾，头顶弩

① 刘铭恕等认为该图像为"蚩尤"。刘铭恕：《武梁祠后石室所见黄帝蚩尤战图考》，《中国文化研究汇刊》1942年9月第2卷。刘兴珍、岳凤霞：《中国汉代画像石——山东武氏祠》，外文出版社1991年版，第130—131页。

图 4-21　蚩尤画像
上：山东沂南北寨村出土　下：山东嘉祥武氏祠画像

箭，一手持斧，一手握锤，腰间分别佩挂着一把刀剑。另一幅画像中蚩尤执四兵瞪目正面蹲立，短尾，乍须，头顶一对牛角并顶一弩，口衔匕首，一手持斧，一手握锤。

美国华盛顿弗利尔美术馆收藏有中国汉代蚩尤形铜带钩，蚩尤牛首兽身，手足均持兵器，口衔匕首，一只持盾的手臂充当了钩首。河北石家庄东岗头东汉墓也出土了一类似形带钩，在蚩尤的身侧还铸有四神[①]。《太平御览》卷三五四引《东观汉记》云："诏令赐邓遵金蚩尤辟兵钩一。"[②] 由此则知，汉代人有铸蚩尤形象于带钩的做法。而这正是源于汉代人佩戴蚩尤辟兵钩以"辟兵"的习俗。蚩尤被视为兵神、战神，汉代人铸造蚩尤形带钩当是为了"辟兵"。汉代人祈望借由画像中蚩尤作为兵主、战神的原型的力量，助其辟除灾邪、护佑子孙。东汉"与天地同"铭龙虎镜上"蚩尤辟邪"铭文的出现，又进一步证明了汉代人的这一思维。

二、方相氏

汉画像中的方相氏多为似人而立的熊形，一般认为这是由人装扮的"熊"，是汉代墓室中的打鬼头目。郑玄认为："方相，犹言'放想'者，可畏怖之貌。"[③] 贾公彦疏："郑云'方相'犹言'放想'，汉时有此语，是可畏怖之貌，故云方相也。"[④] 方相氏是中国古代傩祭的主持者。傩，大约源起于旧石器中晚期狩猎活动的驱逐术，总是和祈禳农业丰收、人畜平安的风俗紧密相关。人们对于疾病和死亡充满着迷惑和畏惧，以为是某种厉鬼作祟，在"万物有灵论"思想的支配下，人们企望获得超自然的威力，法术和巫术便应运而生。"逐渐将法术、巫术与驱逐术融合起来，用于消除自然灾害和人为灾害，包括驱逐瘟疫。这就是傩的萌生。"[⑤] 每遇此事，便要点燃火烛，戴着恐怖的面具，跳着勇猛激烈的舞蹈，嘴里不住的发出"傩""傩"的呐喊声，其目的是驱鬼除疫，祈求太平安宁、五谷丰产。方

① 王海航：《石家庄市东岗头村发现汉墓》，《考古》1965年第12期。

② （宋）李昉等编纂，夏剑钦校点：《太平御览》第三册，河北教育出版社1994年版，第1137页。

③ 李学勤主编：《周礼注疏》，《十三经注疏》，北京大学出版社1999年版，第750页。

④ 李学勤主编：《周礼注疏》，《十三经注疏》，北京大学出版社1999年版，第750页。

⑤ 曲六乙：《傩魂》（一），《四川戏剧》2001年第3期。

相氏不是傩神的名字而是周代的官名，为夏官之属，有武夫充任，执掌驱除疫鬼和山川精怪之责，《周礼·夏官·方相氏》卷三十一云：

> 方相氏掌蒙熊皮，黄金四目，玄衣朱裳，执戈扬盾，帅百隶而时难，以索室驱疫。郑玄注："蒙，冒也。冒熊皮者以惊驱疫疠之鬼，如今魌头也，时难，四时作方相氏以难却凶恶也。"①

从这段记载可以看出，方相氏打鬼时身披熊皮，头戴四只眼睛的黄色面具，上身穿黑色的衣服，下身穿红色的裤子，执戈扬盾，率领上百个扮十二神兽的童子，鼓舞而行，去墓室驱鬼逐疫。"时难"和"大丧"是方相氏出现的两个场合。"时难"就是"时傩"，是每年按照时节的变化固定举行的驱鬼仪式。②先秦文献中"时傩"有春傩、秋傩和冬傩三种，其中冬傩规模最盛，宫廷中的冬傩又称大傩。季冬"大傩"，是全民性的傩祭活动。冬天阴气极盛。高诱在《吕氏春秋·季冬纪》注中说："大傩，逐尽阴气为阳导也。"③《周礼注疏》中贾公彦疏曰："命有司者，谓命方相氏，言大难者从天子下至庶人皆得难……惟即季冬大难知者，此经'始难'文承季冬之下，是以方相氏亦据季冬大难而言。"④由此可见，在这三季的傩仪中，只有季冬的"大傩"，方相氏才会出现。郑玄注《礼记·月令》说，季春国傩"难阴气也，驱寒祛阴，寒退阴弱"，方能"毕春气"。季秋天子傩。"此难，难阳气也"，意在驱除过剩的阳气，才能阴阳调和，"以达秋气"。季冬大傩，"此难，难阴气也"，用大傩以祛强阴。而季春和季秋的两个季节的傩仪，方相氏是不参与的。这也是官傩和乡傩的区别。民间的傩仪，就是"乡傩"。《论语·乡党第十》卷十曰："乡人傩，朝服而立于阼阶。"⑤从上述文献可以看出，周代三季之傩祭，以阴阳五行相生相克的哲学思想为行动依据，通过驱逐巫术使得阴阳调和，达到人寿年丰、生产发展、社会安定的目的。方相氏主要是节日时在室

① （东汉）郑玄注，贾公彦疏：《周礼注疏》，《十三经注疏》，北京大学出版社1999年版，第826页。

② 张琦：《方相氏源流考》，《天府新论》2008年第3期。

③ 高诱注：《吕氏春秋》，上海书店1986年版，第114页。

④ 李学勤主编：《周礼注疏》，《十三经注疏》，北京大学出版社1999年版，第656页。

⑤ 陈晓芬、徐儒宗译注：《论语·大学·中庸》，中华书局2015年版，第118页。

① 徐正英、常佩雨译注：《周礼》，中华书局 2014 年版，第 596 页。

② （明）孙毂编：《古微书》三，《丛书集成初编》，商务印书馆 1939 年版，第 378 页。

③ （晋）干宝著，黄涤明译注：《搜神记全译》，贵州人民出版社 2008 年版，第 329 页。

④ 任半塘：《唐戏弄》（下册），上海古籍出版社 1984 年版，第 1221 页。

⑤ 刘振华：《先秦两汉宫廷傩礼世俗化演变探析》，《东北师大学报》（哲学社会科学版）2013 年第 1 期。

⑥ 林春溥撰，耿素丽辑：《先秦史参考资料八种》，北京图书馆出版社 2007 年版，第 64 页。

⑦ 徐正英、常佩雨译注：《周礼》，中华书局 2014 年版，第 658 页。

内打鬼。《周礼·夏官·方相氏》卷三十一云："方相氏，狂夫四人""帅百隶而时难，以索室驱疫"。①《礼斗威仪》曰："正岁十二月，令礼官方相氏掌熊皮，黄金四目，玄衣纁裳，执戈扬盾，帅百隶及童子而时傩，以索室而驱疫鬼。以桃弧，棘矢，工鼓且射之，以赤丸、五谷播洒之，以除疫殃。"②《搜神记》卷十六云："正岁命方相氏，帅肆傩以驱疫鬼。"③东汉时期的宫廷大傩有了很大发展，方相氏率领十二神兽，还有一百二十童子，逐室驱疫，声势浩大，这时的傩仪已经开始有了戏曲的性质。"汉制大傩，以方相四，斗十二兽，兽各有衣、毛、角，由中黄门行之，以斗始却以舞终。"④这里可以看出到东汉时期，方相氏"驱鬼逐疫"的职责已经由十二童子扮演的十二兽分担。东汉末期的"方相与十二兽舞"的出是宫廷傩礼世俗化、娱乐化的里程碑式的标志。⑤标志着傩礼中已出现具有情节的艺术形式，这和先秦原始的傩仪已有本质上的区别，也显露出些许傩戏的端倪。方相氏也是出殡送葬时打鬼的先驱，传说黄帝次妃嫫母就是最早的方相氏。《轩辕黄帝传》载，黄帝"周游行时，元妃嫘祖死于道，帝祭之，以为神祖。令次妃嫫母监护于道，以时祭之，因以嫫母为方相氏"。⑥汉代皇室大丧及侯王、列侯始封贵人、公主薨时，必由方相氏乘四马导车，驱鬼先行，并下墓圹，大傩，以驱鬼逐疫。汉代人认为，人死后常遭受各种厉鬼的侵扰，在入葬前，要在墓室中打鬼。方相氏率领众神兽，在墓室驱赶一种叫"方良"（即魍魉）的"好食人肝脑"的厉鬼。驱鬼即驱逐瘟疫恶疾。贵族死后下葬前，方相氏戴着"黄金四目"面具（或头套）跳下墓穴，左戈右盾，从四隅驱逐鬼怪，以使死者永远安宁。《周礼·夏官·方相氏》卷三十一云："大丧，先柩，及墓，入圹，以戈击四隅，驱方良。"⑦方相氏在墓室打鬼结束后，死者的棺木方可入葬。这是今日我们在汉代墓室中能看到诸多方相氏画像的主要原因。山东滕州市官桥镇车站村出土的一方汉画像石，

263

画中刻一裸体怪人（图4-22上左），头戴山形冠，右手挥斧，左手扬幡，正是墓中打鬼的情景。在临沂白庄也可以看到一个非常类似的裸体长尾神人，手中也执有一物，应该也是傩仪活动中的方相氏（图4-22上右）。

从凶猛的熊罴到方相氏作傩驱鬼，从丑女嫫母到辟邪的魌头，都是围绕着一个目的，就是驱鬼辟邪。汉画像石索性直接刻画成了熊，或是熊的变体。[1] 徐州汉画像石艺术馆现陈列一方"打鬼图"汉画像石，纵106厘米、横102厘米，浅浮雕，右边残缺，但大部分画面保存完好。画面分上下两格。上格刻

[1] 张道一：《汉画故事》，重庆大学出版社2006年版，第219页。

图4-22 画像石中的方相氏
上左：山东滕州官桥镇出土
上右：山东临沂白庄出土
下：江苏徐州贾汪出土

二人头戴面具，身着异服，手举环首刀，两臂平伸，两腿分开，脚尖上翘，做跳跃状，左边残存一鸟尾及"□万金"三字（图 4-22 下）。此石的上格就是一幅打鬼逐疫的画像，图中两个做跳跃表演的正是打鬼的方相氏。洛阳西汉卜千秋画墓中绘有猪头方相氏。[①] 最有代表性的是洛阳西汉晚期的烧沟 61 号壁画墓中的方相氏。在墓室后壁画中，中间突出位置绘有虎头怪物，当是头戴"黄金四目"面具率众打鬼的方相氏。此外，在此墓前堂的后山墙上，还雕绘有一幅梯形傩戏舞蹈图，图中

① 黄明兰:《洛阳西汉卜千秋壁画墓发掘简报》,《文物》1977 年第 6 期。

图 4-23　方相氏画像砖

上左:江苏高淳县檀村出土　上右:河南许昌出土　下:四川什邡皂角乡出土

间有一体态硕大的兽面怪人，着橙黄衣，束红裙，作推拿状，无疑也是头戴面具的方相氏。[①]张衡的《西京赋》曰："于是蚩尤秉钺，奋鬣被般。禁御不若，以知神奸，魑魅魍魉，莫能逢旃。"[②]《风俗通义》曰："方者，兴旭。相者，所以威厉鬼，殴同像，方相欲以惊逐鬼魅。"[③]在江苏、河南、四川的汉画像砖里也常见到方相氏画像（图4-23）。

三、铺首

汉画中有许多被称为铺首衔环的画像，它们常刻绘于墓门，与祥瑞青龙、白虎、朱雀、玄武等组合在一起，表示吉祥、辟邪。

有学者对铺首的来源、用途及相关民俗展开广泛和深入的探讨。大多学者认为汉画铺首来源于商周青铜兽面纹，青铜兽面纹的衰落造就了汉画铺首的装饰艺术。[④]还有一些研究对汉墓内出土的铺首衔环的形象与分类做了分析和研究。[⑤]铺首上的神秘动物，近世所见多是狮虎一类猛兽，或牛羊犬豕之类的家畜的猛兽化，取其狞恶凶狠，以便吓退来犯之敌，这才是最古老的铺首。有人专门为其取了一个名字：椒图，是"龙生九子"不成龙的龙化怪兽之一。[⑥]"铺首"这一名称，早在汉代就已经很普遍地使用。如《汉书·哀帝纪》说："孝元庙殿门铜龟蛇铺首鸣。"如淳曰："门铺首作龟蛇之形而鸣呼也。"师古曰："门之铺首，所以衔环者也。"[⑦]《说文》云："铺，箸门拊首也。"[⑧]《太平御览》卷一百八十八引《通俗文》曰："门扇饰谓之铺首。"《三辅黄图·汉宫》卷二说未央宫"金铺玉户"。[⑨]金铺，就是金饰或铜制的铺首。

铺首具有实用功能，是连接建筑大门与门环的构件。兼有实用、装饰作用及礼制等级功能。至迟在西汉时期，大门上已开始使用铺首，从不同地区出土的画像资料上看，当时的铺首多做成兽面形式，把实用性的"门环"（拉手）与宗教性的"兽

① 孙作云：《洛阳西汉壁画墓中的傩仪图——打鬼迷信、打鬼图的阶级分析》，《郑州大学学报》1977年第4期。

② （梁）萧统编，（唐）李善注：《文选》，上海古籍出版社1986年版，第68页。

③ （东汉）应劭撰，吴树平校释：《风俗通义校释》，天津古籍出版社1980年版，第429页。

④ 谭淑琴：《试论汉画中铺首的渊源》，《中原文物》1998年第4期。孙作云：《说铺首》，《美术考古与民俗研究》，河南大学出版社2003年版，第538页。孙作云认为铺首是方相氏的鬼面，他还认为由于铺首是神荼郁垒的缩形。

⑤ 中国社会科学院考古研究所编辑的《广州汉墓》对汉墓内出土的铺首衔环做了形制分析，并排列了早晚变化序列；苗霞对中国古代铺首衔环资料进行了梳理，将其分为九类、五个时期。中国社会科学院考古研究所：《广州汉墓》，文物出版社1981年版；苗霞：《中国古代铺首衔环浅析》，《殷都学刊》2006年第3期。

⑥ 萧兵：《避邪趣谈》，上海古籍出版社2003年版，第94页。

⑦ （东汉）班固：《汉书》，中华书局1999年版，第240页。

⑧ （清）段玉裁撰：《说文解字注》，中华书局2013年版，第720页。

⑨ 何清谷撰：《三辅黄图校释》，中华书局2005年版，第114页。

首"有机地结合起来。渐渐地，兽面与门环结合，形成了真正的"铺首衔环"。

汉赋中对铺首多有描绘，如《汉书·杨雄传》载："排玉户而扬金铺兮，发兰蕙与穹穷，师古注'言风之所至，又排门扬铺，击动镮钮，回旋入宫，发奋众芳'"。[1] 又傅毅《舞赋》曰："靧帐祛而结组兮，铺首炳以焜煌"。[2]《风俗演义》曰："门户铺首，《百家书》云：输般见水上蠡，谓之曰：'开汝头，见汝形。'蠡适出头，般以足画图之。蠡引闭其户，终不可开。设之门户，欲使闭藏，当如此固密也。"[3] 司马相如《长门赋》载："挤玉户以撼金铺兮，声噌吰而似钟音。"[4]

商周青铜器上的兽面纹又称饕餮纹，饕餮一词本于《吕氏春秋·先识》曰："周鼎著饕餮，有首无身，食人未咽，害及其身，以言报更也。"[5] 从北宋开始，金石学家常把商周青铜器上表现兽的头部或以兽的头部为主的纹饰都称为饕餮纹。一般表现为各种各样的动物，或者是想象出来的怪物的头部的正面，用于殷代的所有祭祀用具上，就因为它是商人的帝。[6] 林巳奈夫先生分析了青铜器上的饕餮纹和其他次纹（牛、羊、象、鹿）的关系后，认为饕餮是商人的"物"，"物"就是帝，其他动物纹属于次要纹，而那些次纹则是方国之"物"，接受"帝"的统治。他认为不应该把所有兽面纹都视为饕餮，只有在兽面纹的兽头中上部饰形象。苏联汉学家列·谢·瓦西里耶夫从逻辑上也推论出饕餮之所以几乎存有他称为"篦形纹"的才是饕餮。[7] 饕餮本为人名，为缙云氏的不才子，以饕餮为图腾面具和族徽。因贪得无厌，总是发动战争来积聚财物，成为贪婪的象征。

到商周时，饕餮已经符号化，并在饕餮的头部正中，饰以商人观念中的上帝符码"篦形纹"，有时竟以怪兽食人为特征，成为贪欲的化身，从正面美的形象成为丑恶的化身。古代饕餮与混沌、穷奇和梼杌被称为四凶，专食来侵的恶鬼猛兽。《左

① （东汉）班固：《汉书》，中华书局1999年版，第2619—2620页。

② （梁）萧统编，（唐）李善注：《文选》，上海古籍出版社1986年版，第796页。

③ （东汉）应劭撰，吴树平校释：《风俗通义校释》，天津古籍出版社1980年版，第397页。

④ 费振刚、胡双宝、宗明华校译：《全汉赋》，北京大学出版社1993年版，第100页。

⑤ 陆玖译注：《吕氏春秋》，中华书局2011年版，第524页。

⑥ [日] 林巳奈夫：《所谓饕餮纹表现的是什么——根据同时代资料之论证》，载[日] 樋口隆康主编：《日本考古学研究者——中国考古学研究论文集》，蔡凤书译，东方书店1990年版，第135—199页。

⑦ [苏] 列·谢·瓦西里耶夫：《中国文明的起源问题》，郝镇华、张书生、杨德明译，文物出版社1989年版，第325页。

传·文公十八年》卷二十说："舜臣尧，宾于四门；流四凶族：浑敦、穷奇、梼杌、饕餮，投诸四裔，以御螭魅。"① 刘敦愿说："旧日称之为'饕餮'的兽面纹样，实际并非一种令人憎恶的恶灵，而是为了辟邪压胜而设的巫术标记或图像。"② 这种纹样作为一种抽象的符号装饰到器物上，就不再指代具体的某种动物，而是指其累征的内涵。李泽厚指出饕餮图像实际上是一种原始祭祀礼仪的符号标记，呈现的是一种"神秘的威力和狞厉的美"，③ 使人获得一种超现实的神灵的权威，达到祛邪除戾的目的。

正是因为这种兽面的畏饰、凶狠、恐惧，所以他们具有威吓的神秘的力量。汉代将它们刻绘于墓门，以求驱鬼辟凶，并起到装饰作用。铺首作为兽面纹，在汉代的青铜器、陶器、漆木器、车马器、墓室壁画、画像石画像砖、瓦当、棺椁等各类遗物上均有发展。贵族和豪强富人住宅的门上通常设衔环铺首、门上的铺首多用金属制成，做虎、螭、龟、蛇等形状。

汉代人在门上装饰铺首有避凶驱灾保护门户之目的，在汉画像石墓中几乎每一墓门都刻有铺首。④《论衡·乱龙篇》云："今县官斩桃为人，立之户侧，画虎之形，著之门阑""刻画效象，冀以御凶"。⑤《风俗通义·祀典第八》亦云："县官常以腊除夕饰桃人，垂苇茭，画虎于门，皆追效于前事，冀以御凶也。"⑥

（一）铺首的基本图式

基本图式就是嘴部叼有大环的兽面纹。如图 4-24 中 1、3、5、7 四幅图。兽面纹大多为圆形，大口；但也有方形的铺首，例如图 4-24·3 图就是长方形兽面；还有的铺首的兽面为瘦的椭圆形，如图 4-24·1；在大多的情况下，兽面都是大于或等于环的直径，而图 4-24·7 则环大于兽面很多；还有一种铺首是不衔环的，直接呈现的是兽面形象，如图 4-24·2、图 4-24·4。

① 郭丹、陈小青、王彬源译注：《左传》，中华书局 2012 年版，第 717 页。

② 刘敦愿：《美术考古与古代文明》，甘肃人民美术出版社 2007 年版，第 139 页。

③ 李泽厚：《美的历程》，文物出版社 1981 年版，第 36—37 页。

④ 张道一：《汉画故事》，重庆大学出版社 2006 年版，第 377—379 页。

⑤ （东汉）王充著，袁华忠、方家常译注：《论衡全译》，贵州人民出版社 1993 年版，第 978 页。

⑥ （东汉）应劭撰，吴树平校释：《风俗通义校释》，天津古籍出版社 1980 年版，第 306 页。

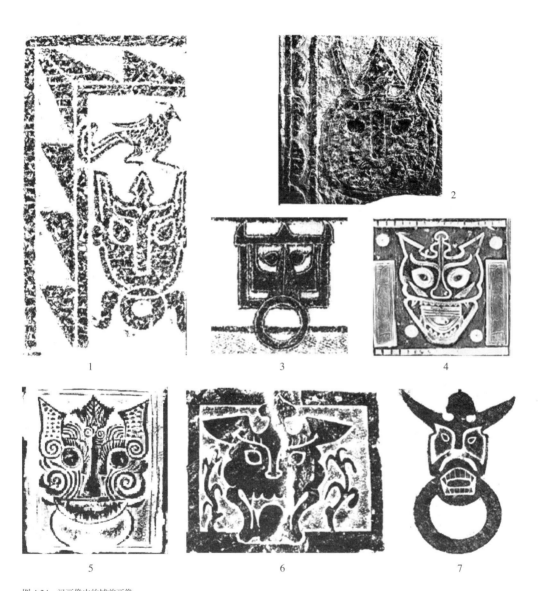

图4-24 汉画像中的铺首画像

1.安徽定远出土 2.江苏铜山出土 3.山东枣庄薛城出土 4.河南新密出土 5.河南郑州出土 6.陕西米脂出土 7.陕西绥德出土

（二）铺首的组合图式

1. 朱雀—铺首图式

铺首大多是在墓门位置，陕北地区铺首总是与朱雀组合成固定的图式，即朱雀在上，铺首在下。但常常会在铺首下部填上一条龙或者是一只虎，有时还会是玄武、熊等神兽。一般情况下，朱雀在最上方、铺首在中部的位置是稳定不变的，只是下部则常常发生不同的变化（图4-25左，图4-25右）。

图 4-25　朱雀—铺首图式
左：陕西绥德左右门扉画像
右：陕西米脂尚庄出土

2. 神荼、郁垒—铺首图式

河南南阳方城东关出土有两方画像石。画面内容相似，只是下部一个刻着神荼，另一块下部刻郁垒（图4-26）。上部都刻朱雀、中间都刻铺首衔环；神荼赤裸上身，右手执戟，左手上扬，弓步向前似在驱鬼，整幅画面表现了一种趋吉辟邪氛围。中国最古老的人形门神就是神荼、郁垒，他们的职责就是"主阅领万鬼"，把"为害"之鬼用苇索绑起来喂老虎。神荼最初是冶铸匠师手里神奇的工具，这种工具顶端尖锐，更可能是一种武器，后来才转化为礼器或法具。鬼祟都是不好惹的，要想打退他们，就需要武器和灵力。郁垒也作"郁雷"，雷的繁体字"靁"从三"田"，与"雷"字所从一致；而"田"是雷公

图4-26　神荼、郁垒—朱雀—铺首衔环画像

左：神荼与铺首衔环　右：郁垒与铺首衔环

① 信立祥：《汉代画像石综合研究》，文物出版社2000年版。

车轮的形状，所以郁垒有可能是雷神，雷公正是邪恶的鬼魅最害怕的神。南方暴雨之后，浅埋于地表的"霹雳"就暴露出来了，其实很多是石器时代遗留下来的石刀、石斧、石凿，它们在当时就被认为是雷公打雷的器具，能驱邪辟鬼，治疗百病。郁垒既是雷神的卑化又是雷神武器的人格化、人形化。

3. 绶带—铺首图式

山东临沂白庄两方画像石（图4-27）上都刻有铺首衔环，环下有一绶带，信立祥认为"图像中的铺首象征着墓室之门，两名佩剑人物为墓室门卫，铺首兽面中所衔玉璧与其他玉璧图像一样起着驱逐恶鬼、保护墓主尸体的作用"。①

图4-27　铺首衔环—绶带画像

左：山东临沂白庄出土　右：山东昌乐出土

第四节　人造器物

一、造物美学

　　器物的制造可以说是最历史悠久的人类行为，人们制造物品，都是带着具体的实用目的。所谓"物以至用"、"物尽其用"，如果离开了具体的用途，也就失去了它的价值。人类文化史，都是从制造生产工具和生活用品开始的，人能按照自己的审美理想、按照美的规律来创造物品，在这个造物运动中既包含了具体的实用目的，也包含了审美的社会功能。[1] 在中国文献中"器"字为"体现"（embodiment）或"含概"（prosopopia），意思凝聚了抽象意义的一个实体。[2] 古人将铸造钟鼎彝器的金属为吉金，春秋《子璋钟铭》有"择其吉金，自作和钟"的铭文。吉祥器物最初是指钟吉金铸造出的鼎彝器。《周礼·秋宫·大行人》卷三十七曰："三岁壹见，其贡器物。"郑玄注曰："器物，尊彝之属。"[3] 后来指那些在日常生产、生活中具有吉祥寓意的工具和用具。汉代画像中具有吉祥寓意的器物大致有神鼎、玉璧、圭、胜、云车、桃苑、绶带、钱币以及浪井、银瓮、玉英、明珠、鸠杖、玉匣等。[4]

　　吉祥器物是巫师进行巫术活动所使用的法器、巫具，由古代祭祀仪礼中的礼器演化而来，也有一些是日常器物在岁月中慢慢被神化充当了圣物，具有了灵性，因而也具有了吉祥蕴意。

二、物的祥瑞

（一）宝鼎

　　鼎是商、周青铜器中数量最多、地位最为重要的器物之一。鼎原本是用于烹煮和盛放肉食的器皿。《墨子·耕柱》卷十一曰："昔者夏后开，使蜚廉折金于山川，而陶铸之于昆吾，是使翁难雉乙卜于白若之龟，曰：'鼎成三足而方，不炊而自

①　《张道一选集》，东南大学出版社 2009 年版，第 232 页。

②　[美] 巫鸿著，郑岩、王睿编：《礼仪中的美术——巫鸿中国古代美术史文编》（下），郑岩等译，生活·读书·新知三联书店 2005 年版，第 535 页。

③　徐正英、常佩雨译注：《周礼》，中华书局 2014 年版，第 815—816 页。

④　周保平：《汉代吉祥画像研究》，天津人民出版社 2012 年版，第 443 页。

① 孙诒让：《墨子间诂》，《诸子集成》卷四，中华书局2001年版，第422—425页。

② （东汉）班固：《汉书》，中华书局1999年版，第1141页。

③ （汉）司马迁著，韩兆琦注：《史记》，中华书局2010年版，第1112页。

④ （唐）欧阳询撰，汪绍楹校：《艺文类聚》，上海古籍出版社2012年版，第1719页。

⑤ （汉）司马迁著，韩兆琦译注：《史记》，中华书局2010年版，第2261页。

⑥ （东汉）班固：《汉书》，中华书局1999年版，第1018页。

⑦ 马承源：《中国青铜器》，上海古籍出版社2003年版，第63页。

⑧ （南朝）范晔撰，（唐）李贤等注：《后汉书》，中华书局1999年版，第258页。

⑨ （汉）司马迁著，韩兆琦译注：《史记》，中华书局2010年版，第539页。

⑩ 李学勤主编：《周易正义》，《十三经注疏》，北京大学出版社1999年版，第205页。

⑪ 郭丹、陈小青、王彬源译注：《左传》，中华书局2012年版，第744页。

⑫ （东汉）王充著，袁华忠、方家常译注：《论衡全译》，贵州人民出版社1993年版，第514页。

⑬ （唐）欧阳询撰，汪绍楹校：《艺文类聚》，上海古籍出版社2012年版，第1719页。

烹，不举而自臧，不迁而自行，以祭于昆吾之虚，上乡。'"①最早的鼎是新石器时代晚期用黏土烧制的陶鼎，三代时期有了用青铜铸造的铜鼎，是中国青铜文化的典型代表，成为祭祀的重要礼器。《汉书·五行志中之上》曰："鼎者，宗庙之宝器也。"②传说黄帝始作鼎，《史记·封禅书》载申公语曰："黄帝采首山铜，铸鼎于荆山下。"③孙柔之《瑞应图》曰："昔黄帝作鼎象太一。"④典籍中还记有"禹收九牧之金，铸九鼎"之说。⑤《汉书·郊祀志上》说铸鼎一事曰："闻昔泰帝兴神鼎一，一者一统，天地万物所系象也。黄帝作宝鼎三，象天、地、人。禹收九牧之金，铸九鼎，象九州。"⑥鼎后来成为政权的象征，演化为神物，具有吉祥寓意，成为吉祥器物，被视为传国重器。《周礼·天官·亨人》就曾载："掌共鼎镬。"⑦《后汉书·孝献帝纪》曰："鼎之为器，虽小而重，故神之所宝，不可夺移。"注引《左氏传》王孙满曰："德之休明，虽小，重也；其奸回昏乱，虽大，轻也。"⑧《史记·秦始皇本纪》载："始皇还，过彭城，斋戒祷祠，欲出周鼎泗水。使千人没水求之，弗得。"⑨后来称建立王朝或建都为"定鼎"。在上面刻铸铭文、记录功绩和国家大事。

《易·鼎》曰："鼎：元吉，亨。"⑩是说《鼎卦》象征革故鼎新，十分吉祥，亨通。《左传·宣公三年》："昔夏之方有德也，远方图物，贡金九牧，铸鼎象物，百物而为之备，使民知神、奸。故民入川泽山林，不逢不若。螭魅罔两，莫能逢之，用能协于上下，以承天休。"⑪这样鼎在祭祀中浸染了神奇色彩，成为祥瑞之物。《论衡·儒增篇》曰："九鼎之来，德盛之瑞也。"⑫

孙柔之曰："神鼎者，质文精也，知吉凶存亡，能轻能重，能息能行，不灼而沸，不汲自盈，中生五味。昔黄帝作鼎象太一，禹治水收天下美铜，以为九鼎象九州，王者兴则出，衰则去。"⑬说明"神鼎"乃是王权及统治者德行的象征，在帝王贤

图 4-28 神鼎画像

1.山东嘉祥武氏祠出土(《金石索》木刻摹本) 2.江苏睢宁九女墩 3.四川泸州大驿坝出土 4.四川宜宾弓字山崖墓出土

明当政时才会出现。张光直先生说："这段话历来有多种解释，但简而言之，其含义是说，夏人铸了铜鼎，又把物的形象放在上面，以使人知道哪些动物是助人通天地的，哪些动物是无助甚至有害于人的。王孙满已经告诉我们：'有些动物能帮助巫觋沟通天地。而他们的形象便铸在古代的青铜礼器上。'"[1]

山东嘉祥武梁祠有一方屋顶前坡面画像石（图4-28·1），原石编号为"祥瑞图一"。石头已经断裂，画面从上至下分三层，皆刻有吉祥画像。在第一层的吉祥画像中，有一戈鼎，略漶，左边榜题存"自熟"二字，其余已经磨漶不清。《山左金石》曰："次一鼎，左题一行，云：'神□□炊自熟，五未自□'，漶四字。"[2]内蒙古和林格尔东汉壁画西壁至北壁一祥瑞图中有"神鼎"榜题。[3]1958年徐州睢宁九女墩汉墓出土的画像石中有"神鼎"的画像（图4-28·2）。1987年四川泸州大驿坝出土一方"得鼎图"，可能是为了表示某次得鼎（图4-28·3）。四川宜宾弓字山崖墓出土有鼎与玉璧组合在一起的画像（图4-28·4）。《宋书·符瑞志》云："神鼎者，质文之精也。知吉知凶，能重能轻，不炊而沸，五味自生，王者盛德则出。"[4]可见在汉代神鼎为祥瑞之物。

（二）胜

《宋书·符瑞志》云："金胜，国平盗贼，四夷宾服则出。"又云："晋穆帝永和元年二月，春穀民得金胜一枚，长五寸，状如织胜。明年，桓温平蜀。"[5]胜有"胜利"、"优胜"、"胜过"、"优美"、"昌盛"之意。"胜"是从纺绩的纴器衍化而来，是妇女头上的首饰，类似于发笄、发簪。《说文》云："纴，机缕也。"[6]"古妇人任器行则戴之。"《释名·释首饰第十五》卷四云："华胜，华象草木华也，胜言人形容正等，一人著之则胜。蔽发前为饰也。"[7]颜师古注《汉书·司马相如传》云："胜，妇人之首饰也，汉代谓之华胜"。《后汉书·舆服志》曰："太皇太后、皇太后入庙服……簪以瑇瑁为擿，长一尺，端为华胜，

① 张光直：《美术、神话与祭祀》，郭净译，生活·读书·新知三联书店2013年版，第55页。

② 蒋英炬、吴文祺：《汉代武氏墓群石刻研究》，人民美术出版社2014年版，第89页。

③ 内蒙古自治区文物考古研究所编：《和林格尔汉墓壁画》，文物出版社2007年版，第25页。

④ （梁）沈约：《宋书》，中华书局2000年版，第578页。

⑤ （梁）沈约：《宋书》，中华书局2000年版，第569页。

⑥ （清）段玉裁撰：《说文解字注》，中华书局2013年版，第651页。

⑦ （汉）刘熙撰，（清）毕沅疏证，王先谦补：《释名疏证补》，中华书局2008年版，第161页。

上为凤皇爵，以翡翠为毛羽……"。①

胜从质地上分为金胜、玉胜之分，从形式上有华胜、方胜、人胜之分。华胜，即花胜，是花草形胜；方胜为几何形的组合；人胜为人（小儿）形，为镂刻或剪裁金箔等制成。考古资料所见的"胜"是薄片状的平面饰物，两边平衡。山东嘉祥武梁祠"祥瑞图二"第二层左起第一个画像为玉胜（图4-29·1）。《山左金石志》曰："右颢一行'玉养王者'四字……券疑是'胜'字。②从图中可以看出玉胜为两个圆环，环之上下各有一花瓣状突起物，即华。戴在头之两侧，一边一个。两环之间用一带状物联结，压住额头前头发，即《释名》所云'敝发前为饰也'。"③浙江海宁长安镇汉画像石墓前室西壁有一幅"祥瑞图"，在画像左下方有一横杆连接两个似瓶的物体，这应该也是胜。④

在山东、四川等地墓室门楣也可以看到饰有"方胜"纹。1959年安丘汉墓出土的画像石的中室东壁耳室门楣上刻有胜的画像，胜为亚腰形，胜的两边刻有鱼。⑤四川省汉代画像石棺中有许多"胜"的画像。常雕刻于棺盖前后两端画面的上部和两边（图4-29·2、图4-29·3）。南溪县长顺坡汉墓3号石棺右侧画像，画面分上下两格，上格为一硕大的"胜"，下格中间为一单阙，阙的两边分别是擎日的伏羲和托月的女娲（图4-29·5）。山东梁山斑店乡百墓山曾经出土一方汉画像石，左右两边刻有铺首衔环，左边环内刻有双鱼，右边环内刻四个等分的扇形，中间刻一个大胜（图4-29·6）。图4-29·4是古代神话中的西王母戴胜。《山海经·西山经》曰：

　　西王母其状如人，豹尾虎齿而善啸，蓬发戴胜。郭璞注："胜，玉胜也"。⑥

又《大荒西经》：

　　昆仑之丘。……有人戴胜，虎齿，有豹尾，穴处，名曰西王母。⑦

① （南朝）范晔撰，（唐）李贤等注：《后汉书》，中华书局1999年版，第2514页。

② 蒋英炬、吴文祺：《汉代武氏墓群石刻研究》，人民美术出版社2014年版，第90页。

③ 刘弘：《四川汉墓中的四神功能新探——兼谈巫山铜牌饰上人物的身份》，《四川文物》1994年第2期。

④ 潘六坤：《浙江海宁东汉画像石墓发掘简报》，《文物》1983年第5期。

⑤ 张学海、蒋英炬、毕宝启：《山东安丘汉象石墓发掘简报》，《文物》1964年第4期。

⑥ 郭璞注：《山海经》，上海古籍出版社2015年版，第62页。

⑦ 方韬译注：《山海经》，中华书局2011年版，第322页。

图 4-29　汉画像中的胜

1.山东嘉祥武氏祠画像石之玉胜图（《金石索》木刻摹本）　2.巴蜀汉画像之"三角、胜"纹　3.四川壁山九号石棺"胜纹"　4.西王母戴胜　5.四川南溪 3 号石棺之"伏羲、女娲、胜"纹　6.山东梁山斑店乡百墓山汉墓出土

又《海内北经》：

西王母梯几而戴胜杖。①

司马相如《大人赋》曰：

低回阴山翔以纡曲兮，吾乃今目睹西王母曎然白首。载胜而穴处兮，亦幸有三足乌为之使。②

张衡《思玄赋》曰：

聘王母于银台兮，羞玉芝以疗饥。戴胜憗其既欢兮，又诮余之行迟。③

西王母戴胜的"一个很主要的含义恐怕与辟邪有关，是隐含了'胜过'意义的。因为，西王母最早出现的形象是半人半兽，而这样的形象实际上就是力量的反映，人们所以承认这样的怪胎，主要还是源于对邪恶的惧怕与憎恶，希望能够有超人的力量去制止邪恶，保佑平安"。④

《淮南子·览冥训》云：

逮至夏桀之时，主暗晦而不明……西老折胜，黄神啸吟；飞鸟铩翼，走兽废脚。⑤

这里的"西老"，即西王母，夏代末帝夏桀昏庸无道，民不聊生，西王母折断头上的玉胜以告诫世人。可见，"胜"不仅仅只是首饰，而是具有警示"灾异"和彰显"太平"的作用。正是因为西王母头饰胜具有神秘和神奇的功能加上人们对西王母宗教女神身份的崇拜和敬仰，汉代的贵族女性们纷纷仿效西王母戴胜，后来随着"胜"的宗教意义逐渐淡化，胜由妇女的头饰逐渐演变成祥瑞辟邪之物，成为一种具有独立意义的抽象祥瑞符号。旧时正月初七为人日，时人有做人胜互相遗赠祝福的风俗，晋贾充《典戒》曰："人日造华胜相遗，像瑞图金胜之形，又像西王母戴胜也。"⑥《荆楚岁时记》云："正月初七为人日……造华胜以相遗……华胜起于晋代，见贾充《李夫人典戒》云：'像瑞图金胜之形，又取西王母戴胜也'。"⑦

"胜"在汉代还有四夷宾服天下太平的吉祥寓意。清马国翰

① 方韬译注：《山海经》，中华书局 2011 年版，第 268 页。

② （汉）司马迁著，韩兆琦译注，《史记》，中华书局 2010 年版，第 6978 页。

③ （南朝）范晔撰，（唐）李贤等注：《后汉书》，中华书局 1999 年版，第 1305 页。

④ 张从军：《画像石中的西王母》，《民俗研究》2004 年第 2 期。

⑤ （汉）刘安著，陈广忠译注：《淮南子》，中华书局 2012 年版，第 326—327 页。

⑥ （唐）欧阳询撰，汪绍楹校：《艺文类聚》，上海古籍出版社 1965 年版，第 60 页。

⑦ （南朝梁）宗懔撰，谭麟译注：《荆楚岁时记译注》，湖北人民出版社 1985 年版，第 25 页。

《玉函山房辑佚书》辑《孝经纬援神契》卷下曰:"金胜者,象人所剜,胜而金色,四夷来即出。"又辑孙柔之《瑞应图》曰:"世无盗贼凶人,则金胜出。一曰,浸润过塞,奸盗静谧,绨绣不用则见。"[①]汉代之后,方胜简化成一种菱形纹的两两套接,即现在的二方连续图案,具有生命不息、爱情永恒的吉祥寓意。

(三)璧

璧是汉画像中最早出现的画像题材之一。在中国传统文化中,玉璧是古往今来所有玉器中最重要和影响最深远的一种。在《周礼》一书所归纳的上古玉礼制度的关键性玉器组合"六器"之中,没有任何一种玉礼器能够像玉璧这样具有持久和广泛的文化渗透性、历史传承性。璧为玉制,在古代被视为重要的礼器之一。[②]《太平御览》卷八〇六"珍宝部"引诸书曰:

《说文》曰:

璧,瑞玉环也。瑗,大孔璧。璜,半璧也。[③]

《尔雅》曰:

肉倍好,谓之璧,好倍肉,谓之环。[④]

《尚书·金滕》曰:

周公立焉,植璧秉珪,乃告太王、王季、文王。……"尔不许我,我乃屏璧与珪。"[⑤]

《诗经·卫风·淇奥》曰:

有匪君子,如金如锡,如圭如璧。[⑥]

《周礼·春官上·大宗伯》曰:

以玉作六礼,以礼天地四方。以苍璧礼天。[⑦]

《礼记·曲礼下》曰:

操币、圭璧,则尚左手。[⑧]

《礼器》曰:

束帛加璧,尊德也。[⑨]

玉璧从新石器时代晚期发现以来,历商周、汉直至明清均有发现。尤以良渚文化为最,许多大墓中常出土达几十件。[⑩]

① (清)马国翰辑:《玉函山房辑佚书》,上海古籍出版社1990年版,第2870页。

② 叶舒宪:《玉璧的神话学与符号编码研究》,《民族艺术》2015年第2期。

③ (清)段玉裁撰:《说文解字注》,中华书局2013年版,第12页。

④ 管锡华译注:《尔雅》,中华书局2014年版,第376页。

⑤ 王世舜、王翠叶译注:《尚书》,中华书局2012年版,第159—160页。

⑥ 王秀梅译注:《诗经》,中华书局2015年版,第112页。

⑦ 徐正英、常佩雨译注:《周礼》,中华书局2014年版,第411页。

⑧ 胡平生、张萌译注:《礼记》,中华书局2017年版,第61页。

⑨ (宋)李昉等编纂,夏剑钦校点:《太平御览》第七册,河北教育出版社1994年版,第507页。

⑩ 郑建明:《史前玉璧源流、功能考》,《华夏考古》2007年第1期。

从文化符号的视角回顾玉璧的历史，其悠久的程度，居然要比有文字记录的中国文明历史足足长出 1 倍，也是世界上所有的古老文明都无法比拟的。迄今为止的出土资料表明，玉璧大约在距今 7000 年的黑龙江和吉林新石器时代遗址中率先出现，主要是 4—6 厘米的小型玉璧。① 随后在距今 6000 年的红山文化玉器中得到继承发展，又在距今 5000 多年的山东大汶口文化中得到延续，并再度南下，传播影响到距今约 5000 年的安徽凌家滩文化。② 到了商代后期和西周时期，终于得到后来居上的发展繁荣，除了来自史前大传统的素璧形制之外，还出现雕刻龙纹等纹饰的创新型玉璧。玉质精美且器形大的玉璧被奉为国宝。到东周时期，随着"西玉东输"运动的升级，玉璧生产呈现出数量逐渐增多和玉质逐渐优化的趋势。在战国至秦汉时代，采用新疆和田玉料精制而成的大型玉璧，成为华夏统一大帝国最主要的玉礼器形式，也是帝王贵族们须臾不离、生死相伴的神物和圣物。商周时期，玉璧为璧、珪、宗、璋一类的玉器，玉璧的所有者，几乎全是地位较高的人或与祭祀有关的巫师，玉璧是《周礼》所言"六瑞"之一，属于古代贵重的瑞玉，不仅是身份贵贱的象征，更是作为以祖配天的礼天之器。《周礼·春官·大宗伯》曰："以玉作六瑞，以等邦国，王执'镇圭'、公执'桓圭'、侯执'信圭'、伯执'躬圭'、子执'谷璧'、男执'蒲璧'"，又"以玉作六器，以礼天地四方，以苍璧礼天，以黄琮礼地，以青圭礼东方，以赤璋礼南方，以白琥礼西方，以玄璜礼北方。"③ 玉璧为圆形，乃天圆之象，象征苍天，故作为礼天之器。早在帝尧进就有"金璧之瑞"。《拾遗记·唐尧》卷一曰："帝尧在位，圣德光洽。河洛之滨，得玉版方尺，图天地之形。又获金璧之瑞。文字炳列，记天地造化之始。"④

汉墓中还发现大量另一种玉璧替代品——玻璃璧。目前全国共出土战国秦汉玻璃璧 233 件，湖南出土的玻璃璧占全国总数的 87%。说明中国古代玻璃璧的主要产地在湖南。目前的

① 陈奇、赵评春：《黑龙江古代玉器》，文物出版社 2008 年版，第 22 页。

② 田名利：《凌家滩墓地玉器渊源探寻》，《东南文化》1999 年第 5 期。

③ 徐正英、常佩雨译注：《周礼》，中华书局 2014 年版，第 409、411 页。

④ （晋）王嘉撰，王兴芬注：《拾遗记》，中华书局 2019 年版，第 41 页。

① 傅举有等:《湖南出土的战国秦汉玻璃璧》,《上海文博论丛》2010年第2期。

② 蒋英炬、吴文祺:《汉代武氏墓群石刻研究》,人民美术出版社2014年版,第90页。

③ [日]安居香山、中村璋八:《纬书集成》,吕宗力等译,河北人民出版社1994年版,第989页。

④ (梁)沈约:《宋书》,中华书局2000年版,第568页。

⑤ 张道一:《汉画故事》,重庆大学出版社2006年版,第361页。

玻璃璧,多数是在墓葬中发现的,大多是放在死者的头部,如1983年湖南省汨罗县汨罗山第33号战国楚墓、第36号秦墓的玻璃璧,都是放在死者头部的。《周礼》郑注曰:"璧圜象天。"把玻璃璧置于死者头部,有墓主人灵魂升天的含义。① 汉代画像中就有祥瑞"璧琉璃"。(图4-30右)山东嘉祥武梁祠的祥瑞图中刻有一枚半存的细密方格纹的玉璧,左榜题一行,曰:"璧流离,干者不隐过则至"②(图4-30左)《孝经援神契》曰:"王者行政,神明得理,则碧流璃见。"③《宋书·符瑞志》云:"璧流离,王者不隐过则至。"④ 张道一认为汉代已经有人工制作的琉璃璧,被当作是璧的一种。⑤ 汉时还流行一种吉语璧,承托人们的美好祝愿,璧身常透雕、浮雕以"宜子孙"、"益寿"、"长乐"等吉祥文字,更彰显了玉璧的吉祥内涵。

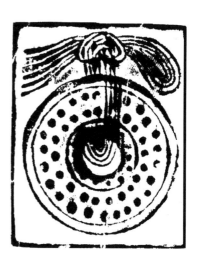

图4-30　璧与璧琉璃画像

左:山东嘉祥武氏祠画像之璧琉璃

《金石索》木刻摹本)

右:河南郑州出土绶带衔玉璧

⑥ 所谓"七衡六间图"以北极为圆心,所画的七个间隔基本相等、大小不同的同心圆。每一个圆为一衡,衡与衡之间为一间,最里的叫第一衡或"内衡",依次是第二衡、第三衡、第四衡(中衡)、第五衡、第六衡、第七衡(外衡)。内衡和外衡之间即所谓黄道。太阳只在黄道内运行。

有学者曾有一个非常有意义的发现,认为玉璧的形象与《周髀算经》"七衡六间图"⑥的"黄图画"很相似。新石器时代的一种三环形玉璧其实就是对"黄图画"的直观描述。而且玉璧的纹饰常以云气为内容,这与圆形玉璧所象征的天是由气所充盈的宇宙观相吻合。这种题材的玉璧在汉代贵族墓葬中常有发现。三环是古人对分至的认识结果,不仅表现了二分二至的日行轨迹，同时也是"七衡六间图"核心部分组成的三环图。[①] 如果对于双环玉璧的内外缘象征二至日道则很容易让人想起冬至和夏至的礼天活动。《周礼·春官·大司乐》记述冬至日行礼天祭典的情景：

> 冬至日，于地上之圜丘奏之，若乐六变，则天神皆降，可得而礼矣。[②]

《礼记·郊特性》云：

> 郊之祭也，迎长日之至也，大报天而主日也。……郊之用辛也，周之始郊日以至。卜郊，受命于祖庙，……祭之日，王皮弁以听祭报，示民严上也。……祭之日，王被衮以象天，戴冕璪十有二旒，则天数也。乘素车，贵其质也。旗十有二旒，龙章而设日月，以象天也，天垂象，圣人则之。郊所以明天道也。……[③]

可见冬至日祭天的目的是为了迎接长日之至。而夏至日祭天的目的直接与祈求农作物的丰收有关，因此郊祭的内涵兼指天地。《周礼·春官·大司乐》云：

> 夏日至，于泽中之方丘奏之，若乐八变，则地示皆出，可得而礼矣。[④]

可见夏至日是为了求得上帝保佑，祈福风调雨顺的好收成。亦即"万物本乎天，人本乎祖，此所以配上帝也，郊之祭也，大报本反始也。"这也是玉璧双环所象征的二至日道实质就是为了祈求农业丰产的礼天活动，玉璧上的云纹正是对气象的占测，表现的是雩帝的祈雨活动。[⑤] 同样的道理人们也会在春分和秋分祭祖，求万物生长和子孙的繁育。青州市郊马家冢子东汉墓出土的一件东汉大玉璧，出廓透雕出"宜子孙"三字。[⑥] 说明汉代玉璧的吉祥寓意之一是寓意子孙繁衍。汉画像上经常刻有同心圆环或独环、套环，其实这些环形就是玉璧（图4-31）。很多双阙之间悬有玉璧，有的还榜题"天门"二字。一些汉画上的图案，表现的是祭祀的供桌，一般桌面上有两到

① 冯时：《中国天文考古学》，中国社会科学出版社2010年版，第464—466页。

② 徐正英、常佩雨译注：《周礼》，中华书局2014年版，第482页。

③ 胡平生、张萌译注：《礼记》，中华书局2017年版，第489页。

④ 徐正英、常佩雨译注：《周礼》，中华书局2014年版，第482页。

⑤ 冯时：《中国古代的天文与人文》，中国社会科学出版社2006年版，第124—135页。

⑥ 魏振圣：《山东省青州市发现东汉大型出廓玉璧》，《文物》1988年第1期。

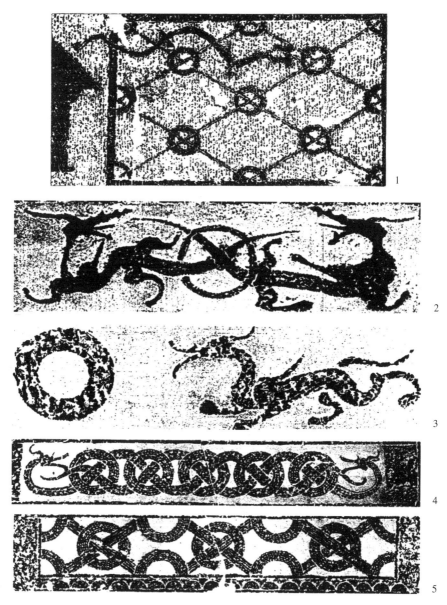

图 4-31 龙—璧图式

1.山东平阴县新屯出土 2.南阳方城城关出土 3.江苏睢宁东关出土 4、5.江苏铜山韩楼出土

三盘鱼以及酒盅等物，画面的图案则是大面积的穿璧纹（图
4-32 中、图 4-32 下），而图 4-32 上图则是这种图式的简略图
式。四川汉画砖中常见"二凤嬉璧"画像（图 4-33），汉画石
中比较多见的是"二龙穿璧"（图 4-34），这种图纹中的璧总以
奇数出现，龙为天上灵物，是天的象征，而奇数也为天之数。
《易·系辞》曰：

> 数者，五行佐天地，生物成物之次也。《易》曰：天
> 一地二，天三地四，天五地六，天七地八，天九地十。

由此，我们可以看出，二龙穿璧象征着天地交感，化育万
物的原始母题。同时又象征阴阳合气，人神沟通、祖先崇拜、
生殖崇拜。如长沙马王堆 1 号汉墓的 T 形帛画和第三层漆棺的
足部挡板都绘有二龙穿璧图，这圆璧正是天的象征，蛟龙象征
阴阳相交的神秘力量。徐州汉画像馆有十几块"十字穿环"图
案的画像石，中间的环应该就是玉璧无疑，"十字穿环"与"二
龙穿璧"乃至"伏羲女娲交尾图"只不过是抽象和具象的关系，
它们表现的是同一个文化象征母题，西安交通大学的二十八宿
天象图刻在墓室券顶，是两个大小不等的同心圆，内圆南北方
绘有日月，象征天界，两圆之间以青龙、白虎、朱雀、玄武四
方神灵定位，圈内外绘满祥云。根据前文我们对"二十八宿"
的分析和研究，我们可以理解为此图就是一个典型的玉璧。在
汉画中，璧的发展越来越图案化，形成一个上下左右连续的
图案。但是这种二方连续图式并不仅仅是为了表明一种秩序
美感，它背后蕴含的就是"天地交媾、化育万物"的天人感应
模式。

(四)浪井

"浪井"在汉画像里出现不多，但是却可以说是两汉汉画
像思想背景的转折点。两汉关于"浪井"的文献，仅见于王莽
居摄三年。王莽给他的姑母（时王太后）说：

> 七月中，齐郡临淄县昌兴亭长辛当一暮数梦，曰"吾，

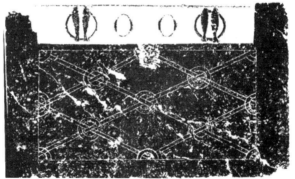

图4-32　鱼—穿璧图式
上：山东滕州出土　中：山东滕州出土　下：江苏徐州贾汪青山泉出土

图4-33　四川汉画砖中的二凤嬉璧画像

1、2.四川成都出土　3.四川彭州出土　4.四川新都清流正反双凤嬉璧画像　5.四川郫县出土规矩璧

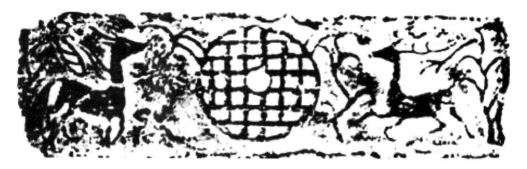

图4-34　四川绵阳出土双龙嬉壁画像

① （东汉）班固：《汉书》，中华书局1999年版，第3006页。

② ［美］巫鸿著，郑岩、王睿编：《礼仪中的美术——巫鸿中国古代美术史文编》，郑岩等译，生活·读书·新知三联书店2005年版，第148页。

③ 缪哲：《浪井和西王母——与王莽有关的四种画像石主题》，《民族艺术》2007年第1期。

④ （宋）李昉等编纂，夏剑钦校点：《太平御览》第七册，河北教育出版社1994年版，第1030页。

⑤ （梁）沈约：《宋书》，中华书局2000年版，第575页。

⑥ （宋）李昉等编纂，夏剑钦校点：《太平御览》第七册，河北教育出版社1994年版，第1030页。

⑦ 张道一：《汉画故事》，重庆大学出版社2006年版，第330页。

天公使也，天公使我告亭长曰：'摄皇帝当为真。'即不信我，此亭中当有新井。"亭长晨起视亭中，诚有新井，入地且百尺。①

王莽为篡汉使用了大量的谶纬制造舆论进行意识形态宣传，在王莽统治时期，五年之中竟出现了700多项各种各样的祥瑞。②掀起了谶纬影响汉代艺术的第一个浪潮，改变了自西汉末以来汉代艺术主题的构成。不凿自成的井，两汉文献中似仅于新莽；不见于前，也未见于后。"浪井"应该是王莽政治宣传的残余。③汉画像所见的浪井是王莽进行政治宣传的直接产品之一。

浪井就是泉水腾涌的天然井，井水"不凿自成"。孙柔之《瑞应图》曰："王者清净，则浪井出。有仙人主之。"④《宋书·符瑞志》云："浪井，不凿自成，王者清静则应。"⑤《典略》曰："浪井者，不凿自成之井。"⑥浪井是"瑞"的一种，王者清净，则有浪井不凿自出，被视为帝王之道清净时出现的瑞应，是天降瑞应，帝王的符瑞。⑦

井不凿自成，带来最大的好处是取之不尽的井水。人的生命离不开水。古时，人们总是祈求风调雨顺，求雨即求水。天降雨水很快就会挥发干涸，干旱之年，人畜和地里的禾苗都会再次缺水，只能一次次声势浩荡地去祈求苍天的恩典再下一次雨。那么对古人来说，如果有一个连续流涌泉水的神井，那就是最美满的愿望了。所以，仅从这个意义上来说，浪井是

287

一个具有吉祥意义的即神奇又实用的器物。这种源源不断的泉水曾经引起古代哲学家和学者的反思。《说文》曰："水，准也。"①准是古代标尺的称谓，在这里应该代表道德准则。《庄子·天道》曾认为静止的水平面可为木匠的水平仪。孔子曾经把水理解为人类行为的准则而对之兴味盎然，子曰："逝者如斯夫，不舍昼夜。"②又曰："智者乐水，仁者乐山。知智者动，仁者静。智者乐，仁者寿。"春秋战国时期曾经传唱一首民谣《沧浪歌》："沧浪之水清兮，可以濯我缨；沧浪之水浊兮，可以濯我足。"孔子还曾经让他的学生注意"沧浪之水"所蕴含的"自我澄清"的智慧。③孔子认为君子要考察水、体味水，因为君子孜孜追求的全部道德原则都蕴含于水的各种表现形式之中。④水四处流淌与无意识地给万物以生命的意象。《老子》云："上善若水，水善利万物而不争，处众人之所恶，故几于道。居善地，心善渊，与善仁，言善信，政善治，事善能。"水，在这里相当于"道"，被认为是"上善"。《后汉书·郡国四》注引《荆州记》曰："神农既育，九井自穿，汲一井则众井动。"⑤《世本·作篇》卷一曰："黄帝见百物，始穿井。"⑥《吕氏春秋·勿躬》谓"伯益作井"。⑦《史记·五帝本纪》氾"瞽叟又使舜穿井"。⑧

人们崇拜水井，认为水井中有龙一类的水神。《论衡·感虚篇》曰："伯益作井，龙登玄云，神栖昆仑。"⑨《白虎通·五祀》卷二上说："井者，水之生藏在地中，冬亦水王，万物伏藏。"⑩在今九江市浪井巷内，有一口古井"浪井"，又称灌婴井、瑞井。据晋张鉴《浔阳记》载，三国孙权驻九江时令人掘井，得石函井铭，铭文曰"汉六年颍阴侯开"。孙权大喜，以为祥瑞，遂名"瑞井"。山东嘉祥武梁祠屋顶后坡画像石第一层原有浪井，现在早已斑驳不清，但从《金石索》的拓本可以看到画像原貌，左有一莲台，右边二裸体小人儿，俯身，似在取物，右边有榜题"浪井"二字（图4-35左）。《山左金石

① （清）段玉裁撰：《说文解字注》，中华书局2013年版，第521页。

② 陈晓芬、徐儒宗译注：《论语·大学·中庸》，中华书局2015年版，第105页。

③ 方勇译注：《孟子》，中华书局2015年版，第135页。

④ [美] 艾兰：《水之道与德之端——中国早期哲学思想的本喻》，张海晏译，商务印书馆2010年版，第33—35页。

⑤ （南朝）范晔撰，（唐）李贤等注：《后汉书》，中华书局1999年版，第2370页。

⑥ （汉）宋衷注：《世本》，《丛书集成初编》，商务印书馆1937年版，第3页。

⑦ 陆玖译注：《吕氏春秋》，中华书局2011年版，第594页。

⑧ （汉）司马迁著，韩兆琦译注：《史记》，中华书局2010年版，第50页。

⑨ （东汉）王充著，袁华忠、方家常译注：《论衡全译》，贵州人民出版社1993年版，第336页。

⑩ （清）陈立撰，吴则虞校：《白虎通疏证》，1994年版，第80页。

志》对这幅图有过描述："莲台一座，右一人右手拊之；一人在下，左手扑地，右手执物如蚯锹杆，间有垂带，右题一行，惟存'狼井'二字。"[1] 此处"狼井"应为"浪井"，内蒙古和格林尔东汉壁画墓中有："浪井"的榜题，[2] 浙江海宁汉画像石墓前室北壁上方的祥瑞图中也有一个类似井台的，台上两边长有植物，井口的特写作回旋状，可能是表现水"浪"的涌动（图4-35右）。

① 蒋英炬、吴文祺：《汉代武氏墓群石刻研究》，人民美术出版社2014年版，第89页。

② 内蒙古自治区文物考古研究所编：《和林格尔汉墓壁画》，文物出版社2007年版，第25页。

图4-35　浪井画像
左：山东嘉祥武氏祠画像之"浪井"（《金石索》木刻摹本）
右：浙江海宁长安镇出土之"浪井"

　　浪井出现在汉画中，不仅表现的是王者的祥瑞，还表现出人性应该等同于水性，表现出至善。受黄老思想的影响，浪井还表现出对生命生生不息的向往和追求，人像取之不尽的泉水，一直在更新自我。

　　根据中国古代的"天地人"三才理论，我们探讨了汉画像的祥瑞图式。实际上，在三才中，人事才是最重要的，这是因为，天与地只是人类生存的外在环境，对于人来说，人本身才是人所有行为的出发点与归宿处。中国古代的大智慧就是要在尊重天地运行的大道上来规范人事。从汉画像祥瑞图式来看，天降祥瑞是因为人；是为了奖励人的善行而影响到了天，实际上天降祥瑞是说明人事的。地出祥瑞同样是为了人事，因为地的祥瑞是人事吉祥的征兆。目的都是落在人事方面。人事的祥瑞实际上包括人的神性存在，人的历史存在，人的生命存在及其超越性。

在一定的意义上，人是一个使用器物的生物，所以人的创造性产生的器物，也呈现为一种祥瑞观念。这种观念，在汉画像中表现得已经十分明显，后来则演化为中国人事的祥瑞包括神性的人、英雄的人与日常生活中的普通人。神在本质上是人的本质的异化，是人把自己的能力外化到创造的一个神人上产生的，因此，神话中的人有时可以表示祥瑞。特别在汉代，神往往以"神仙"的样子出现。英雄是人类历史上的伟大人物，以其丰功伟绩成为人敬仰的对象，其出现带有祥瑞性是好理解的。其他一些人类使用的器物，有的以其实用性而显祥瑞，有的以其象征的符号性而显祥瑞。汉画像中，汉代人艺术观念中的诸种祥瑞，通过工匠的艺术设计，形成了图式化的象征表现。天地人都不再是纯自然的，都是在一个人为理解的基础之上的一种价值的重构，在这诸种的图式设计中，天地人得以艺术地表现在画像的诸种载体中，并被人观赏与理解。

结　论

经过以上的分析，我们可以得出以下的结论：

1.汉画像中普遍存在一种祥瑞的观念，这种祥瑞的观念对中国古代设计艺术产生过较大的影响，它以一种模式化的艺术形式表现出来，我们称这种模式化的表现为"图式"。"图式"理论的探讨有利于从一个认识论、艺术创作及艺术接受的心理方面来深入理解中国古代艺术表现的"程式化""模块化""类型化""结构化"等特征。

2.祥瑞思想是中国艺术要表现的主要观念，在汉画像石艺术图像中，表现的就更为突出。祥瑞的观念可以追溯到遥远的古代，是古人企图把握变化不定的世界的一种企图。凡对人有利的征兆就是吉祥的、善的，凡是对人不利的就是凶恶的、灾祸的，瑞本来指"玉"呈现出来的吉祥征兆，如汉画像中的玉璧等。在汉代这种祥瑞观是"天人感应"思想的表现，与谶纬思想有很大的关系。不了解谶纬的观念，就不好理解汉画像中的祥瑞图。

3.在研究汉画像祥瑞图式的问题上，我们是把它放在一个宏观的大的框架下展开，是对汉画像诸多不同形式的图像进行的一种宏观的归纳分析，并运用了结构主义与谱系学的方法。按照中国古人的"三才"理论展开。这比较符合汉代人的世界观，一种宇宙论的学说。汉代人特别重视人在宇宙中的地位，重视天地呈现出来的征兆对人事的影响。

4.汉画像的研究在古代与现代都有许多人在进行，研究的方法也多种多样，有的进行考古学的探讨，有的进行文化意义的阐释，有的进行美术技法的比较，都有一定的成果与贡献。我们的研究是在现代图像学理论指导下，对汉画像进行的宏观、象征谱系的一种艺术设计的探讨，不仅仅指出是什么图像，而且指出诸多图像表现的相同的"图式",并研究其图式构成背后设计的原型意义。

5.我们根据中国古代的"三才"理论,即"天地人"三分法来探讨汉画像的祥瑞图式。中国古代艺术的根柢是中国古代思想观念的形象表达。在汉画像中表现为一种宇宙象征主义的图式。即上为天,下为地,中间是人。人仰观天文,俯察大地,便创立了文化与文明。在三才中,人是一切的出发点,因为天地变化只有对人类才有意义,才有价值。所以汉画像的祥瑞观念主要表现为天降祥瑞、地出嘉应与人事祥瑞三部分。

6.汉画像中的天,不是今天天文学意义的自然的天,而是占星学意义上的有意志的天,是与人有关联的天,所以,天象的呈现都落到人事上。为此我们探讨了来源于古代巫术智慧的《周易》、《河图》、《洛书》的文化观念对汉画像设计的影响。这是建立在天人感应基础上的一种智慧,对中国人思想影响极其巨大。

7.为此,论文探讨了汉画中的星象图式,从太一神崇拜到北斗帝星,从二十八宿到四象崇拜,从龙凤飞舞到日月同辉,等等。这些中国人语言能详的天文现象实际上都是根据对自然的观察建构起来的知识类型,这种知识类型,可以通过艺术设计,在图像的模式中表现出来。因此可以看出,图式是人对自然现象观察思考后与人的心理对应创造出来的一个符号的象征世界,带有认识论的价值。

8.在中国古代,大地是作为地母受到崇拜的,因其可以载万物。人生活在大地上,靠大地提供的物品而生存,所以人们特别重视大地呈现出来的祥瑞。古人把地出瑞应分为动物的、植物的类型。动物有实有的、虚拟的,表现在其与人类避凶趋吉的关系中。如麒麟、凤凰、龙、九尾狐、比肩兽等。动物与古代的政治、文化观念有极其密切的关联,值得深入探讨。植物的最大特征在于春天的复活,所以古代人寄托给植物种种美好的意义。如嘉禾、灵芝、连理木、蓂荚、建木、松柏等。

9.天地的祥瑞最终都要落实到人事上。人事指古代神仙信仰,是古代英雄人物的丰功伟绩,人事还指人类的日常生活,所以祥瑞的人事既可以是神仙的出现,如西王母、东王公,也可以是英雄人物,如三皇五帝;有时还是一代名臣,如周公辅成王,也可以是文化英雄,或者是古代的圣人。人为了美好的未来,不仅仅要趋善求美,同时也要避凶除恶,所以祥瑞图式有时是以相反的形式表现的，如巫术仪式、傩舞驱邪、铺首衔环等。

10.总之，汉画像的祥瑞图式，代表了汉代人真善美的文化观念，这种观念经过当时艺人明确的设计理念表达了出来。虽然不同时期、不同地域、不同工匠有不同的艺术修养和技法，但是，其创作基本上是按照当时的流行观念进行的，说明艺术设计也是表现人类智慧的最主要的方式，它以直觉的表现性，成为艺术传达的最基本的形式。这种民族深层的设计理念，今天仍存活在民族艺术设计之中。

参考文献

一、著作部分

1.（汉）司马迁著，韩兆琦译注：《史记》，中华书局 2010 年版。

2.（东汉）班固：《汉书》，中华书局 1999 年版。

3.（南朝）范晔撰，（唐）李贤等注：《后汉书》，中华书局 1999 年版。

4.（南宋）徐天麟：《西汉会要》，上海人民出版社 1977 年版。

5.（南宋）徐天麟：《东汉会要》，上海人民出版社 1978 年版。

6. 李学勤主编：《十三经注疏》，北京大学出版社 1999 年版。

7. 上海古籍出版社、上海书店编：《二十五史》，上海古籍出版社、上海书店 1986 年版。

8.（宋）范晔撰，（南朝宋）李松之注：《三国志》，中华书局 1959 年版。

9.（汉）刘安著，陈广忠译注：《淮南子》，中华书局 2012 年版。

10.（东汉）王充著，袁华忠、方家常译注：《论衡全译》，贵州人民出版社 1993 年版。

11. 夏征农主编：《辞海》，上海辞书出版社 2011 年版。

12. 阮智富、郭忠新：《现代汉语大词典》，上海辞书出版社 2009 年版。

13. 方韬译注：《山海经》，中华书局 2011 年版。

14. 袁珂：《山海经译注》，上海古籍出版社 1980 年版。

15. 高永旺译注：《穆天子传》，中华书局 2019 年版。

16.（东晋）干宝著，黄涤明译注：《搜神记全译》，贵州人民出版社 2008 年版。

17.（宋）李昉等编纂，夏剑钦校点：《太平御览》，河北教育出版社 1994

年版。

18.（清）段玉裁撰：《说文解字注》，中华书局 2013 年版。

19.周振甫译注：《周易译注》，中华书局 2018 年版。

20.徐志锐：《周易大传新解》，齐鲁书社 1987 年版。

21.（晋）葛洪著，张松辉译注：《抱朴子内篇》，中华书局 2011 年版。

22.陈国符：《道藏源流考》下，中华书局 1963 年版。

23.陈晓芬、徐儒宗译注：《论语·大学·中庸》，中华书局 2015 年版。

24.（清）陈立撰，吴则虞校：《白虎通疏证》，中华书局 1994 年版。

25.陈梦家：《殷墟卜辞综述》，中华书局 1988 年版。

26.戴震：《屈原赋注》，甲子十一月建德周氏校刊本。

27.（清）董诰等编：《全唐文》，中华书局 1983 年影印本。

28.郭沫若：《卜辞通纂》，科学出版社 1983 年版。

29.孙柔之：《瑞应图记》，《珍本数术丛书》下，台湾新文丰出版公司 1995 年版。

30.（清）永瑢、纪昀等编撰：《文渊阁四库全书》，台湾商务印书馆 1982 年版。

31.（汉）董仲舒著，（清）苏兴撰，钟哲点校：《春秋繁露义证》，中华书局 1992 年版。

32.（战国）鹖冠子：《百子全书》，浙江古籍出版社 1998 年版。

33.（东汉）应劭撰，吴树平校释：《风俗通义校释》，天津古籍出版社 1980 年版。

34.刘尚慈译注：《春秋公羊传译注》，中华书局 2010 年版。

35.（西汉）刘向：《新序·杂事》，中华书局 1980 年版。

36.何清谷撰：《三辅黄图校释》，中华书局 2005 年版。

37.《鹖冠子》，国家图书馆出版社 2004 年版。

38.林家骊译注：《楚辞》，中华书局 2015 年版。

39.费振刚、胡双宝、宗明华校译：《全汉赋》，北京大学出版社 1993 年版。

40.（唐）徐坚等：《初学记》，中华书局 1962 年版。

41.孙星衍等辑，周天游点校：《汉官六种》，中华书局 1990 年版。

42. 杨伯峻编著：《春秋左传注》，中华书局 1990 年版。

43. 陆玖译注：《吕氏春秋》，中华书局 2011 年版。

44. 瞿中溶：《汉武梁祠画像考》，文物出版社 1982 年版。

45. 常任侠：《汉代绘画选集》，朝花美术出版社 1955 年版。

46. 闻宥：《四川汉代画像选集》，上海群联出版社 1955 年版。

47. 王子云：《中国古代石刻画选集》，中国古典艺术出版社 1957 年版。

48. 李发林：《山东汉画像石研究》，齐鲁书社 1982 年版。

49. 陈履生：《神画主神研究》，紫禁城出版社 1987 年版。

50. 顾森：《中国汉画图典》，浙江摄影出版社 1997 年版。

51. 深圳博物馆编：《中国汉代画像石画像砖文献目录》，文物出版社 1995 年版。

52. 蒋英炬、吴文祺：《汉代武氏墓群石刻研究》，人民美术出版社 2014 年版。

53. 韩玉祥主编：《南阳汉代天文画像石研究》，民族出版社 1995 年版。

54. 朱锡禄编：《武氏祠汉画像石》，山东美术出版社 1986 年版。

55. 山东石刻艺术博物馆：《山东汉画像石精萃》（原大影印），齐鲁书社 1994 年版。

56. 信立祥：《汉代画像石综合研究》，文物出版社 2000 年版。

57. 李淞：《论汉代艺术中的西王母现象》，湖南教育出版社 2000 年版。

58. 李发林：《汉画石考释和研究》，中国文联出版社 2000 年版。

59. 朱存明：《汉画像的象征世界》，人民文学出版社 2005 年版。

60. 中国汉画学会：《中国汉画学会第九届年会论文集》，中国社会出版社 2004 年版。

61. 中国汉画学会、北京大学汉画研究所：《中国汉画研究》，广西师范大学出版社 2004 年版。

62. [美] 巫鸿著，郑岩、王睿编：《礼仪中的美术——巫鸿中国古代美术史文编》，郑岩等译，生活·读书·新知三联书店 2005 年版。

63. 李立：《汉墓神画研究》，上海古籍出版社 2004 年版。

64. 周学鹰：《徐州汉墓建筑》，中国建筑工业出版社 2001 年版。

65. 周学鹰：《解读汉画像砖石中的汉代文化》，中华书局 2005 年版。

66.（晋）王嘉撰，王兴芬译注：《拾遗记》，中华书局 2019 年版。

67. 赵烨等撰：《古今逸史精编》，重庆出版社 2000 年版。

68.（明）孙毂编：《古微书》，《丛书集成初编》，商务印书馆 1939 年版。

69. 殷元正辑，陆明睿增订：《纬谶候图校辑》（《北京图书馆古籍珍本丛刊》经部第三册），书目书献出版社 1988 年影印本。

70.（清）马国翰辑：《玉函山房辑佚书》，上海古籍出版社 1990 年版。

71.（清）王仁俊辑：《玉函山房辑佚书续编三种》，上海古籍出版社 1989 年版。

72. 钟肇鹏：《谶纬论略》，辽宁教育出版社 1991 年版。

73. 李中华：《神秘文化的启示——纬谶与汉代文化》，新华出版社 1993 年版。

74. 王令樾：《纬学探源》，台湾幼狮文化事业公司 1984 年版。

75. 姜忠奎：《纬史论微》，上海书店出版社 2005 年版。

76. 陈槃：《古谶纬研讨及其书录解题》，上海古籍出版社 2010 年版。

77. 黄复山：《东汉谶纬学新探》，台湾学生书局 2000 年版。

78. 冷德熙：《超越神话——纬书政治神话研究》，东方出版社 1996 年版。

79. 徐兴无：《谶纬文献与汉代文化构建》，中华书局 2003 年版。

80.[日] 安居香山：《纬书与中国古典神秘思想》，田人隆译，河北人民出版社 1991 年版。

81. 吕凯：《郑玄之谶纬学》，台湾商务印书馆 1982 年版。

82. 林正言：《谶纬学研究》，台湾花木兰文化出版社 2009 年版。

83. 周德良：《〈白虎通〉谶纬思想之历史研究》，台湾花木兰文化出版社 2008 年版。

84. 殷善培：《谶纬中的宇宙秩序》，台湾花木兰文化出版社 2008 年版。

85. 殷善培：《谶纬思想研究》，台湾花木兰文化出版社 2008 年版。

86. 江婉玲：《易纬释易考》，台湾花木兰文化出版社 2010 年版。

87. 易玄：《谶纬神学与古代预言》，巴蜀书社 1999 年版。

88. 郑均：《谶纬考述》，台湾文史哲出版社 2000 年版。

89. 孙文青：《南阳汉画像汇存》，金陵大学中国文化研究所 1937 年版。

90. 傅惜华：《汉代画像全集初编》，巴黎大学北京汉学研究所 1950 年版。

91. 傅惜华：《汉代画像全集二编》，巴黎大学北京汉学研究所 1951 年版。

92. 闻一多：《古典新义》，古籍出版社 1956 年版。

93. 常任侠：《汉画艺术研究》，上海出版公司 1955 年版。

94. 刘志远：《四川汉代画像砖艺术》，中国古典艺术出版社 1958 年版。

95. 江苏省文物管理委员会编著：《江苏徐州汉画像石》，科学出版社 1959 年版。

96. [美] 艾兰：《龟之谜——商代神话、祭祀、艺术和宇宙观研究》，汪涛译，商务印书馆 2010 年版。

97. [美] 艾兰：《水之道与德之端——中国早期哲学思想的本喻》，张海晏译，商务印书馆 2010 年版。

98. [日] 安居香山、中村璋八：《纬书集成》，吕宗力等译，河北人民出版社 1994 年版。

99. [美] 班大为：《中国上古史实揭秘——天文考古学研究》，徐凤先译，上海古籍出版社 2008 年版。

100. 陈怀宇：《动物与中古政治宗教秩序》，上海古籍出版社 2012 年版。

101. 陈江风：《天文崇拜与文化交融》，河南大学出版社 1994 年版。

102. 陈江风：《天文与人文》，国际文化出版公司 1988 年版。

103. [英] 崔瑞德、鲁惟一编：《剑桥中国秦汉史》，杨品泉译，中国社会科学出版社 1992 年版。

104. [英] 费雷德里克·C.巴特莱特：《记忆：一个实验的与社会的心理学研究》，黎炜译，浙江教育出版社 1998 年版。

105. [瑞士] 皮亚杰：《发生认识论原理》，王宪钿译，商务印书馆 1981 年版。

106. 冯时：《中国古代的天文与人文》，中国社会科学出版社 2006 年版。

107. 冯时：《中国天文考古学》，中国社会科学出版社 2010 年版。

108. 冯时：《天文学史话》，社会科学文献出版社 2011 年版。

109. 冯天瑜：《中国古文化的奥秘》，湖北人民出版社 1986 年版。

110. 冯友兰：《中国哲学史新编》第三册，人民出版社 1992 年版。

111. [英] 弗雷泽：《金枝》，徐育新等译，中国民间文艺出版社 1987 年版。

112. [德] 格罗塞：《艺术的起源》，蔡慕晖译，商务印书馆 1984 年版。

113.葛兆光：《中国思想史（第一卷）·七世纪前中国的知识、思想与信仰世界》，复旦大学出版社 2004 年版。

114.龚鹏程：《汉代思潮》，商务印书馆 2005 年版。

115.何星亮：《中国自然崇拜》，江苏人民出版社 2008 年版。

116.胡新生：《中国古代巫术》，山东人民出版社 2010 年版。

117.黄佩贤：《汉代四灵图像的构图分析》，陈江风主编：《汉文化研究》，河南大学出版社 2004 年版。

118.翦伯赞：《秦汉史》，北京大学出版社 1983 年版。

119.江晓原：《天学真原》，译林出版社 2011 年版。

120.[德] 康德：《纯粹理性批判》，韦卓民译，华中师范大学出版社 2000 年版。

121.康殷：《文字源流浅说》（增订本），国际文化出版公司 1992 年版。

122.[德] 雷德侯：《万物：中国艺术中的模件化和规模化生产》，张总等译，生活·读书·新知三联书店 2005 年版。

123.李发林：《汉画考释和研究》，中国文联出版社 2000 年版。

124.李发林：《汉画像中的九头人面兽》，选自新疆天山天池管理委员会编纂，迟文杰主编：《西王母文化研究集成·论文卷》上卷，广西师范大学出版社 2008 年版。

125.李俊山等编著：《永城石刻》，河南大学出版社 2010 年版。

126.李零：《中国方术续考》，中华书局 2006 年版。

127.李泽厚：《美的历程》，文物出版社 1981 年版。

128.[苏] 列·谢·瓦西里耶夫：《中国文明的起源问题》，郝镇华、张书生、杨德明译，文物出版社 1989 年版。

129.林巳奈夫：《所谓饕餮纹表现的是什么——根据同时代资料之论证》，载[日] 樋口隆康主编：《日本考古学研究者——中国考古学研究论文集》，蔡凤书译，东方书店 1990 年版。

130.刘纲纪：《〈周易〉美学》，武汉大学出版社 2006 年版。

131.吕嘉戈：《易经新探》，中央编译出版社 2013 年版。

132.王振复：《大易之美》，北京大学出版社 2006 年版。

133. 鲁迅:《中国小说史略》,上海古籍出版社 1998 年版。

134. 吕思勉:《秦汉史》,上海古籍出版社 2005 年版。

135. 麻天祥:《中国宗教哲学史》,人民出版社 2006 年版。

136. 马承源:《中国青铜器》,上海古籍出版社 2003 年版。

137. 马汉国主编:《微山汉画像石选集》,文物出版社 2003 年版。

138. 南阳汉代画像石学术讨论会办公室编:《汉代画像石研究》,文物出版社 1987 年版。

139.[俄] 弗拉基米尔·雅可夫列维奇·普罗普:《神奇故事的历史根源》,贾放译,中华书局 2006 年版。

140. 钱穆:《先秦诸子系年考辨》,上海书店 1992 年版。

141.[日] 桥本敬造:《中国占星术的世界》,王仲涛译,商务印书馆 2012 年版。

142. 守屋美都雄:《中国古代的家族与国家》,钱杭、杨晓芬译,上海古籍出版社 2010 年版。

143. 泰祥洲:《仰观垂象——山水画的观念与结构研究》,中华书局 2011 年版。

144. 王小盾:《中国早期思想与符号研究——关于四神的起源及其体系形成》,上海人民出版社 2008 年版。

145. 王孝廉:《灵蛇与长桥》,《花与花神》,台湾洪范书店有限公司 1980 年版。

146. 闻一多:《伏羲考》,上海古籍出版社 2006 年版。

147.[美] 巫鸿:《武梁祠——中国古代画像艺术的思想性》,岑河、柳扬译,生活·读书·新知三联书店 2006 年版。

148.[美] 巫鸿:《中国古代艺术与建筑中的"纪念碑性"》,李清泉、郑岩译,上海人民出版社 2009 年版。

149. 刑义田:《画为心声——画像石、画像砖与壁画》,中华书局 2011 年版。

150. 刘兴珍、岳凤霞:《中国汉代画像石——山东武氏祠》,外文出版社 1991 年版。

151. 徐华铛:《中国麒麟艺术》,天津人民美术出版社 2003 年版。

152. 杨树达:《汉代婚丧礼俗考》,上海古籍出版社 2009 年版。

153.杨絮飞:《汉画像石造型艺术》,河南大学出版社 2010 年版。

154.叶舒宪、唐启翠编:《儒家神话》,南方日报出版社 2011 年版。

155.[日] 伊藤清司:《〈山海经〉中的鬼神世界》,刘晔原译,中国民间文艺出版社 1985 年版。

156.尹荣方:《社与中国上古神话》,上海古籍出版社 2012 年版。

157.余治平:《唯天为人——建基于信念本体的董仲舒哲学研究》,商务印书馆 2003 年版。

158.俞琰:《席上腐谈》上,商务印书馆 1936 年版。

159.袁行霈主编:《中华文明史》第一卷,北京大学出版社 2006 年版。

160.袁珂:《中国神话传说》,中国民间文艺出版社 1984 年版。

161.张从军:《黄河下游的汉画像石艺术》,齐鲁书社 2004 年版。

162.张道一:《汉画故事》,重庆大学出版社 2006 年版。

163.张道一:《吉祥文化论》,重庆大学出版社 2011 年版。

164.张道一:《麒麟送子考索》,山东美术出版社 2008 年版。

165.《张道一选集》,东南大学出版社 2009 年版。

166.张光直:《美术、神话与祭祀》,生活·读书·新知三联书店 2013 年版。

167.张英等纂修:《渊鑑类函》,上海文艺出版社 1996 年版。

168.章启群:《星空与帝国》,商务印书馆 2013 年版。

169.郑岩:《中国表情》,四川人民出版社 2004 年版。

170.周保平:《汉代吉祥画像研究》,天津人民出版社 2012 年版。

171.周士一:《中华天启——彝族文化中的太一、北斗与太阳》,云南人民出版社 1999 年版。

172.朱存明:《汉画像之美》,商务印书馆 2011 年版。

173.姜生:《汉帝国的遗产——汉鬼考》,科学出版社 2016 年版。

二、论文部分

1.戴璐:《汉代艺术中的九尾狐形象研究》,《民族艺术》2013 年第 3 期。

2.邸永军:《九鼎的来龙去脉》,《百科知识》上 2008 年第 4 期。

3.高莉芬:《九尾狐:汉画像西王母配属动物图像及其象征考察》,(台湾)《政大中文学报》2011 年第 6 期。

4. 葛兆光:《众妙之门——北极与太一、道、太极》,《中国文化》1991 年第 3 期。

5. 顾颖:《汉画像中"树—鸟"图像分析》,《江苏师范大学学报》2013 年第 6 期。

6. 顾颖:《汉代天文观念与汉画像中的"太一"图式》,《江苏师范大学学报》2016 年第 6 期。

7. 顾颖:《汉代谶纬与汉代墓葬中的北斗图像》,《艺术学界》2017 年第 6 期。

8 黄朴民·《两汉谶纬简论》,《清华大学学报》(哲学社会科学版)2008 年第 3 期。

9. 江怡:《康德的"图式"概念及其在当代英美哲学中的演变》,《哲学研究》2004 年第 6 期。

10. 姜生:《汉画孔子见老子与汉代道教仪式》,《文史哲》2011 年第 2 期。

11. 李零:《湖北荆门"兵避太岁"戈》,《文物天地》1992 年第 3 期。

12. 顾森、邵泽水主编:《大汉雄风——中国汉画学会第十一届年会论文集》,高等教育出版社 2008 年版。

13. 李强:《汉画像石〈孔子见老子图〉考述》,《华夏考古》2009 年第 2 期。

14. 刘弘:《四川汉墓中的四神功能新探——兼谈巫山铜牌饰上人物的身份》,《四川文物》1994 年第 2 期。

15. 刘铭恕:《关于沂南汉画像》,《考古通讯》1955 年第 6 期。

16. 刘铭恕:《武梁祠后石室所见黄帝蚩尤战图考》,《中国文化研究汇刊》1942 年 9 月第 2 卷。

17. 罗世平:《关于汉画中的太一图像》,《美术》1998 年第 4 期。

18. 黄明兰:《洛阳西汉卜千秋壁画墓发掘简报》,《文物》1977 年第 6 期。

19. 苗霞:《中国古代铺首衔环浅析》,《殷都学刊》2006 年第 3 期。

20. 倪润安:《论两汉四灵的源流》,《中原文物》1999 年第 1 期。

21. 曲六乙:《傩魂》(一),《四川戏剧》2001 年第 3 期。

22. 余治平:《董仲舒的祥瑞灾异之说与谶纬流变》,《吉首大学学报》2003 年第 6 期。

23. 孙作云:《洛阳西汉壁画墓中的傩仪图——打鬼迷信、打鬼图的阶段分析》,《郑州大学学报》1977 年第 4 期。

24. 孙作云：《评"沂南画像古墓发掘报告"——兼论汉人的迷信思想》，《考古通信》1957 年第 6 期。

25. 张从军：《画像石中的西王母》，《民俗研究》2004 年第 2 期。

26. 孙机：《几种汉代的图案纹饰》，《文物》1982 年第 3 期。

27. 谭淑琴：《试论汉画中铺首的渊源》，《中原文物》1998 年第 4 期。

28. 陶思炎：《炎帝神话探论》，《江苏社会科学》1998 年第 4 期。

29. 王海航：《石家庄市东岗头村发现汉墓》，《考古》1965 年第 12 期。

30. 于志飞、王紫微：《两汉"周公辅成王"历史形象的变迁》，《河北联合大学学报》（社会科学版）2013 年第 4 期。

31. 魏仁华：《南阳汉画像石中的幻日图象试析》，《中原文物》1985 年第 3 期。

32. 魏振圣：《山东省青州市发现东汉大型出郭玉璧》，《文物》1988 年第 1 期。

33. 牛天伟：《汉墓"伏羲、女娲"画像辩证——与孟庆利先生商榷》，中国汉画学会，四川博物院编：《中国汉画学会第十二届文集》。

34. 俞伟超：《连云港将军崖东夷社祀遗迹的推定》，《先秦两汉考古学论集》，文物出版社 1985 年版。

35. 吴杏全：《满城汉墓出土动物纹装饰艺术初探》，《文物春秋》1995 年第 3 期。

36. 吴荣曾：《镇墓文中所见到的东汉道巫关系》，《文物》1981 年第 3 期。

37. 张光直：《濮阳三蹻与中国古代美术史上的人兽母题》，《文物》1988 年第 11 期。

38. 郑建明：《史前玉璧源流、功能考》，《华夏考古》2007 年第 1 期。

39. 郑清森：《初论河南永城芒砀山出土的西汉早期画像石》，《四川文物》2003 年第 6 期。

40. 吴曾德、周到：《南阳汉画像石中的神话与天文》，《郑州大学学报》（哲学社会科学版）1978 年第 4 期。

41. 朱存明：《汉画像宇宙象征主义图式及美学意义》，《文艺研究》2005 年第 9 期。

42. 朱磊等：《山东滕州出土北斗星象画像石》，《文物》2012 年第 4 期。

43. 郑岩：《汉代艺术中的胡人图像》，《艺术史研究》第一辑，中山大学出版社 1999 年版。

44.廉慧斌：《论中国神秘文化》，《雁北师范学院学报》2005 年第 21 卷第 1 期。

45.黄开国：《论谶纬神学的产生》，《江西社会科学》1992 年第 3 期。

46.冯渝杰：《从"汉家"神化看两汉之际的天命竞夺》，《历史研究》2015 年第 1 期。

47.王步贵：《谶纬与宗教》，《宁夏社会科学》1992 年第 1 期。

48.杨权：《谶纬研究述略》，《中国史研究动态》2001 年第 6 期。

三、图册部分

1.中国画像石全集编辑委员会编，俞伟超主编：《中国画像石全集（第 1 卷）山东汉画像石》，山东美术出版社 2000 年版。

2.中国画像石全集编辑委员会编，俞伟超主编：《中国画像石全集（第 2 卷）山东汉画像石》，山东美术出版社 2000 年版。

3.中国画像石全集编辑委员会编，俞伟超主编：《中国画像石全集（第 3 卷）山东汉画像石》，山东美术出版社 2000 年版。

4.中国画像石全集编辑委员会编，俞伟超主编：《中国画像石全集（第 4 卷）江苏、安徽、浙江汉画像石》，山东美术出版社、河南美术出版社 2000 年版。

5.中国画像石全集编辑委员会编，俞伟超主编：《中国画像石全集（第 5 卷）陕西、山西汉画像石》，山东美术出版社 2000 年版。

6.中国画像石全集编辑委员会编，俞伟超主编：《中国画像石全集（第 6 卷）河南汉画像石》，河南美术出版社 2000 年版。

7.中国画像石全集编辑委员会编，俞伟超主编：《中国画像石全集（第 7 卷）四川汉画像石》，河南美术出版社 2000 年版。

8.《中国画像砖全集》编辑委员会编：《中国画像砖全集·四川汉画像砖》，四川美术出版社 2005 年版。

9.《中国画像砖全集》编辑委员会编：《中国画像砖全集·河南画像砖》，河南美术出版社 2005 年版。

10.《中国画像砖全集》编辑委员会编：《中国画像砖全集·全国其他地区画像砖》，四川美术出版社 2005 年版。

11.新疆天山天池管理委员会编纂：《西王母文化研究集成·图像资料卷》，

广西师范大学出版社 2009 年版。

12.《中国墓室壁画全集》编辑委员会编:《中国墓室壁画全集·汉魏晋南北朝》,河北教育出版社 2011 年版。

13. 山东省博物馆、山东省文物考古研究所编:《山东汉画像石选集》,齐鲁书社 1982 年版。

14. 傅惜华、陈志农编辑:《山东汉画像石汇编》,山东画报出版社 2012 年版。

15. 陕西考古研究所编·陕西神木大保当汉彩绘画像石》,重庆出版社 2000 年版。

16. 龚廷万、龚玉、戴嘉陵编著:《巴蜀汉代画像集》,文物出版社 1998 年版。

17. 陕西省博物馆:《陕北东汉画像石选集》,文物出版社 1959 年版。

18. 河南文化局文物工作队编:《河南邓县彩色画像砖》,上海人民美术出版社 1963 年版。

19. 张万夫:《汉画选》,天津人民美术出版社 1982 年版。

20. 刘志远、余德章等:《四川汉代画像砖与汉代社会》,文物出版社 1983 年版。

21. 吴曾德:《汉代画像石》,文物出版社 1984 年版。

22. 徐州市博物馆编:《徐州汉画像石》,江苏美术出版社 1985 年版。

23. 陕西省博物馆:《陕北东汉画像石》,陕西人民美术出版社 1985 年版。

24. 南阳汉代画像石编辑委员会:《南阳汉代画像石》,文物出版社 1985 年版。

25. 北京鲁迅博物馆:《鲁迅藏汉画选》,上海人民出版社 1986 年版。

26. 王明兰:《洛阳汉画像砖》,河南美术出版社 1986 年版。

27. 高文:《四川汉代画像石》,巴蜀书社 1987 年版。

28. 高文:《四川汉代画像砖》,上海人民出版社 1987 年版。

29. 高文:《四川汉代石棺画像集》,人民美术出版社 1997 年版。

30. 吕品:《中岳汉三阙》,文物出版社 1990 年版。

31. 中国美术全集编辑委员会编:《中国美术全集·绘画编·(18)画像石画像砖》,上海人民美术出版社 1988 年版。

32. 王建中、闪修山:《南阳两汉画像石》,文物出版社 1990 年版。

33. 仝泽荣、武利华等编著:《睢宁汉画像石》,山东美术出版社 1998 年版。

34.北京鲁迅博物馆、上海鲁迅博物馆编:《鲁迅藏汉画像》（二），上海人民美术出版社1991年版。

35.阎根齐、米景周:《商丘汉画像石》，河南美术出版社1992年版。

36.王金元、刘晋平、王双斌:《吕梁汉代画像石选》，山西人民出版社2013年版。

37.朱锡禄:《嘉祥汉画像石》，山东美术出版社1992年版。

38.贾庆超:《武氏祠汉画石刻考评》，山东大学出版社1993年版。

39.李林、康兰英、赵力光:《陕北汉代画像石》，陕西人民出版社1995年版。

40.黄明兰、郭引强:《洛阳汉墓壁画》，文物出版社1996年版。

41.孔祥星、刘一曼:《中国铜镜图典》，文物出版社1992年版。

42.内蒙古自治区文物考古研究所编:《和林格尔汉墓壁画》，文物出版社2007年版。

43.俞伟超、信立祥主编:《中国画像砖全集·四川汉画像砖》，四川美术出版社2006年版。

四、考古报告

1.郑州市文物考古研究所、荥阳市文物保护管理所:《河南荥阳苌村汉代壁画墓调查》，《文物》1996年第3期。

2.山东省博物馆:《山东安丘汉画象石墓发掘简报》，《文物》1964年第4期。

3.榆林市文物保护研究所、榆林市文物考古勘探工作队编著:《米脂官庄画像石墓》，文物出版社2009年版。

4.山东文物管理委员会:《济南大观园的一个汉墓》，《考古通讯》1955年第4期。

5.南京博物院、邳县文化馆:《东汉彭城相缪宇墓》，《文物》1984年第8期。

6.史家珍、樊有升、王万杰:《洛阳偃师县新莽壁画墓清理简报》，《文物》1992年第12期。

7.潘六坤:《浙江海宁东汉画像石墓发掘简报》，《文物》1983年第5期。

8.王褒祥、刘建州、周到:《河南南阳东关晋墓》，《考古》1963年第1期。

9.呼林贵、孙铁、李恭:《西安东郊国棉五厂汉墓发掘简报》，《文博》1991年第4期。

10.郁金城、王武钰:《北京平谷上宅新石器时代遗址发掘简报》,《文物》1989年第8期。

11.曾昭燏、蒋宝庚、黎忠义:《沂南古画像石墓发掘报告》,文化部文物管理局1956年版。

12.山西考古研究所、吕梁地区文物工作室、离石县文物管理所:《山西离石马茂庄东汉画像石墓》,《文物》1992年第4期。

13.陕西省考古研究所、榆林市文物管理委员会办公室编著:《神木大保当——汉代城址与墓葬考古报告》,科学出版社2011年版。

14.南阳市文物考古研究所编著:《南阳一中战国秦汉墓》,文物出版社2012年版。

15.黄雅峰主编:《南阳麒麟岗汉画像石墓》,三秦出版社2008年版。

后　记

经过 12 载的苦学与苦坐，书终于要出版了，拿到最后的校样又仔细读了一遍，真是感慨万千。

读小学的时候很喜欢看民间故事，当时看到故事中的"谶纬"二字，一直读不准其音，更不明其义，便接受了当时的流行看法，想当然地把"谶纬"等同于"迷信"。

读硕士期间，我对汉画像石艺术很感兴趣。研究过程中发现，许多被认为是"谶纬"内容的汉画像石，并不能仅仅用"迷信"就能解释。如何理解中国传统文化中的这一独特文化？我决定"深究"下去。

2011 年，我考进苏州大学读博士学位，遇到导师张道一教授。他是中国艺术学科的开创者之一，又是汉画像石艺术研究的专家。得知我要研究汉画像石艺术中"谶纬"的吉祥图式，他认为很有学术的挑战性，担心我学力不足，不遗余力地传道授教。

前路坎坷崎岖，唯有加倍努力。随着研究的深入，我发现谶纬与迷信、宗教的确有一些相似之处，但是这种相似都是表象层面的。谶纬的观念，实际上起源于个人借助于图像的隐喻，表现一种预言式的欲望，汉画像石中的吉祥图式就是其典型代表。

谶纬与迷信有关系，但是又有区别；谶纬不是一种宗教，而是一种准宗教的表现形式。古代科学不发达，人们往往靠占卜来预测吉凶。到了汉代，在儒学成为"经学"以后，便把占卜的隐喻比附到儒家经典上。谶纬是用儒家思想的躯壳填满个人的政治图谋，把个人利益转化为上帝和孔子的旨意，没有教义和必须遵守的制度。迷信的信仰者往往为黎民百姓，只是出于自身心理与生活的需要，有一种无意识的内在动机。而谶纬则是有意制造出来的寓言，一般被预设为天垂象的征兆，与世俗保持有一定的距离，带有一定的目的性和直接功利性。而宗教是一种社会现象，是群体的信仰活动，有特定的组织和必须遵守的宗教制度。

"冷板凳"坐了十余年，让我深刻感受到，没有发自内心的热爱与崇敬，很难真正献身于这份事业。研究艺术学科不是为稻粱谋，也不是为一己之利，它是一份清苦、艰难的事业。如果耐不住寂寞，真的很难坚持。

日本学者安居香山先生在谈到"怎样正确理解中国思想"中提出："不能正视谶纬就无从正确理解中国思想，……纬书并不是'向迷信堕落'的产物，是从另一个角度对儒家经典所作的解释。"他甚至直接得出"汉代思想就是纬书"这个论断。这从另一个方面印证了我的认识，让我在迷茫中似乎找到了"知音"，也对自己的学术研究增添了信心。

汉画像的产生与发展正处于谶纬思想旺盛时期，在墓葬艺术中多以"祥瑞图"形式表现出来，代表汉代人趋吉避凶的心理。我一直在想，这个汉画像中的祥瑞图与谶纬到底是否有关系？谶纬的思想是如何体现在汉画像中的呢？雷德侯的著作《万物：中国艺术中的模件化和规模化生产》给了我很大的启发。他的"模件体系"观点对理解整个中国文化结构包括汉代画像图式艺术具有普遍意义。而汉画像的制作就是汉代工匠利用总数有限的装饰母体和装饰单元进行无穷无尽的组合，也就是每一个汉画像形象都有固定的图式。台湾著名秦汉历史学家邢义田先生提出"格套"的理论，用来说明汉画像石艺术的组合规律。在美学史上，著名美学家康德在《判断力批判》中，认为人类要认识世界，必须把复杂的世界归纳为一种"图式"，才能被掌握、表现与言说。

后来，我以此课题申请到国家社科基金项目的经费资助，解决了不少困难。

在此书出版之际，要感谢的人很多。

首先，感谢恩师张道一先生，是他指导了我的博士论文《汉画像祥瑞图式研究》，也是我这本著作的雏形。在此基础上，先生又指导我继续修改、补充完善，直至成为今天的《汉代谶纬与汉画像祥瑞图式研究》，转眼12年的光阴已悄然溜走。其次，感谢我的硕士生导师朱存明教授，他对这个选题也提出过很多建议。还要感谢我的博士后联系导师王廷信教授对我学术的指导。老一辈学者数十年如一日孜孜以求、心无旁骛地治学，他们的态度和精神深深地影响着我。

另外，感谢苏州大学、东南大学、江苏师范大学诸多领导对我求学、研究、工作的支持。感谢江苏师范大学汉文化研究院的经费支持。还要感谢人民出版社领导把此书列入出版计划，感谢人民出版社安新文老师为本书的编辑付出大量心血。

　　本书的出版，得到我的好友徐州教科院胡晓虹老师、徐州报业传媒集团吴云老师一如既往的倾力支持，在此致以诚挚谢意！我的研究生寇霖煊、杨莹莹等也为本书的前期校对付出了很多努力。

　　永远感谢我的父母和家人，他们是最支持我的人，是我坚强的后盾。没有他们的支持，此书是不可能出版的。

　　由于问题的复杂与资料的不足，加上本人学力的限制，著作存在诸多不足之处，敬请学界前辈同仁批评指正。

责任编辑：安新文
封面设计：薛　宇
责任校对：陈艳华

图书在版编目（CIP）数据

汉代谶纬与汉画像祥瑞图式研究／顾颖　著 . —北京：人民出版社，2023.9
ISBN 978－7－01－022992－8

I.①汉…　 II.①顾…　 III.①画像石－研究－中国－汉代　 IV.① K879.424

中国版本图书馆 CIP 数据核字（2020）第 262516 号

汉代谶纬与汉画像祥瑞图式研究
HANDAI CHENWEI YU HANHUAXIANG XIANGRUI TUSHI YANJIU

顾　颖　著

人民出版社 出版发行
（100706　北京市东城区隆福寺街 99 号）

北京新华印刷有限公司印刷　新华书店经销

2023 年 9 月第 1 版　2023 年 9 月北京第 1 次印刷
开本：710 毫米 ×1000 毫米 1/16　印张：20
字数：310 千字

ISBN 978－7－01－022992－8　定价：98.00 元

邮购地址 100706　北京市东城区隆福寺街 99 号
人民东方图书销售中心　电话（010）65250042　65289539